# ŒUVRES COMPLÈTES

DE

# ALFRED DE MUSSET

—

TOME IV

Imprimeries réunies, B, rue Mignon, 2.

# OEUVRES COMPLÈTES

DE

# ALFRED DE MUSSET

ÉDITION ORNÉE DE 28 GRAVURES

D'APRÈS LES DESSINS DE BIDA

D'UN PORTRAIT GRAVÉ PAR FLAMENG D'APRÈS L'ORIGINAL DE LANDELLE

ET ACCOMPAGNÉE D'UNE NOTICE SUR ALFRED DE MUSSET PAR SON FRÈRE

TOME QUATRIÈME

## COMÉDIES

II

PARIS

ÉDITION CHARPENTIER

L. HÉBERT, LIBRAIRE

7, RUE PERRONET, 7

1888

# LORENZACCIO

DRAME EN CINQ ACTES

1834

## PERSONNAGES.

ALEXANDRE DE MÉDICIS, duc de Florence.
LORENZO DE MÉDICIS (LORENZACCIO),
COME DE MÉDICIS, } ses cousins.
LE CARDINAL CIBO.
LE MARQUIS DE CIBO, son frère.
SIRE MAURICE, chancelier des Huit.
LE CARDINAL BACCIO VALORI, commissaire apostolique.
JULIEN SALVIATI.
PHILIPPE STROZZI.
PIERRE STROZZI,
THOMAS STROZZI, } ses fils.
LÉON STROZZI, prieur de Capoue,
ROBERTO CORSINI, provéditeur de la forteresse.
PALLA RUCCELLAI,
ALAMANNO SALVIATI, } seigneurs républicains.
FRANÇOIS PAZZI,
BINDO ALTOVITI, oncle de Lorenzo.
VENTURI, bourgeois.
TEBALDEO, peintre.
SCORONCONCOLO, spadassin.
LES HUIT.
GIOMO LE HONGROIS, écuyer du duc.
MAFFIO, bourgeois.
MARIE SODERINI, mère de Lorenzo.
CATHERINE GINORI, sa tante.
LA MARQUISE DE CIBO.
LOUISE STROZZI.
DEUX DAMES DE LA COUR ET UN OFFICIER ALLEMAND.
UN ORFÈVRE, UN MARCHAND, DEUX PRÉCEPTEURS ET DEUX ENFANTS, PAGES, SOLDATS, MOINES, COURTISANS, BANNIS, ÉCOLIERS, DOMESTIQUES, BOURGEOIS, ETC., ETC.

*La scène est à Florence.*

## LORENZACCIO.

LE DUC.
C'est toi, Renzo?
LORENZO.
Seigneur, n'en doutez pas.

*Acte IV, Scène XI*

CHARPENTIER, ÉDITEUR.

# LORENZACCIO

## ACTE PREMIER

### SCÈNE PREMIÈRE

*Un jardin. — Clair de lune. — Un pavillon dans le fond, un autre sur le devant.*

*Entrent* LE DUC ET LORENZO, *couverts de leurs manteaux;* GIOMO, *une lanterne à la main.*

LE DUC.

Qu'elle se fasse attendre encore un quart d'heure, et je m'en vais. Il fait un froid de tous les diables.

LORENZO.

Patience, Altesse, patience.

LE DUC.

Elle devait sortir de chez sa mère à minuit; il est minuit, et elle ne vient pourtant pas.

##### LORENZO.

Si elle ne vient pas, dites que je suis un sot, et que la vieille mère est une honnête femme.

##### LE DUC.

Entrailles du pape! avec tout cela je suis volé d'un millier de ducats.

##### LORENZO.

Nous n'avons avancé que moitié. Je réponds de la petite. Deux grands yeux languissants, cela ne trompe pas. Quoi de plus curieux pour le connaisseur que la débauche à la mamelle? Voir dans un enfant de quinze ans la rouée à venir; étudier, ensemencer, infiltrer paternellement le filon mystérieux du vice dans un conseil d'ami, dans une caresse au menton; — tout dire et ne rien dire, selon le caractère des parents; — habituer doucement l'imagination qui se développe à donner des corps à ses fantômes, à toucher ce qui l'effraye, à mépriser ce qui la protège! Cela va plus vite qu'on ne pense; le vrai mérite est de frapper juste. Et quel trésor que celle-ci! tout ce qui peut faire passer une nuit délicieuse à Votre Altesse! Tant de pudeur! Une jeune chatte qui veut bien des confitures, mais qui ne veut pas se salir la patte. Proprette comme une Flamande! La médiocrité bourgeoise en personne. D'ailleurs, fille de bonnes gens, à qui leur peu de fortune n'a pas permis une éducation solide; point de fond dans les principes, rien qu'un léger vernis; mais quel flot violent d'un fleuve magnifique sous cette couche de glace fragile qui craque à chaque pas ! Jamais arbuste en fleur n'a promis de fruits plus rares, jamais je n'ai humé dans une atmosphère enfantine plus exquise odeur de courtisanerie.

LE DUC.

Sacrebleu ! je ne vois pas le signal. Il faut pourtant que j'aille au bal chez Nasi : c'est aujourd'hui qu'il marie sa fille.

GIOMO.

Allons au pavillon, monseigneur ; puisqu'il ne s'agit que d'emporter une fille qui est à moitié payée, nous pouvons bien taper aux carreaux.

LE DUC.

Viens par ici ; le Hongrois a raison.

Ils s'éloignent. — Entre Maffio.

MAFFIO.

Il me semblait dans mon rêve voir ma sœur traverser notre jardin, tenant une lanterne sourde, et couverte de pierreries. Je me suis éveillé en sursaut. Dieu sait que ce n'est qu'une illusion, mais une illusion trop forte pour que le sommeil ne s'enfuie pas devant elle. Grâce au ciel, les fenêtres du pavillon où couche la petite sont fermées comme de coutume ; j'aperçois faiblement la lumière de sa lampe entre les feuilles de notre vieux figuier. Maintenant mes folles terreurs se dissipent ; les battements précipités de mon cœur font place à une douce tranquillité. Insensé ! mes yeux se remplissent de larmes, comme si ma pauvre sœur avait couru un véritable danger. — Qu'entends-je? Qui remue là entre les branches?

<small>La sœur de Maffio passe dans l'éloignement.</small>

Suis-je éveillé? c'est le fantôme de ma sœur. Il tient une lanterne sourde, et un collier brillant étincelle sur sa poitrine aux rayons de la lune. Gabrielle! Gabrielle! où vas-tu?

<small>Rentrent Giomo et le duc.</small>

### GIOMO.

Ce sera le bonhomme de frère pris de somnambulisme. — Lorenzo conduira votre belle au palais par la petite porte; et quant à nous, qu'avons-nous à craindre?

### MAFFIO.

Qui êtes-vous? Holà! arrêtez!

<small>Il tire son épée.</small>

### GIOMO.

Honnête rustre, nous sommes tes amis.

### MAFFIO.

Où est ma sœur? que cherchez-vous ici?

### GIOMO.

Ta sœur est dénichée, brave canaille. Ouvre la grille de ton jardin.

### MAFFIO.

Tire ton épée et défends-toi, assassin que tu es!

<small>GIOMO saute sur lui et le désarme.</small>

Halte-là! maître sot, pas si vite!

MAFFIO.

O honte! ô excès de misère! S'il y a des lois à Florence, si quelque justice vit encore sur la terre, par ce qu'il y a de vrai et de sacré au monde, je me jetterai aux pieds du duc, et il vous fera pendre tous les deux.

GIOMO.

Aux pieds du duc?

MAFFIO.

Oui, oui, je sais que les gredins de votre espèce égorgent impunément les familles. Mais que je meure, entendez-vous, je ne mourrai pas silencieux comme tant d'autres. Si le duc ne sait pas que sa ville est une forêt pleine de bandits, pleine d'empoisonneurs et de filles déshonorées, en voilà un qui le lui dira. Ah! massacre! ah! fer et sang! j'obtiendrai justice de vous!

GIOMO, l'épée à la main.

Faut-il frapper, Altesse?

LE DUC.

Allons donc! frapper ce pauvre homme! Va te recoucher, mon ami : nous t'enverrons demain quelques ducats.

Il sort.

MAFFIO.

C'est Alexandre de Médicis!

GIOMO.

Lui-même, mon brave rustre. Ne te vante pas de sa visite si tu tiens à tes oreilles.

Il sort.

## SCÈNE II

*Une rue. — Le point du jour. — Plusieurs masques sortent d'une maison illuminée.*

**UN MARCHAND DE SOIERIES et UN ORFÈVRE**
*ouvrent leur boutique.*

LE MARCHAND DE SOIERIES.

Hé! hé! père Mondella, voilà bien du vent pour mes étoffes.

*Il étale ses pièces de soie.*

L'ORFÈVRE, bâillant.

C'est à se casser la tête. Au diable leur noce! je n'ai pas fermé l'œil de la nuit.

LE MARCHAND.

Ni ma femme non plus, voisin; la chère âme s'est tournée et retournée comme une anguille. Ah! dame! quand on est jeune, on ne s'endort pas au bruit des violons.

L'ORFÈVRE.

Jeune! jeune! cela vous plaît à dire. On n'est pas jeune avec une barbe comme celle-là; et cependant Dieu sait si leur damnée de musique me donne envie de danser!

*Deux écoliers passent.*

PREMIER ÉCOLIER.

Rien n'est plus amusant. On se glisse contre la porte au milieu des soldats, et on les voit descendre avec leurs habits de toutes les couleurs. Tiens ! voilà la maison des Nasi.

*Il souffle dans ses doigts.*

Mon portefeuille me glace les mains.

DEUXIÈME ÉCOLIER.

Et on nous laissera approcher ?

PREMIER ÉCOLIER.

En vertu de quoi est-ce qu'on nous en empêcherait ? Nous sommes citoyens de Florence. Regarde tout ce monde autour de la porte; en voilà des chevaux, des pages et des livrées ! Tout cela va et vient, il n'y a qu'à s'y connaître un peu ; je suis capable de nommer toutes les personnes d'importance; on observe bien tous les costumes, et le soir on dit à l'atelier : J'ai une terrible envie de dormir, j'ai passé la nuit au bal chez le prince Aldobrandini, chez le comte Salviati ; le prince était habillé de telle ou telle façon, la princesse de telle autre, et on ne ment pas. Viens, prends ma cape par derrière.

*Ils se placent contre la porte de la maison.*

L'ORFÈVRE.

Entendez-vous les petits badauds ? Je voudrais qu'un de mes apprentis fît un pareil métier !

LE MARCHAND.

Bon, bon ! père Mondella, où le plaisir ne coûte rien, la jeunesse n'a rien à perdre. Tous ces grands yeux étonnés de ces petits polissons me réjouissent le cœur.
— Voilà comme j'étais, humant l'air et cherchant les

nouvelles. Il paraît que la Nasi est une belle gaillarde, et que le Martelli est un heureux garçon. C'est une famille bien florentine, celle-là! Quelle tournure ont tous ces grands seigneurs! J'avoue que ces fêtes-là me font plaisir, à moi. On est dans son lit bien tranquille, avec un coin de ses rideaux retroussé ; on regarde de temps en temps les lumières qui vont et viennent dans le palais ; on attrape un petit air de danse sans rien payer, et on se dit : Hé! hé! ce sont mes étoffes qui dansent, mes belles étoffes du bon Dieu, sur le cher corps de tous ces braves et loyaux seigneurs.

### L'ORFÈVRE.

Il en danse plus d'une qui n'est pas payée, voisin ; ce sont celles-là qu'on arrose de vin et qu'on frotte sur les murailles avec le moins de regret. Que les grands seigneurs s'amusent, c'est tout simple, — ils sont nés pour cela ; mais il y a des amusements de plusieurs sortes, entendez-vous?

### LE MARCHAND.

Oui, oui, comme la danse, le cheval, le jeu de paume et tant d'autres. Qu'entendez-vous vous-même, père Mondella?

### L'ORFÈVRE.

Cela suffit ; — je me comprends. — C'est-à-dire que les murailles de tous ces palais-là n'ont jamais mieux prouvé leur solidité. Il leur fallait moins de force pour défendre les aïeux de l'eau du ciel, qu'il ne leur en faut pour soutenir les fils quand ils ont trop pris de leur vin.

## ACTE I, SCÈNE II.

LE MARCHAND.

Un verre de vin est de bon conseil, père Mondella. Entrez donc dans ma boutique que je vous montre une pièce de velours.

L'ORFÈVRE.

Oui, de bon conseil et de bonne mine, voisin; un bon verre de vin vieux a une bonne mine au bout d'un bras qui a sué pour le gagner; on le soulève gaiement d'un petit coup, et il s'en va donner du courage au cœur de l'honnête homme qui travaille pour sa famille. Mais ce sont des tonneaux sans vergogne, que tous ces godelureaux de la cour. A qui fait-on plaisir en s'abrutissant jusqu'à la bête féroce? A personne, pas même à soi, et à Dieu encore moins.

LE MARCHAND.

Le carnaval a été rude, il faut l'avouer; et leur maudit ballon m'a gâté de la marchandise pour une cinquantaine de florins*. Dieu merci! les Strozzi l'ont payé.

L'ORFÈVRE.

Les Strozzi! Que le ciel confonde ceux qui ont osé porter la main sur leur neveu! Le plus brave homme de Florence, c'est Philippe Strozzi.

LE MARCHAND.

Cela n'empêche pas Pierre Strozzi d'avoir traîné son

---

\* C'était l'usage au carnaval de traîner dans les rues un énorme ballon qui renversait les passants et les devantures des boutiques. Pierre Strozzi avait été arrêté pour ce fait. (*Note de l'auteur.*)

maudit ballon sur ma boutique, et de m'avoir fait trois grandes taches dans une aune de velours brodé. A propos, père Mondella, nous verrons-nous à Montolivet?

### L'ORFÈVRE.

Ce n'est pas mon métier de suivre les foires; j'irai cependant à Montolivet par piété. C'est un saint pèlerinage, voisin, et qui remet tous les péchés.

### LE MARCHAND.

Et qui est tout à fait vénérable, voisin, et qui fait gagner les marchands plus que tous les autres jours de l'année. C'est plaisir de voir ces bonnes dames, sortant de la messe, manier, examiner toutes les étoffes. Que Dieu conserve Son Altesse! La cour est une belle chose.

### L'ORFÈVRE.

La cour! le peuple la porte sur le dos, voyez-vous. Florence était encore (il n'y a pas longtemps de cela) une bonne maison bien bâtie; tous ces grands palais, qui sont les logements de nos grandes familles, en étaient les colonnes. Il n'y en avait pas une, de toutes ces colonnes, qui dépassât les autres d'un pouce; elles soutenaient à elles toutes une vieille voûte bien cimentée, et nous nous promenions là-dessous sans crainte d'une pierre sur la tête. Mais il y a de par le monde deux architectes malavisés qui ont gâté l'affaire; je vous le dis en confidence, c'est le pape et l'empereur Charles. L'empereur a commencé par entrer par une assez bonne brèche dans la susdite maison. Après quoi, ils ont jugé à propos de prendre une des colonnes dont je vous parle, à savoir celle de la famille des Médicis, et d'en faire un clocher, lequel clocher a poussé comme un champignon de malheur dans l'espace d'une nuit. Et puis, savez-vous, voisin ? comme l'édifice branlait au vent, attendu qu'il avait la tête trop lourde et une jambe de moins, on a remplacé le pilier devenu clocher par un gros pâté informe fait de boue et de crachat, et on a appelé cela la citadelle : les Allemands se sont installés dans ce maudit trou comme des rats dans un fromage, et il est bon de savoir que, tout en jouant aux dés et en buvant leur vin aigrelet, ils ont l'œil sur nous autres. Les familles florentines ont beau crier, le peuple et les marchands ont beau dire, les Médicis gouvernent au moyen de leur garnison ; ils nous dévorent comme une excroissance vénéneuse dévore un estomac malade ; c'est en vertu des hallebardes qui se promènent sur la plate-forme, qu'un bâtard, une moitié de Médicis, un butor que le ciel avait fait pour être garçon boucher ou valet de charrue, couche dans le lit de nos filles, boit nos bouteilles, casse nos vitres ; et encore le paye-t-on pour cela.

LE MARCHAND.

Peste ! peste ! comme vous y allez ! vous avez l'air de savoir tout cela par cœur ; il ne ferait pas bon dire cela dans toutes les oreilles, voisin Mondella.

L'ORFÈVRE.

Et quand on me bannirait comme tant d'autres ! On

vit à Rome aussi bien qu'ici. Que le diable emporte la noce, ceux qui y dansent et ceux qui la font!

*Il rentre. Le marchand se mêle aux curieux. — Passe un bourgeois avec sa femme.*

LA FEMME.

Guillaume Martelli est un bel homme et riche. C'est un bonheur pour Nicolo Nasi d'avoir un gendre comme celui-là. Tiens! le bal dure encore. — Regarde donc toutes ces lumières.

LE BOURGEOIS.

Et nous, notre fille, quand la marierons-nous?

LA FEMME.

Comme tout est illuminé! Danser encore à l'heure qu'il est, c'est là une jolie fête! — On dit que le duc y est.

LE BOURGEOIS.

Faire du jour la nuit et de la nuit le jour, c'est un moyen commode de ne pas voir les honnêtes gens. Une belle invention, ma foi, que des hallebardes à la porte d'une noce! Que le bon Dieu protège la ville! Il en sort tous les jours de nouveaux, de ces chiens d'Allemands, de leur damnée forteresse.

LA FEMME.

Regarde donc le joli masque. Ah! la belle robe! Hélas! tout cela coûte très cher, et nous sommes bien pauvres à la maison.

*Ils sortent.*

## ACTE I, SCÈNE II.

UN SOLDAT, au marchand.

Gare, canaille! laisse passer les chevaux.

LE MARCHAND.

Canaille toi-même, Allemand du diable!

Le soldat le frappe de sa pique.

LE MARCHAND, se retirant.

Voilà comme on suit la capitulation! Ces gredins-là maltraitent les citoyens.

Il rentre chez lui.

L'ÉCOLIER, à son camarade.

Vois-tu celui-là qui ôte son masque? C'est Palla Ruccellai. Un fier luron! Ce petit-là, à côté de lui, c'est Thomas Strozzi, Masaccio, comme on dit.

UN PAGE, criant.

Le cheval de son Altesse!

LE SECOND ÉCOLIER.

Allons-nous-en, voilà le duc qui sort.

LE PREMIER ÉCOLIER.

Crois-tu pas qu'il va te manger?

La foule s'augmente à la porte.

L'ÉCOLIER.

Celui-là, c'est Nicolini; celui-là, c'est le provéditeur.

Le duc sort, vêtu en religieuse, avec Julien Salviati, habillé de même, tous deux masqués.

LE DUC, montant à cheval.

Viens-tu, Julien?

SALVIATI.

Non, Altesse, pas encore.

Il lui parle à l'oreille.

##### LE DUC.

Bien, bien, ferme !

##### SALVIATI.

Elle est belle comme un démon. — Laissez-moi faire ; si je peux me débarrasser de ma femme...

*Il rentre dans le bal.*

##### LE DUC.

Tu es gris, Salviati ; le diable m'emporte ! tu vas de travers.

*Il part avec sa suite.*

##### L'ÉCOLIER.

Maintenant que voilà le duc parti, il n'y en a pas pour longtemps.

*Les masques sortent de tous côtés.*

##### LE SECOND ÉCOLIER.

Rose, vert, bleu, j'en ai plein les yeux ; la tête me tourne.

##### UN BOURGEOIS.

Il paraît que le souper a duré longtemps : en voilà deux qui ne peuvent plus se tenir.

*Le provéditeur monte à cheval ; une bouteille cassée lui tombe sur l'épaule.*

##### LE PROVÉDITEUR.

Eh ! ventrebleu ! quel est l'assommeur, ici ?

##### UN MASQUE.

Eh ! ne le voyez-vous pas, seigneur Corsini ? Tenez ! regardez à la fenêtre ; c'est Lorenzo avec sa robe de nonne.

LE PROVÉDITEUR.

Lorenzaccio, le diable soit de toi! tu as blessé mon cheval.

*La fenêtre se ferme.*

Peste soit de l'ivrogne et de ses farces silencieuses! un gredin qui n'a pas souri trois fois dans sa vie, et qui passe le temps à des espiègleries d'écolier en vacances.

*Il sort. — Louise Strozzi sort de la maison, accompagnée de Julien Salviati; il lui tient l'étrier. Elle monte à cheval; un écuyer et une gouvernante la suivent.*

SALVIATI.

La jolie jambe, chère fille! Tu es un rayon de soleil, et tu as brûlé la moelle de mes os.

LOUISE.

Seigneur, ce n'est pas là le langage d'un cavalier.

SALVIATI.

Quels yeux tu as, mon cher cœur! quelle belle épaule à essuyer, tout humide et si fraîche! Que faut-il te donner pour être ta camériste cette nuit? Le joli pied à déchausser!

LOUISE.

Lâche mon pied, Salviati.

SALVIATI.

Non, par le corps de Bacchus! jusqu'à ce que tu m'aies dit quand nous coucherons ensemble.

*Louise frappe son cheval et part au galop.*

UN MASQUE, à Salviati.

La petite Strozzi s'en va rouge comme la braise; — vous l'avez fâchée, Salviati.

SALVIATI.

Baste! colère de jeune fille et pluie du matin...

Il sort.

## SCÈNE III

*Chez le marquis de Cibo.*

**LE MARQUIS,** en habit de voyage, **LA MARQUISE, ASCANIO, LE CARDINAL CIBO,** assis.

LE MARQUIS, embrassant son fils.

Je voudrais pouvoir t'emmener, petit, toi et ta grande épée qui te traîne entre les jambes. Prends patience : Massa n'est pas bien loin, et je te rapporterai un bon cadeau.

LA MARQUISE.

Adieu, Laurent; revenez, revenez!

LE CARDINAL.

Marquise, voilà des pleurs qui sont de trop. Ne dirait-on pas que mon frère part pour la Palestine? Il ne court pas grand danger dans ses terres, je crois.

LE MARQUIS.

Mon frère, ne dites pas de mal de ces belles larmes.

Il embrasse sa femme.

LE CARDINAL.

Je voudrais seulement que l'honnêteté n'eût pas cette apparence.

LA MARQUISE.

L'honnêteté n'a-t-elle point de larmes, monsieur le cardinal? sont-elles toutes au repentir ou à la crainte?

LE MARQUIS.

Non, par le ciel! car les meilleures sont à l'amour. N'essuyez pas celles-ci sur mon visage, le vent s'en chargera en route : qu'elles se sèchent lentement! Eh bien! ma chère, vous ne me dites rien pour vos favoris? n'emporterai-je pas, comme de coutume, quelque belle harangue sentimentale à faire de votre part aux roches et aux cascades de mon vieux patrimoine?

LA MARQUISE.

Ah! mes pauvres cascatelles!

LE MARQUIS.

C'est la vérité, ma chère âme, elles sont toutes tristes sans vous. (Plus bas.) Elles ont été joyeuses autrefois, n'est-il pas vrai, Ricciarda?

LA MARQUISE.

Emmenez-moi!

LE MARQUIS.

Je le ferais si j'étais fou, et je le suis presque, avec ma vieille mine de soldat. N'en parlons plus; — ce sera l'affaire d'une semaine. Que ma chère Ricciarda voie ses jardins quand ils sont tranquilles et solitaires; les pieds boueux de mes fermiers ne laisseront pas de trace dans ses allées chéries. C'est à moi de compter mes vieux troncs d'arbres qui me rappellent ton père Albéric, et tous les brins d'herbe de mes bois; les métayers et leurs bœufs, tout cela me regarde. A la première fleur que je verrai pousser, je mets tout à la porte, et je vous emmène alors.

LA MARQUISE.

La première fleur de notre belle pelouse m'est toujours chère. L'hiver est si long! Il me semble toujours que ces pauvres petites ne reviendront jamais.

ASCANIO.

Quel cheval as-tu, mon père, pour t'en aller?

LE MARQUIS.

Viens avec moi dans la cour, tu le verras.

Il sort. — La marquise reste seule avec le cardinal. — Un silence.

LE CARDINAL.

N'est-ce pas aujourd'hui que vous m'avez demandé d'entendre votre confession, marquise?

LA MARQUISE.

Dispensez-m'en, cardinal. Ce sera pour ce soir, si Votre Éminence est libre, ou demain, comme elle voudra. — Ce moment-ci n'est pas à moi.

Elle se met à la fenêtre et fait un signe d'adieu à son mari.

LE CARDINAL.

Si les regrets étaient permis à un fidèle serviteur de Dieu, j'envierais le sort de mon frère. — Un si court voyage, si simple, si tranquille! — une visite à une de ses terres qui n'est qu'à quelques pas d'ici! — une absence d'une semaine, — et tant de tristesse, une si douce tristesse, veux-je dire, à son départ! Heureux celui qui sait se faire aimer ainsi après sept années de mariage! — N'est-ce pas sept années, marquise?

LA MARQUISE.

Oui, cardinal; mon fils a six ans.

LE CARDINAL.

Etiez-vous hier à la noce des Nasi?

LA MARQUISE.

Oui, j'y étais.

LE CARDINAL.

Et le duc en religieuse?

LA MARQUISE.

Pourquoi le duc en religieuse?

LE CARDINAL.

On m'avait dit qu'il avait pris ce costume; il se peut qu'on m'ait trompé.

LA MARQUISE.

Il l'avait en effet. Ah! Malaspina, nous sommes dans un triste temps pour toutes les choses saintes!

LE CARDINAL.

On peut respecter les choses saintes, et, dans un jour de folie, prendre le costume de certains couvents, sans aucune intention hostile à la sainte Église catholique.

LA MARQUISE.

L'exemple est à craindre, et non l'intention. Je ne suis pas comme vous; cela m'a révoltée. Il est vrai que je ne sais pas bien ce qui se peut et ce qui ne se peut pas, selon vos règles mystérieuses. Dieu sait où elles mènent. Ceux qui mettent les mots sur leur enclume, et qui les tordent avec un marteau et une lime, ne réfléchissent pas toujours que ces mots représentent des pensées, et ces pensées des actions.

LE CARDINAL.

Bon, bon! le duc est jeune, marquise, et gageons que cet habit coquet des nonnes lui allait à ravir.

LA MARQUISE.

On ne peut mieux; il n'y manquait que quelques gouttes du sang de son cousin, Hippolyte de Médicis.

LE CARDINAL.

Et le bonnet de la Liberté, n'est-il pas vrai, petite sœur? Quelle haine pour ce pauvre duc!

LA MARQUISE.

Et vous, son bras droit, cela vous est égal que le duc de Florence soit le préfet de Charles-Quint, le commissaire civil du pape, comme Baccio est son commissaire religieux? Cela vous est égal, à vous, frère de mon Laurent, que notre soleil, à nous, promène sur la citadelle des ombres allemandes? que César parle ici dans toutes les bouches? que la débauche serve d'entremetteuse à l'esclavage, et secoue ses grelots sur les sanglots du peuple? Ah! le clergé sonnerait au besoin toutes ses cloches pour en étouffer le bruit et pour réveiller l'aigle impérial, s'il s'endormait sur nos pauvres toits.

Elle sort.

LE CARDINAL, seul, soulève la tapisserie et appelle à voix basse.

Agnolo!

Entre un page.

Quoi de nouveau aujourd'hui?

AGNOLO.

Cette lettre, monseigneur.

LE CARDINAL.

Donne-la-moi.

AGNOLO.

Hélas! Eminence, c'est un péché.

LE CARDINAL.

Rien n'est un péché quand on obéit à un prêtre de l'Église romaine.

Agnolo remet la lettre.

Cela est comique d'entendre les fureurs de cette pauvre marquise, et de la voir courir à un rendez-vous d'amour avec le cher tyran, toute baignée de larmes républicaines.

Il ouvre la lettre et lit.

« Ou vous serez à moi, ou vous aurez fait mon mal-
« heur, le vôtre et celui de nos deux maisons. »

Le style du duc est laconique, mais il ne manque pas d'énergie. Que la marquise soit convaincue ou non, voilà le difficile à savoir. Deux mois de cour presque assidue, c'est beaucoup pour Alexandre; ce doit être assez pour Ricciarda Cibo.

Il rend la lettre au page.

Remets cela chez ta maîtresse ; tu es toujours muet, n'est-ce pas ? Compte sur moi.

*Il lui donne sa main à baiser et sort.*

## SCÈNE IV

*Une cour du palais du duc.*

**LE DUC ALEXANDRE,** sur une terrasse ; des pages exercent des chevaux dans la cour. Entrent **VALORI ET SIRE MAURICE.**

LE DUC, à Valori.

Votre Éminence a-t-elle reçu ce matin des nouvelles de la cour de Rome ?

VALORI.

Paul III envoie mille bénédictions à Votre Altesse, et fait les vœux les plus ardents pour sa prospérité.

LE DUC.

Rien que des vœux, Valori ?

VALORI.

Sa Sainteté craint que le duc ne se crée de nouveaux dangers par trop d'indulgence. Le peuple est mal habitué à la domination absolue ; et César, à son dernier voyage, en a dit autant, je crois, à Votre Altesse.

LE DUC.

Voilà, pardieu ! un beau cheval, sire Maurice ! Eh ! quelle croupe de diable !

SIRE MAURICE.

Superbe, Altesse.

#### LE DUC.

Ainsi, monsieur le commissaire apostolique, il y a encore quelques mauvaises branches à élaguer. César et le pape ont fait de moi un roi; mais, par Bacchus, ils m'ont mis dans la main une espèce de sceptre qui sent la hache d'une lieue. Allons! voyons, Valori, qu'est-ce que c'est?

#### VALORI.

Je suis un prêtre, Altesse; si les paroles que mon devoir me force à vous rapporter fidèlement doivent être interprétées d'une manière aussi sévère, mon cœur me défend d'y ajouter un mot.

#### LE DUC.

Oui, oui, je vous connais pour un brave. Vous êtes, pardieu! le seul prêtre honnête homme que j'aie vu de ma vie.

#### VALORI.

Monseigneur, l'honnêteté ne se perd ni ne se gagne sous aucun habit; et parmi les hommes il y a plus de bons que de méchants.

#### LE DUC.

Ainsi donc, point d'explications?

#### SIRE MAURICE.

Voulez-vous que je parle, monseigneur? tout est facile à expliquer.

#### LE DUC.

Eh bien?

SIRE MAURICE.

Les désordres de la cour irritent le pape.

LE DUC.

Que dis-tu là, toi?

SIRE MAURICE.

J'ai dit les désordres de la cour, Altesse; les actions du duc n'ont d'autre juge que lui-même. C'est Lorenzo de Médicis que le pape réclame comme transfuge de sa justice.

LE DUC.

De sa justice? Il n'a jamais offensé de pape, à ma connaissance, que Clément VII, feu mon cousin, qui, à cette heure, est en enfer.

SIRE MAURICE.

Clément VII a laissé sortir de ses États le libertin qui, un jour d'ivresse, avait décapité les statues de l'arc de Constantin. Paul III ne saurait pardonner au modèle titré de la débauche florentine.

LE DUC.

Ah parbleu! Alexandre Farnèse est un plaisant garçon! Si la débauche l'effarouche, que diable fait-il de son bâtard, le cher Pierre Farnèse, qui traite si joliment l'évêque de Fano? Cette mutilation revient toujours sur l'eau, à propos de ce pauvre Renzo. Moi, je trouve cela drôle, d'avoir coupé la tête à tous ces hommes de pierre. Je protège les arts comme un autre, et j'ai chez moi les premiers artistes de l'Italie; mais je n'entends rien au respect du pape pour ces statues, qu'il excommunierait demain, si elles étaient en chair et en os.

SIRE MAURICE.

Lorenzo est un athée; il se moque de tout. Si le gouvernement de Votre Altesse n'est pas entouré d'un profond respect, il ne saurait être solide. Le peuple appelle Lorenzo Lorenzaccio : on sait qu'il dirige vos plaisirs, et cela suffit.

LE DUC.

Paix! tu oublies que Lorenzo de Médicis est cousin d'Alexandre.

Entre le cardinal Cibo.

Cardinal, écoutez un peu ces messieurs qui disent que le pape est scandalisé des désordres de ce pauvre Renzo, et qui prétendent que cela fait tort à mon gouvernement.

LE CARDINAL.

Messire Francesco Molza vient de débiter à l'Académie romaine une harangue en latin contre le mutilateur de l'arc de Constantin.

LE DUC.

Allons donc, vous me mettriez en colère! Renzo, un homme à craindre! le plus fieffé poltron! une femmelette, l'ombre d'un ruffian énervé! un rêveur qui marche nuit et jour sans épée, de peur d'en apercevoir l'ombre à son côté! d'ailleurs un philosophe, un gratteur de papier, un méchant poète qui ne sait seulement pas faire un sonnet! Non, non, je n'ai pas encore peur des ombres. Eh! corps de Bacchus! que me font les discours latins et les quolibets de ma canaille! J'aime Lorenzo, moi, et, par la mort de Dieu! il restera ici.

LE CARDINAL.

Si je craignais cet homme, ce ne serait pas pour votre cour, ni pour Florence, mais pour vous, duc.

LE DUC.

Plaisantez-vous, cardinal, et voulez-vous que je vous dise la vérité?

Il lui parle bas.

Tout ce que je sais de ces damnés bannis, de tous ces républicains entêtés qui complotent autour de moi, c'est par Lorenzo que je le sais. Il est glissant comme une anguille; il se fourre partout et me dit tout. N'a-t-il pas trouvé moyen d'établir une correspondance avec tous ces Strozzi de l'enfer? Oui, certes, c'est mon entremetteur; mais croyez que son entremise, si elle nuit à quelqu'un, ne me nuira pas. Tenez!

Lorenzo paraît au fond d'une galerie basse.

Regardez-moi ce petit corps maigre, ce lendemain d'orgie ambulant. Regardez-moi ces yeux plombés, ces mains fluettes et maladives, à peine assez fermes pour soutenir un éventail; ce visage morne, qui sourit quelquefois, mais qui n'a pas la force de rire. C'est là un homme à craindre? Allons, allons! vous vous moquez de lui. Hé! Renzo, viens donc ici; voilà sire Maurice qui te cherche dispute.

LORENZO, montant l'escalier de la terrasse.

Bonjour, messieurs les amis de mon cousin!

LE DUC.

Lorenzo, écoute ici. Voilà une heure que nous parlons de toi. Sais-tu la nouvelle? Mon ami, on t'excommunie en latin, et sire Maurice t'appelle un homme dangereux, le cardinal aussi; quant au bon Valori, il est trop honnête homme pour prononcer ton nom.

LORENZO.

Pour qui dangereux, Éminence? pour les filles de joie, ou pour les saints du paradis?

LE CARDINAL.

Les chiens de cour peuvent être pris de la rage comme les autres chiens.

LORENZO.

Une insulte de prêtre doit se faire en latin.

SIRE MAURICE.

Il s'en fait en toscan, auxquelles on peut répondre.

LORENZO.

Sire Maurice, je ne vous voyais pas; excusez-moi, j'avais le soleil dans les yeux; mais vous avez un bon visage et votre habit me paraît tout neuf.

SIRE MAURICE.

Comme votre esprit; je l'ai fait faire d'un vieux pourpoint de mon grand-père.

LORENZO.

Cousin, quand vous aurez assez de quelque conquête des faubourgs, envoyez-la donc chez sire Maurice. Il est malsain de vivre sans femme, pour un homme qui a, comme lui, le cou court et les mains velues.

SIRE MAURICE.

Celui qui se croit le droit de plaisanter doit savoir se défendre. A votre place, je prendrais une épée.

LORENZO.

Si on vous a dit que j'étais un soldat, c'est une erreur, je suis un pauvre amant de la science.

SIRE MAURICE.

Votre esprit est une épée acérée, mais flexible. C'est une arme trop vile ; chacun fait usage des siennes.

Il tire son épée.

VALORI.

Devant le duc, l'épée nue !

LE DUC, riant.

Laissez faire, laissez faire. Allons, Renzo, je veux te servir de témoin ; qu'on lui donne une épée !

LORENZO.

Monseigneur, que dites-vous là ?

LE DUC.

Eh bien ! ta gaieté s'évanouit si vite ? Tu trembles, cousin ? Fi donc ! tu fais honte au nom des Médicis. Je ne suis qu'un bâtard, et je le porterais mieux que toi, qui es légitime ! Une épée, une épée ! un Médicis ne se laisse point provoquer ainsi. Pages, montez ici ; toute la cour le verra, et je voudrais que Florence entière y fût.

#### LORENZO.

Son Altesse se rit de moi.

#### LE DUC.

J'ai ri tout à l'heure, mais maintenant je rougis de honte. Une épée !

*Il prend l'épée d'un page et la présente à Lorenzo.*

#### VALORI.

Monseigneur, c'est pousser trop loin les choses. Une épée tirée en présence de Votre Altesse est un crime punissable dans l'intérieur du palais.

#### LE DUC.

Qui parle ici, quand je parle ?

#### VALORI.

Votre Altesse ne peut avoir eu d'autre dessein que celui de s'égayer un instant, et sire Maurice lui-même n'a point agi dans une autre pensée.

#### LE DUC.

Et vous ne voyez pas que je plaisante encore ! Qui diable pense ici à une affaire sérieuse ? Regardez Renzo, je vous en prie : ses genoux tremblent ; il serait devenu pâle, s'il pouvait le devenir. Quelle contenance, juste Dieu ! je crois qu'il va tomber.

*Lorenzo chancelle ; il s'appuie sur la balustrade et glisse à terre tout d'un coup.*

#### LE DUC, *riant aux éclats.*

Quand je vous le disais ! personne ne le sait mieux que moi ; la seule vue d'une épée le fait trouver mal. Allons ! chère Lorenzetta, fais-toi emporter chez ta mère.

*Les pages relèvent Lorenzo.*

SIRE MAURICE.

Double poltron! fils de catin!

LE DUC.

Silence! sire Maurice; pesez vos paroles, c'est moi qui vous le dis maintenant; pas de ces mots-là devant moi.

Sire Maurice sort.

VALORI.

Pauvre jeune homme!

LE CARDINAL, resté seul avec le duc.

Vous croyez à cela, monseigneur?

LE DUC.

Je voudrais bien savoir comment je n'y croirais pas.

LE CARDINAL.

Hum! c'est bien fort.

LE DUC.

C'est justement pour cela que j'y crois. Vous figurez-vous qu'un Médicis se déshonore publiquement, par partie de plaisir? D'ailleurs ce n'est pas la première fois que cela lui arrive; jamais il n'a pu voir une épée.

LE CARDINAL.

C'est bien fort, c'est bien fort!

Ils sortent.

## SCÈNE V

Devant l'église de Saint-Miniato à Montolivet. — La foule sort de l'église.

UNE FEMME, à sa voisine.

Retournez-vous ce soir à Florence?

LA VOISINE.

Je ne reste jamais plus d'une heure ici, et je n'y viens jamais qu'un seul vendredi\*; je ne suis pas assez riche pour m'arrêter à la foire; ce n'est pour moi qu'une affaire de dévotion, et que cela suffise pour mon salut, c'est tout ce qu'il me faut.

UNE DAME DE LA COUR, à une autre.

Comme il a bien prêché! c'est le confesseur de ma fille.

Elle s'approche d'une boutique.

Blanc et or, cela fait bien le soir; mais le jour, le moyen d'être propre avec cela!

Le marchand et l'orfèvre devant leurs boutiques avec quelques cavaliers.

L'ORFÈVRE.

La citadelle! voilà ce que le peuple ne souffrira jamais, voir tout d'un coup s'élever sur la ville cette

---

\* On allait à Montolivet tous les vendredis de certains mois : c'était à Florence ce que Longchamp était autrefois à Paris : les marchands y trouvaient l'occasion d'une foire et y transportaient leurs boutiques.
(*Note de l'auteur.*)

nouvelle tour de Babel, au milieu du plus maudit baragouin; les Allemands ne pousseront jamais à Florence, et pour les y greffer, il faudra un vigoureux lien.

###### LE MARCHAND.

Voyez, mesdames; que Vos Seigneuries acceptent un tabouret sous mon auvent.

###### UN CAVALIER.

Tu es du vieux sang florentin, père Mondella; la haine de la tyrannie fait encore trembler tes doigts ridés sur tes ciselures précieuses, au fond de ton cabinet de travail.

###### L'ORFÈVRE.

C'est vrai, Excellence. Si j'étais un grand artiste, j'aimerais les princes, parce qu'eux seuls peuvent faire entreprendre de grands travaux; les grands artistes n'ont pas de patrie; moi, je fais des saints ciboires et des poignées d'épée.

###### UN AUTRE CAVALIER.

A propos d'artiste, ne voyez-vous pas dans ce petit cabaret ce grand gaillard qui gesticule devant des badauds? Il frappe son verre sur la table; si je ne me trompe, c'est ce hâbleur de Cellini.

###### LE PREMIER CAVALIER.

Allons-y donc, et entrons; avec un verre de vin dans la tête, il est curieux à entendre, et probablement quelque bonne histoire est en train.

Ils sortent. — Deux bourgeois s'assoient.

## ACTE I, SCÈNE V.

PREMIER BOURGEOIS.

Il y a eu une émeute à Florence ?

DEUXIÈME BOURGEOIS.

Presque rien. — Quelques pauvres jeunes gens ont été tués sur le Vieux-Marché.

PREMIER BOURGEOIS.

Quelle pitié pour les familles !

DEUXIÈME BOURGEOIS.

Voilà des malheurs inévitables. Que voulez-vous que fasse la jeunesse d'un gouvernement comme le nôtre ? On vient crier à son de trompe que César est à Bologne, et les badauds répètent : « César est à Bologne, » en clignant des yeux d'un air d'importance, sans réfléchir à ce qu'on y fait. Le jour suivant, ils sont plus heureux encore d'apprendre et de répéter : « Le pape est à Bologne avec César. » Que s'ensuit-il? Une réjouissance publique, ils n'en voient pas davantage ; et puis un beau matin ils se réveillent tout endormis des fumées du vin impérial, et ils voient une figure sinistre à la grande fenêtre du palais des Pazzi. Ils demandent quel est ce personnage, on leur répond que c'est leur roi. Le pape et l'empereur sont accouchés d'un bâtard qui a droit de vie et de mort sur nos enfants, et qui ne pourrait pas nommer sa mère.

L'ORFÈVRE, s'approchant.

Vous parlez en patriote, ami ; je vous conseille de prendre garde à ce flandrin.

Passe un officier allemand.

L'OFFICIER.

Otez-vous de là, messieurs; des dames veulent s'asseoir.

*Deux dames de la cour entrent et s'assoient.*

PREMIÈRE DAME.

Cela est de Venise?

LE MARCHAND.

Oui, Magnifique Seigneurie; vous en lèverai-je quelques aunes?

PREMIÈRE DAME.

Si tu veux. J'ai cru voir passer Julien Salviati.

L'OFFICIER.

Il va et vient à la porte de l'église; c'est un galant.

DEUXIÈME DAME.

C'est un insolent. Montrez-moi des bas de soie.

L'OFFICIER.

Il n'y en aura pas d'assez petits pour vous.

PREMIÈRE DAME.

Laissez donc, vous ne savez que dire. Puisque vous voyez Julien, allez lui dire que j'ai à lui parler.

L'OFFICIER.

J'y vais et je le ramène.

*Il sort.*

PREMIÈRE DAME.

Il est bête à faire plaisir, ton officier; que peux-tu faire de cela?

####### DEUXIÈME DAME.

Tu sauras qu'il n'y a rien de mieux que cet homme-là.

*Elles s'éloignent. — Entre le prieur de Capoue.*

####### LE PRIEUR.

Donnez-moi un verre de limonade, brave homme.

*Il s'assoit.*

####### UN DES BOURGEOIS.

Voilà le prieur de Capoue; c'est là un patriote!

*Les deux bourgeois se rassoient.*

####### LE PRIEUR.

Vous venez de l'église, messieurs? que dites-vous du sermon?

####### LE BOURGEOIS.

Il était beau, seigneur prieur.

####### DEUXIÈME BOURGEOIS, à l'orfèvre.

Cette noblesse des Strozzi est chère au peuple, parce qu'elle n'est pas fière. N'est-il pas agréable de voir un grand seigneur adresser librement la parole à ses voisins d'une manière affable? Tout cela fait plus qu'on ne pense.

####### LE PRIEUR.

S'il faut parler franchement, j'ai trouvé le sermon trop beau; j'ai prêché quelquefois, et je n'ai jamais tiré grande gloire du tremblement des vitres; mais une petite larme sur la joue d'un brave homme m'a toujours été d'un grand prix.

*Entre Salviati.*

SALVIATI.

On m'a dit qu'il y avait ici des femmes qui me demandaient tout à l'heure; mais je ne vois de robe ici que la vôtre, prieur. Est-ce que je me trompe?

LE MARCHAND.

Excellence, on ne vous a pas trompé. Elles se sont éloignées; mais je pense qu'elles vont revenir. Voilà dix aunes d'étoffes et quatre paires de bas pour elles.

SALVIATI, s'asseyant.

Voilà une jolie femme qui passe. — Où diable l'ai-je donc vue? — Ah! parbleu! c'est dans mon lit.

LE PRIEUR, au bourgeois.

Je crois avoir vu votre signature sur une lettre adressée au duc.

LE BOURGEOIS.

Je le dis tout haut : c'est la supplique adressée par les bannis.

LE PRIEUR.

En avez-vous dans votre famille?

LE BOURGEOIS.

Deux, Excellence : mon père et mon oncle; il n'y a plus que moi d'homme à la maison.

LE DEUXIÈME BOURGEOIS, à l'orfèvre.

Comme ce Salviati a une méchante langue!

L'ORFÈVRE.

Cela n'est pas étonnant : un homme à moitié ruiné, vivant des générosités de ces Médicis, et marié comme il l'est à une femme déshonorée partout! Il voudrait qu'on dit de toutes les femmes possibles ce qu'on dit de la sienne.

SALVIATI.

N'est-ce pas Louise Strozzi qui passe sur ce tertre?

LE MARCHAND.

Elle-même, Seigneurie. Peu des dames de notre noblesse me sont inconnues. Si je ne me trompe, elle donne la main à sa sœur cadette.

SALVIATI.

J'ai rencontré cette Louise la nuit dernière au bal de Nasi; elle a, ma foi, une jolie jambe, et nous devons coucher ensemble au premier jour.

LE PRIEUR, se retournant.

Comment l'entendez-vous?

SALVIATI.

Cela est clair, elle me l'a dit. Je lui tenais l'étrier, ne pensant guère à malice; je ne sais par quelle distraction je lui pris la jambe, et voilà comme tout est venu.

LE PRIEUR.

Julien, je ne sais pas si tu sais que c'est de ma sœur que tu parles.

SALVIATI.

Je le sais très bien; toutes les femmes sont faites pour coucher avec les hommes, et ta sœur peut bien coucher avec moi.

LE PRIEUR se lève.

Vous dois-je quelque chose, brave homme?

Il jette une pièce de monnaie sur la table et sort.

SALVIATI.

J'aime beaucoup ce brave prieur, à qui un propos sur sa sœur a fait oublier le reste de son argent. Ne dirait-on pas que toute la vertu de Florence s'est réfugiée chez ces Strozzi? Le voilà qui se retourne. Ecarquille les yeux tant que tu voudras, tu ne me feras pas peur.

Il sort.

## SCÈNE VI

Le bord de l'Arno.

MARIE SODERINI, CATHERINE.

CATHERINE.

Le soleil commence à baisser. De larges bandes de pourpre traversent le feuillage, et la grenouille fait sonner sous les roseaux sa petite cloche de cristal. C'est une singulière chose que toutes les harmonies du soir avec le bruit lointain de cette ville.

MARIE.

Il est temps de rentrer; noue ton voile autour de ton cou.

CATHERINE.

Pas encore, à moins que vous n'ayez froid. Regardez, ma mère chérie*; que le ciel est beau! Que tout cela est

* Catherine Ginori est belle-sœur de Marie; elle lui donne le nom de *mère*, parce qu'il y a entre elles une différence d'âge très grande; Catherine n'a guère que vingt-deux ans. (*Note de l'auteur.*)

vaste et tranquille! Comme Dieu est partout! Mais vous baissez la tête; vous êtes inquiète depuis ce matin.

MARIE.

Inquiète, non, mais affligée. N'as-tu pas entendu répéter cette fatale histoire de Lorenzo? Le voilà la fable de Florence.

CATHERINE.

O ma mère! la lâcheté n'est point un crime; le courage n'est pas une vertu : pourquoi la faiblesse est-elle blâmable? Répondre des battements de son cœur est un triste privilège; Dieu seul peut le rendre noble et digne d'admiration. Et pourquoi cet enfant n'aurait-il pas le droit que nous avons toutes, nous autres femmes? Une femme qui n'a peur de rien n'est pas aimable, dit-on.

MARIE.

Aimerais-tu un homme qui a peur? Tu rougis, Catherine; Lorenzo est ton neveu, tu ne peux pas l'aimer; mais figure-toi qu'il s'appelle de tout autre nom, qu'en penserais-tu? Quelle femme voudrait s'appuyer sur son bras pour monter à cheval? Quel homme lui serrerait la main?

CATHERINE.

Cela est triste, et cependant ce n'est pas de cela que je le plains. Son cœur n'est peut-être pas celui d'un Médicis; mais, hélas! c'est encore moins celui d'un honnête homme.

MARIE.

N'en parlons pas, Catherine; — il est assez cruel pour une mère de ne pouvoir parler de son fils.

CATHERINE.

Ah! cette Florence! c'est là qu'on l'a perdu! N'ai-je pas vu briller quelquefois dans ses yeux le feu d'une noble ambition? Sa jeunesse n'a-t-elle pas été l'aurore d'un soleil levant? Et souvent encore aujourd'hui il me semble qu'un éclair rapide... — Je me dis malgré moi que tout n'est pas mort en lui.

MARIE.

Ah! tout cela est un abîme! Tant de facilité, un si doux amour de la solitude! Ce ne sera jamais un guerrier que mon Renzo, disais-je en le voyant rentrer de son collège, tout baigné de sueur, avec ses gros livres sous le bras; mais un saint amour de la vérité brillait sur ses lèvres et dans ses yeux noirs. Il lui fallait s'inquiéter de tout, dire sans cesse : « Celui-là est pauvre, celui-là est ruiné; comment faire? » Et cette admiration pour les grands hommes de son Plutarque! Catherine, Catherine, que de fois je l'ai baisé au front en pensant au père de la patrie!

CATHERINE.

Ne vous affligez pas.

MARIE.

Je dis que je ne veux pas parler de lui, et j'en parle sans cesse. Il y a de certaines choses, vois-tu, les mères ne s'en taisent que dans le silence éternel. Que mon fils eût été un débauché vulgaire, que le sang des Soderini eût été pâle dans cette faible goutte tombée de mes veines, je ne me désespérerais pas; mais j'ai espéré et j'ai eu raison de le faire. Ah! Catherine, il n'est même plus beau; comme une fumée malfaisante, la souillure de son cœur lui est montée au visage. Le sourire, ce doux épanouissement qui rend la jeunesse semblable aux fleurs, s'est enfui de ses joues couleur de soufre, pour y laisser grommeler une ironie ignoble et le mépris de tout.

CATHERINE.

Il est encore beau quelquefois dans sa mélancolie étrange.

MARIE.

Sa naissance ne l'appelait-elle pas au trône? N'aurait-il pas pu y faire monter un jour avec lui la science d'un docteur, la plus belle jeunesse du monde, et couronner d'un diadème d'or tous mes songes chéris? Ne devais-je pas m'attendre à cela? Ah! Cattina, pour dormir tranquille, il faut n'avoir jamais fait certains rêves. Cela est trop cruel d'avoir vécu dans un palais de fées, où murmuraient les cantiques des anges, de s'y être endormie, bercée par son fils, et de se réveiller dans une masure ensanglantée, pleine de débris d'orgie et de restes humains, dans les bras d'un spectre hideux qui vous tue en vous appelant encore du nom de mère.

### CATHERINE.

Des ombres silencieuses commencent à marcher sur la route ; rentrons, Marie, tous ces bannis me font peur.

### MARIE.

Pauvres gens! ils ne doivent que faire pitié! Ah! ne puis-je voir un seul objet qu'il ne m'entre une épine dans le cœur? Ne puis-je plus ouvrir les yeux? Hélas! ma Cattina, ceci est encore l'ouvrage de Lorenzo. Tous ces pauvres bourgeois ont eu confiance en lui ; il n'en est pas un, parmi tous ces pères de famille chassés de leur patrie, que mon fils n'ait trahi. Leurs lettres, signées de leur nom, sont montrées au duc. C'est ainsi qu'il fait tourner à un infâme usage jusqu'à la glorieuse mémoire de ses aïeux. Les républicains s'adressent à lui comme à l'antique rejeton de leur protecteur ; sa maison leur est ouverte, les Strozzi eux-mêmes y viennent. Pauvre Philippe! il y aura une triste fin pour tes cheveux gris! Ah! ne puis-je voir une fille sans pudeur, un malheureux privé de sa famille, sans que tout cela me crie : Tu es la mère de nos malheurs! Quand serai-je là?

*Elle frappe la terre.*

### CATHERINE.

Ma pauvre mère, vos larmes se gagnent.

*Elles s'éloignent. — Le soleil est couché. — Un groupe de bannis se forme au milieu d'un champ.*

### UN DES BANNIS.

Où allez-vous?

UN AUTRE.

A Pise ; et vous ?

LE PREMIER.

A Rome.

UN AUTRE.

Et moi à Venise ; en voilà deux qui vont à Ferrare ; que deviendrons-nous ainsi éloignés les uns des autres ?

UN QUATRIÈME.

Adieu, voisin, à des temps meilleurs.

Il s'en va.

Adieu ; pour nous, nous pouvons aller ensemble jusqu'à la croix de la Vierge.

Il sort avec un autre. — Arrive Maffio.

LE PREMIER BANNI.

C'est toi, Maffio ? par quel hasard es-tu ici ?

MAFFIO.

Je suis des vôtres. Vous saurez que le duc a enlevé ma sœur ; j'ai tiré l'épée ; une espèce de tigre avec des membres de fer s'est jeté à mon cou et m'a désarmé. Après quoi j'ai reçu l'ordre de sortir de la ville, et une bourse à moitié pleine de ducats.

LE SECOND BANNI.

Et ta sœur, où est-elle ?

MAFFIO.

On me l'a montrée ce soir sortant du spectacle dans une robe comme n'en a pas l'impératrice ; que Dieu lui pardonne ! Une vieille l'accompagnait, qui a laissé trois de ses dents à la sortie. Jamais je n'ai donné de ma vie un coup de poing qui m'ait fait ce plaisir-là.

#### LE TROISIÈME BANNI.

Qu'ils crèvent tous dans leur fange crapuleuse, et nous mourrons contents.

#### LE QUATRIÈME.

Philippe Strozzi nous écrira à Venise ; quelque jour nous serons tout étonnés de trouver une armée à nos ordres.

#### LE TROISIÈME.

Que Philippe vive longtemps ! Tant qu'il y aura un cheveu sur sa tête, la liberté de l'Italie n'est pas morte.

*Une partie du groupe se détache ; tous les bannis s'embrassent.*

#### UNE VOIX.

A des temps meilleurs !

#### UNE AUTRE.

A des temps meilleurs !

*Deux bannis montent sur une plate-forme d'où l'on découvre la ville.*

#### LE PREMIER.

Adieu, Florence, peste de l'Italie ! adieu, mère stérile, qui n'as plus de lait pour tes enfants !

#### LE SECOND.

Adieu, Florence la bâtarde, spectre hideux de l'antique Florence ! adieu, fange sans nom !

TOUS LES BANNIS.

Adieu, Florence! maudites soient les mamelles de tes femmes! maudits soient tes sanglots! maudits les prières de tes églises, le pain de tes blés, l'air de tes rues! Malédiction sur la dernière goutte de ton sang corrompu!

FIN DE L'ACTE PREMIER.

# ACTE DEUXIÈME

## SCÈNE PREMIÈRE

Chez les Strozzi.

PHILIPPE, dans son cabinet.

Dix citoyens bannis dans ce quartier-ci seulement ! le vieux Galeazzo et le petit Maffio bannis, sa sœur corrompue, devenue une fille publique en une nuit ! Pauvre petite ! Quand l'éducation des basses classes sera-t-elle assez forte pour empêcher les petites filles de rire lorsque leurs parents pleurent ? La corruption est-elle donc une loi de nature ? Ce qu'on appelle la vertu, est-ce donc l'habit du dimanche qu'on met pour aller à la messe ? Le reste de la semaine, on est à la croisée, et, tout en tricotant, on regarde les jeunes gens passer. Pauvre humanité ! quel nom portes-tu donc ? celui de ta race, ou celui de ton baptême ? Et nous autres vieux rêveurs, quelle tache originelle avons-nous lavée sur la face humaine depuis quatre ou cinq mille ans que nous jaunissons avec nos livres ? Qu'il t'est facile à toi, dans le silence du cabinet, de tracer d'une main légère une ligne mince et pure comme un cheveu sur ce papier blanc! qu'il t'est facile de bâtir des palais et des villes avec ce petit compas et un peu d'encre ! Mais l'architecte qui a dans son pupitre des milliers de plans admirables ne peut soulever de terre le premier pavé de son édifice, quand il vient se mettre à l'ouvrage avec son dos voûté et ses idées obstinées. Que le bonheur des hommes ne soit qu'un rêve, cela est pourtant dur; que le mal soit irrévocable, éternel, impossible à changer, non ! Pourquoi le philosophe qui travaille pour tous regarde-t-il autour de lui? voilà le tort. Le moindre insecte qui passe devant ses yeux lui cache le soleil : allons-y donc plus hardiment; la république, il nous faut ce mot-là. Et quand ce ne serait qu'un mot, c'est quelque chose, puisque les peuples se lèvent quand il traverse l'air... Ah ! bonjour, Léon.

Entre le prieur de Capoue.

LE PRIEUR.

Je viens de la foire de Montolivet.

PHILIPPE.

Était-ce beau? Te voilà aussi, Pierre? Assieds-toi donc ; j'ai à te parler.

Entre Pierre Strozzi.

LE PRIEUR.

C'était très beau, et je me suis assez amusé, sauf certaine contrariété un peu trop forte que j'ai quelque peine à digérer.

PIERRE.

Bah! qu'est-ce que c'est donc?

LE PRIEUR.

Figurez-vous que j'étais entré dans une boutique pour prendre un verre de limonade... — Mais non, cela est inutile, je suis un sot de m'en souvenir.

PHILIPPE.

Que diable as-tu sur le cœur? tu parles comme une âme en peine.

LE PRIEUR.

Ce n'est rien; un méchant propos, rien de plus. Il n'y a aucune importance à attacher à tout cela.

PIERRE.

Un propos? sur qui? sur toi?

LE PRIEUR.

Non pas sur moi précisément. Je me soucierais bien d'un propos sur moi!

PIERRE.

Sur qui donc? Allons! parle, si tu veux.

LE PRIEUR.

J'ai tort; on ne se souvient pas de ces choses-là, quand on sait la différence d'un honnête homme à un Salviati.

PIERRE.

Salviati? Qu'a dit cette canaille?

LE PRIEUR.

C'est un misérable, tu as raison. Qu'importe ce qu'il peut dire! Un homme sans pudeur, un valet de cour, qui, à ce qu'on raconte, a pour femme la plus grande dévergondée! Allons! voilà qui est fait, je n'y penserai pas davantage.

PIERRE.

Penses-y et parle, Léon; c'est-à-dire que cela me démange de lui couper les oreilles. De qui a-t-il médit? De nous? de mon père? Ah! sang du Christ, je ne l'aime guère, ce Salviati. Il faut que je sache cela, entends-tu?

LE PRIEUR.

Si tu y tiens, je te le dirai. Il s'est exprimé devant moi, dans une boutique, d'une manière vraiment offensante sur le compte de notre sœur.

PIERRE.

O mon Dieu! Dans quels termes? Allons! parle donc!

LE PRIEUR.

Dans les termes les plus grossiers.

PIERRE.

Diable de prêtre que tu es! tu me vois hors de moi d'impatience, et tu cherches tes mots! Dis les choses comme elles sont; parbleu! un mot est un mot; il n'y a pas de bon Dieu qui tienne.

PHILIPPE.

Pierre, Pierre! tu manques à ton frère.

LE PRIEUR.

Il a dit qu'il coucherait avec elle, voilà son mot, et qu'elle le lui avait promis.

#### PIERRE.

Qu'elle couch... Ah! mort de mort, de mille morts! Quelle heure est-il ?

#### PHILIPPE.

Où vas-tu ? Allons ! es-tu fait de salpêtre ? Qu'as-tu à faire de cette épée ? tu en as une au'côté.

#### PIERRE.

Je n'ai rien à faire ; allons dîner ; le dîner est servi.
Ils sortent.

## SCÈNE II

Le portail d'une église.

Entrent LORENZO ET VALORI.

#### VALORI.

Comment se fait-il que le duc n'y vienne pas ? Ah ! monsieur, quelle satisfaction pour un chrétien que ces pompes magnifiques de l'Église romaine ! quel homme peut y être insensible ? L'artiste ne trouve-t-il pas là le paradis de son cœur ? le guerrier, le prêtre et le marchand n'y rencontrent-ils pas tout ce qu'ils aiment ? Cette admirable harmonie des orgues, ces tentures éclatantes de velours et de tapisseries, ces tableaux des premiers maîtres, les parfums tièdes et suaves que balancent les encensoirs, et les chants délicieux de ces voix argentines, tout cela peut choquer, par son ensemble mondain, le moine sévère et ennemi du plaisir; mais rien n'est plus beau, selon moi, qu'une religion qui se fait aimer par de pareils moyens. Pourquoi les prêtres voudraient-ils servir un Dieu jaloux? La religion n'est pas un oiseau de proie; c'est une colombe compatissante qui plane doucement sur tous les rêves et sur tous les amours.

LORENZO.

Sans doute; ce que vous dites là est parfaitement vrai, et parfaitement faux, comme tout au monde.

TEBALDEO FRECCIA, s'approchant de Valori.

Ah! monseigneur, qu'il est doux de voir un homme tel que Votre Eminence parler ainsi de la tolérance et de l'enthousiasme sacré! Pardonnez à un citoyen obscur, qui brûle de ce feu divin, de vous remercier de ce peu de paroles que je viens d'entendre. Trouver sur les lèvres d'un honnête homme ce qu'on a soi-même dans le cœur, c'est le plus grand des bonheurs qu'on puisse désirer.

VALORI.

N'êtes-vous pas le petit Freccia?

TEBALDEO.

Mes ouvrages ont peu de mérite; je sais mieux aimer les arts que je ne sais les exercer. Ma jeunesse tout entière s'est passée dans les églises. Il me semble que je ne puis admirer ailleurs Raphaël et notre divin Buonarotti. Je demeure alors durant des journées devant leurs ouvrages, dans une extase sans égale. Le chant de l'orgue me révèle leur pensée, et me fait pénétrer dans leur âme; je regarde les personnages de leurs tableaux si saintement agenouillés, et j'écoute, comme si les cantiques du chœur sortaient de leurs bouches entr'ouvertes; des bouffées d'encens aromatique passent entre eux et moi dans une vapeur légère; je crois y voir la gloire de l'artiste; c'est aussi une triste et douce fumée, et qui ne serait qu'un parfum stérile, si elle ne montait à Dieu.

### VALORI.

Vous êtes un vrai cœur d'artiste! venez à mon palais, et ayez quelque chose sous votre manteau quand vous y viendrez. Je veux que vous travailliez pour moi.

### TEBALDEO.

C'est trop d'honneur que me fait Votre Eminence. Je suis un desservant bien humble de la sainte religion de la peinture.

### LORENZO.

Pourquoi remettre vos offres de service? Vous avez, il me semble, un cadre dans les mains.

### TEBALDEO.

Il est vrai; mais je n'ose le montrer à de si grands connaisseurs. C'est une esquisse bien pauvre d'un rêve magnifique.

### LORENZO.

Vous faites le portrait de vos rêves? Je ferai poser pour vous quelques-uns des miens.

### TEBALDEO.

Réaliser des rêves, voilà la vie du peintre. Les plus

grands ont représenté les leurs dans toute leur force, et sans y rien changer. Leur imagination était un arbre plein de séve; les bourgeons s'y métamorphosaient sans peine en fleurs, et les fleurs en fruits; bientôt ces fruits mûrissaient à un soleil bienfaisant, et, quand ils étaient mûrs, ils se détachaient d'eux-mêmes et tombaient sur la terre sans perdre un seul grain de leur poussière virginale. Hélas! les rêves des artistes médiocres sont des plantes difficiles à nourrir, et qu'on arrose de larmes bien amères pour les faire bien peu prospérer.

Il montre son tableau.

VALORI.

Sans compliment, cela est beau; non pas du premier mérite, il est vrai : pourquoi flatterais-je un homme qui ne se flatte pas lui-même? Mais votre barbe n'est pas poussée, jeune homme.

LORENZO.

Est-ce un paysage ou un portrait? De quel côté faut-il le regarder, en long ou en large?

TEBALDEO.

Votre Seigneurie se rit de moi. C'est la vue du Campo-Santo.

LORENZO.

Combien y a-t-il d'ici à l'immortalité?

VALORI.

Il est mal à vous de plaisanter cet enfant. Voyez comme ses grands yeux s'attristent à chacune de vos paroles.

#### TEBALDEO.

L'immortalité, c'est la foi. Ceux à qui Dieu a donné des ailes y arrivent en souriant.

#### VALORI.

Tu parles comme un élève de Raphaël.

#### TEBALDEO.

Seigneur, c'était mon maître. Ce que j'ai appris vient de lui.

#### LORENZO.

Viens chez moi; je te ferai peindre la Mazzafirra toute nue.

#### TEBALDEO.

Je ne respecte point mon pinceau, mais je respecte mon art : je ne puis faire le portrait d'une courtisane.

#### LORENZO.

Ton Dieu s'est bien donné la peine de la faire; tu peux bien te donner celle de la peindre. Veux-tu me faire une vue de Florence?

#### TEBALDEO.

Oui, monseigneur.

#### LORENZO.

Comment t'y prendrais-tu?

#### TEBALDEO.

Je me placerais à l'orient, sur la rive gauche de l'Arno. C'est de cet endroit que la perspective est la plus large et la plus agréable.

#### LORENZO.

Tu peindrais Florence, les places, les maisons et les rues?

#### TEBALDEO.

Oui, monseigneur.

#### LORENZO.

Pourquoi donc ne peux-tu peindre une courtisane, si tu peux peindre un mauvais lieu?

#### TEBALDEO.

On ne m'a point encore appris à parler ainsi de ma mère.

#### LORENZO.

Qu'appelles-tu ta mère?

#### TEBALDEO.

Florence, seigneur.

#### LORENZO.

Alors tu n'es qu'un bâtard, car ta mère n'est qu'une catin.

#### TEBALDEO.

Une blessure sanglante peut engendrer la corruption dans le corps le plus sain; mais des gouttes précieuses du sang de ma mère sort une plante odorante qui guérit tous les maux. L'art, cette fleur divine, a quelquefois besoin du fumier pour engraisser le sol qui la porte.

#### LORENZO.

Comment entends-tu ceci?

TEBALDEO.

Les nations paisibles et heureuses ont quelquefois brillé d'une clarté pure, mais faible. Il y a plusieurs cordes à la harpe des anges; le zéphir peut murmurer sur les plus faibles, et tirer de leur accord une harmonie suave et délicieuse; mais la corde d'argent ne s'ébranle qu'au passage du vent du nord. C'est la plus belle et la plus noble; et cependant le toucher d'une rude main lui est favorable. L'enthousiasme est frère de la souffrance.

LORENZO.

C'est-à-dire qu'un peuple malheureux fait les grands artistes. Je me ferai volontiers l'alchimiste de ton alambic; les larmes des peuples y retombent en perles. Par la mort du diable! tu me plais. Les familles peuvent se désoler, les nations mourir de misère, cela échauffe la cervelle de monsieur! Admirable poète! comment arranges-tu tout cela avec ta piété?

TEBALDEO.

Je ne ris point du malheur des familles : je dis que la poésie est la plus douce des souffrances, et qu'elle aime ses sœurs. Je plains les peuples malheureux; mais je crois, en effet, qu'ils font les grands artistes : les champs de bataille font pousser les moissons, les terres corrompues engendrent le blé céleste.

LORENZO.

Ton pourpoint est usé; en veux-tu un à ma livrée?

TEBALDEO.

Je n'appartiens à personne; quand la pensée veut être libre, le corps doit l'être aussi.

LORENZO.

J'ai envie de dire à mon valet de chambre de te donner des coups de bâton.

TEBALDEO.

Pourquoi, monseigneur?

LORENZO.

Parce que cela me passe par la tête. Es-tu boiteux de naissance ou par accident?

TEBALDEO.

Je ne suis pas boiteux; que voulez-vous dire par-là?

LORENZO.

Tu es boiteux ou tu es fou.

TEBALDEO.

Pourquoi, monseigneur? vous vous riez de moi.

LORENZO.

Si tu n'étais pas boiteux, comment resterais-tu, à moins d'être fou, dans une ville où, en l'honneur de tes idées de liberté, le premier valet d'un Médicis peut te faire assommer sans qu'on y trouve à redire?

TEBALDEO.

J'aime ma mère Florence; c'est pourquoi je reste chez elle. Je sais qu'un citoyen peut être assassiné en plein jour et en pleine rue, selon le caprice de ceux qui la gouvernent; c'est pourquoi je porte ce stylet à ma ceinture.

LORENZO.

Frapperais-tu le duc si le duc te frappait, comme il lui est arrivé souvent de commettre, par partie de plaisir, des meurtres facétieux?

TEBALDEO.

Je le tuerais s'il m'attaquait.

LORENZO.

Tu me dis cela à moi?

TEBALDEO.

Pourquoi m'en voudrait-on? je ne fais de mal à personne. Je passe les journées à l'atelier. Le dimanche, je vais à l'Annonciade ou à Sainte-Marie; les moines trouvent que j'ai de la voix; ils me mettent une robe blanche et une calotte rouge, et je fais ma partie dans les chœurs, quelquefois un petit solo : ce sont les seules occasions où je vais en public. Le soir, je vais chez ma maîtresse, et quand la nuit est belle, je la passe sur son balcon. Personne ne me connaît, et je ne connais personne : à qui ma vie ou ma mort peut-elle être utile?

LORENZO.

Es-tu républicain? aimes-tu les princes?

TEBALDEO.

Je suis artiste; j'aime ma mère et ma maîtresse.

LORENZO.

Viens demain à mon palais, je veux te faire faire un tableau d'importance pour le jour de mes noces.

*Ils sortent.*

## SCÈNE III

*Chez la marquise de Cibo.*

**LE CARDINAL**, seul.

Oui, je suivrai tes ordres, Farnèse*! Que ton commissaire apostolique s'enferme avec sa probité dans le cercle étroit de son office, je remuerai d'une main ferme la terre glissante sur laquelle il n'ose marcher. Tu attends cela de moi, je l'ai compris, et j'agirai sans parler, comme tu as commandé. Tu as deviné qui j'étais lorsque tu m'as placé auprès d'Alexandre sans me revêtir d'aucun titre qui me donnât quelque pouvoir sur lui. C'est d'un autre qu'il se défiera, en m'obéissant à son insu. Qu'il épuise sa force contre des ombres d'hommes gonflés d'une ombre de puissance, je serai l'anneau invisible qui l'attachera, pieds et poings liés, à la chaîne de fer dont Rome et César tiennent les deux bouts. Si mes yeux ne me trompent pas, c'est dans cette maison qu'est le marteau dont je me servirai. Alexandre aime ma belle-sœur : que cet amour l'ait flattée, cela est croyable ; ce qui peut en résulter est douteux ; mais ce qu'elle en veut faire, c'est là ce qui est certain pour moi. Qui sait jusqu'où pourrait aller l'influence d'une femme exaltée, même sur cet homme grossier, sur cette armure vivante? Un si doux

---

* Le pape Paul III. (*Note de l'auteur.*)

péché pour une si belle cause, cela est tentant, n'est-il pas vrai, Ricciarda? Presser ce cœur de lion sur ton faible cœur tout percé de flèches saignantes, comme celui de saint Sébastien; parler, les yeux en pleurs, pendant que le tyran adoré passera ses rudes mains dans ta chevelure dénouée; faire jaillir d'un rocher l'étincelle sacrée, cela valait bien le petit sacrifice de l'honneur conjugal, et de quelques autres bagatelles. Florence y gagnerait tant, et ces bons maris n'y perdent rien! Mais il ne fallait pas me prendre pour confesseur.

La voici qui s'avance, son livre de prières à la main. Aujourd'hui donc tout va s'éclaircir; laisse seulement tomber ton secret dans l'oreille du prêtre : le courtisan pourra bien en profiter; mais, en conscience, il n'en dira rien.

Entre la marquise de Cibo.

LE CARDINAL, s'asseyant.

Me voilà prêt.

La marquise s'agenouille auprès de lui sur son prie-Dieu.

LA MARQUISE.

Bénissez-moi, mon père, parce que j'ai péché.

LE CARDINAL.

Avez-vous dit votre *Confiteor?* Nous pouvons commencer, marquise.

LA MARQUISE.

Je m'accuse de mouvements de colère, de doutes irréligieux et injurieux pour notre saint-père le pape.

#### LE CARDINAL.

Continuez.

#### LA MARQUISE.

J'ai dit hier, dans une assemblée, à propos de l'évêque de Fano, que la sainte Eglise catholique était un lieu de débauche.

#### LE CARDINAL.

Continuez.

#### LA MARQUISE.

J'ai écouté des discours contraires à la fidélité que j'ai jurée à mon mari.

#### LE CARDINAL.

Qui vous a tenu ces discours?

#### LA MARQUISE.

J'ai lu une lettre écrite dans la même pensée.

#### LE CARDINAL.

Qui vous a écrit cette lettre?

#### LA MARQUISE.

Je m'accuse de ce que j'ai fait, et non de ce qu'ont fait les autres.

#### LE CARDINAL.

Ma fille, vous devez me répondre, si vous voulez que je puisse vous donner l'absolution en toute sécurité. Avant tout, dites-moi si vous avez répondu à cette lettre.

#### LA MARQUISE.

J'y ai répondu de vive voix, mais non par écrit.

LE CARDINAL.

Qu'avez-vous répondu?

LA MARQUISE.

J'ai accordé à la personne qui m'avait écrit la permission de me voir comme elle le demandait.

LE CARDINAL.

Comment s'est passée cette entrevue?

LA MARQUISE.

Je me suis accusée déjà d'avoir écouté des discours contraires à mon honneur.

LE CARDINAL.

Comment y avez-vous répondu?

LA MARQUISE.

Comme il convient à une femme qui se respecte.

LE CARDINAL.

N'avez-vous point laissé entrevoir qu'on finirait par vous persuader?

LA MARQUISE.

Non, mon père.

LE CARDINAL.

Avez-vous annoncé à la personne dont il s'agit la résolution de ne plus écouter de semblables discours à l'avenir?

LA MARQUISE.

Oui, mon père.

LE CARDINAL.

Cette personne vous plaît-elle?

LA MARQUISE.

Mon cœur n'en sait rien, j'espère.

LE CARDINAL.

Avez-vous averti votre mari?

LA MARQUISE.

Non, mon père. Une honnête femme ne doit point troubler son ménage par des récits de cette sorte.

LE CARDINAL.

Ne me cachez-vous rien? Ne s'est-il rien passé entre vous et la personne dont il s'agit, que vous hésitiez à me confier?

LA MARQUISE.

Rien, mon père.

LE CARDINAL.

Pas un regard tendre? pas un baiser pris à la dérobée?

LA MARQUISE.

Non, mon père.

LE CARDINAL.

Cela est-il sûr, ma fille?

LA MARQUISE.

Mon beau-frère, il me semble que je n'ai pas l'habitude de mentir devant Dieu.

LE CARDINAL.

Vous avez refusé de me dire le nom que je vous ai demandé tout à l'heure; je ne puis cependant vous donner l'absolution sans le savoir.

LA MARQUISE.

Pourquoi cela? Lire une lettre peut être un péché,

mais non pas une signature. Qu'importe le nom à la chose?

LE CARDINAL.

Il importe plus que vous ne pensez.

LA MARQUISE.

Malaspina, vous en voulez trop savoir. Refusez-moi l'absolution, si vous voulez; je prendrai pour confesseur le premier prêtre venu, qui me la donnera.

*Elle se lève.*

LE CARDINAL.

Quelle violence, marquise! Est-ce que je ne sais pas que c'est du duc que vous voulez parler?

LA MARQUISE.

Du duc! — Eh bien! si vous le savez, pourquoi voulez-vous me le faire dire?

LE CARDINAL.

Pourquoi refusez-vous de le dire? Cela m'étonne.

LA MARQUISE.

Et qu'en voulez-vous faire, vous, mon confesseur? Est-ce pour le répéter à mon mari que vous tenez si fort à l'entendre? Oui, cela est bien certain; c'est un tort que d'avoir pour confesseur un de ses parents. Le ciel m'est témoin qu'en m'agenouillant devant vous, j'oublie que je suis votre belle-sœur; mais vous prenez soin de me le rappeler. Prenez garde, Cibo, prenez garde à votre salut éternel, tout cardinal que vous êtes.

#### LE CARDINAL.

Revenez donc à cette place, marquise ; il n'y a pas tant de mal que vous croyez.

#### LA MARQUISE.

Que voulez-vous dire ?

#### LE CARDINAL.

Qu'un confesseur doit tout savoir, parce qu'il peut tout diriger, et qu'un beau-frère ne doit rien dire, à certaines conditions.

#### LA MARQUISE.

Quelles conditions ?

#### LE CARDINAL.

Non, non, je me trompe ; ce n'était pas ce mot-là que je voulais employer. Je voulais dire que le duc est puissant, qu'une rupture avec lui peut nuire aux plus riches familles ; mais qu'un secret d'importance entre des mains expérimentées peut devenir une source de biens abondante.

#### LA MARQUISE.

Une source de biens ! — des mains expérimentées ! — Je reste là, en vérité, comme une statue. Que couves-tu, prêtre, sous ces paroles ambiguës ? Il y a certains assemblages de mots qui passent par instants sur vos lèvres, à vous autres ; on ne sait qu'en penser.

#### LE CARDINAL.

Revenez donc vous asseoir là, Ricciarda. Je ne vous ai point encore donné l'absolution.

LA MARQUISE.

Parlez toujours; il n'est pas prouvé que j'en veuille.

LE CARDINAL, se levant.

Prenez garde à vous, marquise! Quand on veut me braver en face, il faut avoir une armure solide et sans défaut; je ne veux point menacer; je n'ai pas un mot à vous dire : prenez un autre confesseur.

Il sort.

LA MARQUISE, seule.

Cela est inouï. S'en aller en serrant les poings, les yeux enflammés de colère! Parler de mains expérimentées, de direction à donner à certaines choses! Eh mais! qu'y a-t-il donc? Qu'il voulût pénétrer mon secret pour en informer mon mari, je le conçois; mais, si ce n'est pas là son but, que veut-il donc faire de moi? la maîtresse du duc? Tout savoir, dit-il, et tout diriger! cela n'est pas possible; il y a quelque autre mystère plus sombre et plus inexplicable là-dessous; Cibo ne ferait pas un pareil métier. Non! cela est sûr; je le connais. C'est bon pour Lorenzaccio; mais lui! il faut qu'il ait quelque sourde pensée, plus vaste que cela et plus profonde. Ah! comme les hommes sortent d'eux-mêmes tout à coup après dix ans de silence! Cela est effrayant.

Maintenant, que ferai-je? Est-ce que j'aime Alexandre? Non, je ne l'aime pas, non, assurément; j'ai dit que non dans ma confession, et je n'ai pas menti. Pourquoi Laurent est-il à Massa? Pourquoi le duc me presse-t-il?

Pourquoi ai-je répondu que je ne voulais plus le voir? pourquoi? — Ah! pourquoi y a-t-il dans tout cela un aimant, un charme inexplicable qui m'attire?

Elle ouvre sa fenêtre.

Que tu es belle, Florence, mais que tu es triste! Il y a là plus d'une maison où Alexandre est entré la nuit, couvert de son manteau; c'est un libertin, je le sais. — Et pourquoi est-ce que tu te mêles à tout cela, toi, Florence? Qui est-ce donc que j'aime? Est-ce toi, ou est-ce lui?

AGNOLO, entrant.

Madame, Son Altesse vient d'entrer dans la cour.

LA MARQUISE.

Cela est singulier; ce Malaspina m'a laissée toute tremblante.

## SCÈNE IV

Au palais des Soderini.

MARIE SODERINI, CATHERINE, LORENZO, assis.

CATHERINE, tenant un livre.

Quelle histoire vous lirai-je, ma mère?

MARIE.

Ma Cattina se moque de sa pauvre mère. Est-ce que je comprends rien à tes livres latins?

CATHERINE.

Celui-ci n'est point en latin, mais il en est traduit. C'est l'histoire romaine.

LORENZO.

Je suis très fort sur l'histoire romaine. Il y avait une fois un jeune gentilhomme nommé Tarquin le fils.

CATHERINE.

Ah! c'est une histoire de sang.

LORENZO.

Pas du tout; c'est un conte de fées. Brutus était un fou, un monomane, et rien de plus. Tarquin était un duc plein de sagesse, qui allait voir en pantoufles si les petites filles dormaient bien.

CATHERINE.

Dites-vous aussi du mal de Lucrèce?

LORENZO.

Elle s'est donné le plaisir du péché et la gloire du trépas. Elle s'est laissé prendre toute vive comme une alouette au piège, et puis elle s'est fourré bien gentiment son petit couteau dans le ventre.

MARIE.

Si vous méprisez les femmes, pourquoi affectez-vous de les rabaisser devant votre mère et votre sœur?

LORENZO.

Je vous estime, vous et elle. Hors de là, le monde me fait horreur.

MARIE.

Sais-tu le rêve que j'ai eu cette nuit, mon enfant?

LORENZO.

Quel rêve?

MARIE.

Ce n'était point un rêve, car je ne dormais pas. J'étais seule dans cette grande salle; ma lampe était loin de moi, sur cette table auprès de la fenêtre. Je songeais aux jours où j'étais heureuse, aux jours de ton enfance, mon Lorenzino. Je regardais cette nuit obscure, et je me disais : il ne rentrera qu'au jour, lui qui passait autrefois les nuits à travailler. Mes yeux se remplissaient de larmes, et je secouais la tête en les sentant couler. J'ai entendu tout d'un coup marcher lentement dans la galerie ; je me suis retournée ; un homme vêtu de noir venait à moi, un livre sous le bras : c'était toi, Renzo : « Comme tu reviens de bonne heure! » me suis-je écriée. Mais le spectre s'est assis auprès de la lampe, sans me répondre; il a ouvert son livre, et j'ai reconnu mon Lorenzino d'autrefois.

LORENZO.

Vous l'avez vu?

MARIE.

Comme je te vois.

LORENZO.

Quand s'en est-il allé?

MARIE.

Quand tu as tiré la cloche ce matin en rentrant.

LORENZO.

Mon spectre, à moi! Et il s'en est allé quand je suis rentré?

MARIE.

Il s'est levé d'un air mélancolique, et s'est effacé comme une vapeur du matin.

LORENZO.

Catherine, Catherine, lis-moi l'histoire de Brutus.

CATHERINE.

Qu'avez-vous? vous tremblez de la tête aux pieds.

LORENZO.

Ma mère, asseyez-vous ce soir à la place où vous étiez cette nuit, et si mon spectre revient, dites-lui qu'il verra bientôt quelque chose qui l'étonnera.

On frappe.

CATHERINE.

C'est mon oncle Bindo et Baptista Venturi.

Bindo et Venturi entrent.

BINDO, bas à Marie.

Je viens tenter un dernier effort.

MARIE.

Nous vous laissons; puissiez-vous réussir!

Elle sort avec Catherine.

BINDO.

Lorenzo, pourquoi ne démens-tu pas l'histoire scandaleuse qui court sur ton compte?

LORENZO.

Quelle histoire?

BINDO.

On dit que tu t'es évanoui à la vue d'une épée.

## ACTE II, SCÈNE IV.

LORENZO.

Le croyez-vous, mon oncle?

BINDO.

Je t'ai vu faire des armes à Rome; mais cela ne m'étonnerait pas que tu devinsses plus vil qu'un chien, au métier que tu fais ici.

LORENZO.

L'histoire est vraie : je me suis évanoui. Bonjour, Venturi. A quel taux sont vos marchandises? comment va le commerce?

VENTURI.

Seigneur, je suis à la tête d'une fabrique de soie, mais c'est me faire une injure que de m'appeler marchand.

LORENZO.

C'est vrai. Je voulais dire seulement que vous aviez contracté au collège l'habitude innocente de vendre de la soie.

BINDO.

J'ai confié au seigneur Venturi les projets qui occupent en ce moment tant de familles à Florence. C'est un digne ami de la liberté, et j'entends, Lorenzo, que vous le traitiez comme tel. Le temps de plaisanter est passé. Vous nous avez dit quelquefois que cette confiance extrême que le duc vous témoigne n'était qu'un piège de votre part. Cela est-il vrai ou faux? Êtes-vous des nôtres, ou n'en êtes-vous pas? voilà ce qu'il nous faut savoir. Toutes les grandes familles voient bien que le despotisme des Médicis n'est ni juste ni tolérable. De quel droit laisserions-nous s'élever paisiblement cette maison orgueilleuse sur les ruines de nos privilèges? La capitulation n'est point observée. La puissance de l'Allemagne se fait sentir de jour en jour d'une manière plus absolue. Il est temps d'en finir, et de rassembler les patriotes. Répondez-vous à cet appel?

LORENZO.

Qu'en dites-vous, seigneur Venturi? Parlez, parlez, voilà mon oncle qui reprend haleine; saisissez cette occasion, si vous aimez votre pays.

VENTURI.

Seigneur, je pense de même, et je n'ai pas un mot à ajouter.

LORENZO.

Pas un mot? pas un beau petit mot bien sonore? Vous ne connaissez pas la véritable éloquence. On tourne une grande période autour d'un beau petit mot, pas trop court ni trop long, et rond comme une toupie; on rejette son bras gauche en arrière, de manière à faire faire à son manteau des plis pleins d'une dignité tempérée par la grâce; on lâche sa période qui se déroule comme une corde ronflante, et la petite toupie s'échappe avec un murmure délicieux. On pourrait presque la ramasser dans le creux de la main, comme les enfants des rues.

BINDO..

Tu es un insolent! Réponds, ou sors d'ici.

#### LORENZO.

Je suis des vôtres, mon oncle. Ne voyez-vous pas à ma coiffure que je suis républicain dans l'âme? Regardez comme ma barbe est coupée. N'en doutez pas un seul instant, l'amour de la patrie respire dans mes vêtements les plus cachés.

*On sonne à la porte d'entrée; la cour se remplit de pages et de chevaux.*

#### UN PAGE, entrant.

Le duc!

*Entre Alexandre.*

#### LORENZO.

Quel excès de faveur, mon prince! Vous daignez visiter un pauvre serviteur en personne?

#### LE DUC.

Quels sont ces hommes-là? J'ai à te parler.

#### LORENZO.

J'ai l'honneur de présenter à Votre Altesse mon oncle Bindo Altoviti, qui regrette qu'un long séjour à Naples ne lui ait pas permis de se jeter plus tôt à vos pieds. Cet autre seigneur est l'illustre Baptista Venturi, qui fabrique, il est vrai, de la soie, mais qui n'en vend point. Que la présence inattendue d'un si grand prince dans cette humble maison ne vous trouble pas, mon cher oncle, ni vous non plus, digne Venturi. Ce que vous demandez vous sera accordé, ou vous serez en droit de dire que mes supplications n'ont aucun crédit auprès de mon gracieux souverain.

LE DUC.

Que demandez-vous, Bindo ?

BINDO.

Altesse, je suis désolé que mon neveu...

LORENZO.

Le titre d'ambassadeur à Rome n'appartient à personne en ce moment. Mon oncle se flattait de l'obtenir de vos bontés. Il n'est pas dans Florence un seul homme qui puisse soutenir la comparaison avec lui, dès qu'il s'agit du dévouement et du respect qu'on doit aux Médicis.

LE DUC.

En vérité, Renzino ? Eh bien ! mon cher Bindo, voilà qui est dit. Viens demain matin au palais.

BINDO.

Altesse, je suis confondu. Comment reconnaître?...

LORENZO.

Le seigneur Venturi, bien qu'il ne vende point de soie, demande un privilège pour ses fabriques.

LE DUC.

Quel privilège?

LORENZO.

Vos armoiries sur la porte, avec le brevet. Accordez-le-lui, monseigneur, si vous aimez ceux qui vous aiment.

LE DUC.

Voilà qui est bon. Est-ce fini ? Allez, messieurs ; la paix soit avec vous.

##### VENTURI.

Altesse !... vous me comblez de joie,... je ne puis exprimer...

##### LE DUC, à ses gardes.

Qu'on laisse passer ces deux personnes.

##### BINDO, sortant, bas à Venturi.

C'est un tour infâme.

##### VENTURI, de même.

Qu'est-ce que vous ferez ?

##### BINDO, de même.

Que diable veux-tu que je fasse ? Je suis nommé.

##### VENTURI, de même.

Cela est terrible !

Ils sortent.

##### LE DUC.

La Cibo est à moi.

##### LORENZO.

J'en suis fâché.

##### LE DUC.

Pourquoi ?

##### LORENZO.

Parce que cela fera tort aux autres.

##### LE DUC.

Ma foi, non, elle m'ennuie déjà. Dis-moi donc, mignon, quelle est donc cette belle femme qui arrange ces fleurs sur cette fenêtre ? Voilà longtemps que je la vois sans cesse en passant.

LORENZO.

Où donc ?

LE DUC.

Là-bas, en face, dans le palais.

LORENZO.

Oh ! ce n'est rien.

LE DUC.

Rien ? Appelles-tu rien ces bras-là ! Quelle Vénus, entrailles du diable !

LORENZO.

C'est une voisine.

LE DUC.

Je veux parler à cette voisine-là. Eh, parbleu ! si je ne me trompe, c'est Catherine Ginori.

LORENZO.

Non.

LE DUC.

Je la reconnais très bien ; c'est ta tante. Peste ! j'avais oublié cette figure-là. Amène-la donc souper.

LORENZO.

Cela serait très difficile. C'est une vertu.

LE DUC.

Allons donc ! Est-ce qu'il y en a pour nous autres ?

LORENZO.

Je lui demanderai, si vous voulez, mais je vous avertis que c'est une pédante ; elle parle latin.

LE DUC.

Bon! elle ne fait pas l'amour en latin. Viens donc par ici; nous la verrons mieux de cette galerie.

LORENZO.

Une autre fois, mignon; — à l'heure qu'il est, je n'ai pas de temps à perdre : — il faut que j'aille chez le Strozzi.

LE DUC.

Quoi! chez ce vieux fou?

LORENZO.

Oui, chez ce vieux misérable, chez cet infâme. Il paraît qu'il ne peut se guérir de cette singulière lubie d'ouvrir sa bourse à toutes ces viles créatures qu'on nomme bannis, et que ces meurt-de-faim se réunissent chez lui tous les jours, avant de mettre leurs souliers et de prendre leurs bâtons. Maintenant, mon projet est d'aller au plus vite manger le dîner de ce vieux gibier de potence, et de lui renouveler l'assurance de ma cordiale amitié. J'aurai ce soir quelque bonne histoire à vous conter, quelque charmante petite fredaine qui pourra faire lever de bonne heure demain matin quelques-unes de toutes ces canailles.

LE DUC.

Que je suis heureux de t'avoir, mignon! J'avoue que je ne comprends pas comment ils te reçoivent.

LORENZO.

Bon! si vous saviez comme cela est aisé de mentir impudemment au nez d'un butor! Cela prouve bien que vous n'avez jamais essayé. A propos, ne m'avez-vous pas dit que vous vouliez donner votre portrait, je ne sais plus à qui? J'ai un peintre à vous amener; c'est un protégé.

LE DUC.

Bon, bon; mais pense à ta tante. C'est pour elle que je suis venu te voir : le diable m'emporte! tu as une tante qui me revient.

LORENZO.

Et la Cibo?

LE DUC.

Je te dis de parler de moi à ta tante.
Ils sortent.

## SCÈNE V

Une salle du palais des Strozzi.

**PHILIPPE STROZZI, LE PRIEUR, LOUISE,** occupée à travailler; **LORENZO,** couché sur un sofa.

PHILIPPE.

Dieu veuille qu'il n'en soit rien! Que de haines inextinguibles, implacables, n'ont pas commencé autrement! Un propos! la fumée d'un repas jasant sur les lèvres épaisses d'un débauché! voilà les guerres de famille, voilà comme les couteaux se tirent. On est insulté, et on tue; on a tué, et on est tué. Bientôt les haines s'enracinent; on berce les fils dans les cercueils de leurs aïeux, et des générations entières sortent de terre l'épée à la main.

LE PRIEUR.

J'ai peut-être eu tort de me souvenir de ce méchant propos et de ce maudit voyage à Montolivet; mais le moyen d'endurer ces Salviati?

PHILIPPE.

Ah! Léon, Léon, je te le demande, qu'y aurait-il de changé pour Louise et pour nous-mêmes, si tu n'avais rien dit à mes enfants? La vertu d'une Strozzi ne peut-elle oublier un mot d'un Salviati? L'habitant d'un palais de marbre doit-il savoir les obscénités que la populace écrit sur ses murs? Qu'importe le propos d'un Julien? Ma fille en trouvera-t-elle moins un honnête mari? ses enfants la respecteront-ils moins? M'en souviendrai-je, moi, son père, en lui donnant le baiser du soir? Où en sommes-nous, si l'insolence du premier venu tire du fourreau des épées comme les nôtres? Maintenant tout est perdu; voilà Pierre furieux de tout ce que tu nous as conté. Il s'est mis en campagne; il est allé chez les Pazzi. Dieu sait ce qui peut arriver! Qu'il rencontre Salviati, voilà le sang répandu, le mien, mon sang sur le pavé de Florence! Ah! pourquoi suis-je père!

LE PRIEUR.

Si on m'eût rapporté un propos sur ma sœur, quel qu'il fût, j'aurais tourné le dos, et tout aurait été fini là; mais celui-là m'était adressé; il était si grossier, que je me suis figuré que le rustre ne savait de qui il parlait; — mais il le savait bien.

### PHILIPPE.

Oui, ils le savent, les infâmes! ils savent bien où ils frappent! Le vieux tronc d'arbre est d'un bois trop solide; ils ne viendraient pas l'entamer. Mais ils connaissent la fibre délicate qui tressaille dans ses entrailles lorsqu'on attaque son plus faible bourgeon. Ma Louise! ah! qu'est-ce donc que la raison? Les mains me tremblent à cette idée. Juste Dieu! La raison, est-ce donc la vieillesse?

### LE PRIEUR.

Pierre est trop violent.

### PHILIPPE.

Pauvre Pierre! comme le rouge lui est monté au front! comme il a frémi en t'écoutant raconter l'insulte faite à sa sœur! C'est moi qui suis un fou, car je t'ai laissé dire. Pierre se promenait par la chambre à grands pas, inquiet, furieux, la tête perdue; il allait, il venait, comme moi maintenant. Je le regardais en silence : c'est un si beau spectacle qu'un sang pur montant à un front sans reproche! O ma patrie! pensais-je, en voilà un, et c'est mon aîné. Ah! Léon, j'ai beau faire, je suis un Strozzi.

### LE PRIEUR.

Il n'y a peut-être pas tant de danger que vous le pensez. — C'est un grand hasard s'il rencontre Salde leurs aïeux, et des générations entières sortent de terre l'épée à la main.

LE PRIEUR.

J'ai peut-être eu tort de me souvenir de ce méchant propos et de ce maudit voyage à Montolivet; mais le moyen d'endurer ces Salviati?

PHILIPPE.

Ah! Léon, Léon, je te le demande, qu'y aurait-il de changé pour Louise et pour nous-mêmes, si tu n'avais rien dit à mes enfants? La vertu d'une Strozzi ne peut-elle oublier un mot d'un Salviati? L'habitant d'un palais de marbre doit-il savoir les obscénités que la populace écrit sur ses murs? Qu'importe le propos d'un Julien? Ma fille en trouvera-t-elle moins un honnête mari? ses enfants la respecteront-ils moins? M'en souviendrai-je, moi, son père, en lui donnant le baiser du soir? Où en sommes-nous, si l'insolence du premier venu tire du fourreau des épées comme les nôtres? Maintenant tout est perdu; voilà Pierre furieux de tout ce que tu nous as conté. Il s'est mis en campagne; il est allé chez les Pazzi. Dieu sait ce qui peut arriver! Qu'il rencontre Salviati, voilà le sang répandu, le mien, mon sang sur le pavé de Florence! Ah! pourquoi suis-je père!

LE PRIEUR.

Si on m'eût rapporté un propos sur ma sœur, quel qu'il fût, j'aurais tourné le dos, et tout aurait été fini là; mais celui-là m'était adressé; il était si grossier, que je me suis figuré que le rustre ne savait de qui il parlait; — mais il le savait bien.

PHILIPPE.

Oui, ils le savent, les infâmes! ils savent bien où ils frappent! Le vieux tronc d'arbre est d'un bois trop solide; ils ne viendraient pas l'entamer. Mais ils connaissent la fibre délicate qui tressaille dans ses entrailles lorsqu'on attaque son plus faible bourgeon. Ma Louise! ah! qu'est-ce donc que la raison? Les mains me tremblent à cette idée. Juste Dieu! La raison, est-ce donc la vieillesse?

LE PRIEUR.

Pierre est trop violent.

PHILIPPE.

Pauvre Pierre! comme le rouge lui est monté au front! comme il a frémi en t'écoutant raconter l'insulte faite à sa sœur! C'est moi qui suis un fou, car je t'ai laissé dire. Pierre se promenait par la chambre à grands pas, inquiet, furieux, la tête perdue; il allait, il venait, comme moi maintenant. Je le regardais en silence : c'est un si beau spectacle qu'un sang pur montant à un front sans reproche! O ma patrie! pensais-je, en voilà un, et c'est mon aîné. Ah! Léon, j'ai beau faire, je suis un Strozzi.

LE PRIEUR.

Il n'y a peut-être pas tant de danger que vous le pensez. — C'est un grand hasard s'il rencontre Salviati ce soir. — Demain nous verrons toutes les choses plus sagement.

PHILIPPE.

N'en doute pas; Pierre le tuera, ou il se fera tuer.

Il ouvre la fenêtre.

Où sont-ils maintenant? Voilà la nuit; la ville se couvre de profondes ténèbres; ces rues sombres me font horreur; — le sang coule quelque part; j'en suis sûr.

LE PRIEUR.

Calmez-vous.

PHILIPPE.

A la manière dont mon Pierre est sorti, je suis sûr qu'il ne rentrera que vengé ou mort. Je l'ai vu décrocher son épée en fronçant le sourcil; il se mordait les lèvres, et les muscles de ses bras étaient tendus comme des arcs. Oui, oui, maintenant il meurt ou il est vengé; cela n'est pas douteux.

LE PRIEUR.

Remettez-vous, fermez cette fenêtre.

PHILIPPE.

Eh bien! Florence, apprends-la donc à tes pavés, la couleur de mon noble sang! Il y a quarante de tes fils qui l'ont dans les veines. Et moi, le chef de cette famille immense, plus d'une fois encore ma tête blanche se penchera du haut de ces fenêtres, dans les angoisses paternelles! plus d'une fois ce sang, que tu bois peut-être à cette heure avec indifférence, séchera au soleil de tes places! Mais ne ris pas ce soir du vieux Strozzi, qui a peur pour son enfant. Sois avare de sa famille, car il viendra un jour où tu la compteras, où tu te mettras avec lui à la fenêtre, et où le cœur te battra aussi lorsque tu entendras le bruit de nos épées.

LOUISE.

Mon père! mon père! vous me faites peur.

LE PRIEUR, bas à Louise.

N'est-ce pas Thomas qui rôde sous ces lanternes? il m'a semblé le reconnaître à sa petite taille. Le voilà parti.

PHILIPPE.

Pauvre ville! où les pères attendent ainsi le retour de leurs enfants! Pauvre patrie! pauvre patrie! Il y en a bien d'autres à cette heure qui ont pris leur manteau et leur épée pour s'enfoncer dans cette nuit obscure; et ceux qui les attendent ne sont point inquiets; ils savent qu'ils mourront demain de misère, s'ils ne meurent de froid cette nuit. Et nous, dans ces palais somptueux, nous attendons qu'on nous insulte pour tirer nos épées! Le propos d'un ivrogne nous transporte de colère, et disperse dans ces sombres rues nos fils et nos amis! Mais les malheurs publics ne secouent pas la poussière de nos armes. On croit Philippe Strozzi un honnête homme, parce qu'il fait le bien sans empêcher le mal; et maintenant, moi, père, que ne donnerais-je pas pour qu'il y eût au monde un être capable de me rendre mon fils et de punir juridiquement l'insulte faite à ma fille ! Mais pourquoi empêcherait-on le mal qui m'arrive, quand je n'ai pas empêché celui qui arrive aux autres, moi qui en avais le pouvoir ? Je me suis courbé sur des livres, et j'ai rêvé pour ma patrie ce que j'admirais dans l'antiquité. Les murs criaient vengeance autour de moi, et je me bouchais les oreilles pour m'enfoncer dans mes méditations ; il a fallu que la tyrannie vînt me frapper au visage pour me faire dire : Agissons ! et ma vengeance a des cheveux gris.

Entrent Pierre, Thomas et François Pazzi.

PIERRE.

C'est fait ; Salviati est mort.

Il embrasse sa sœur.

LOUISE.

Quelle horreur ! tu es couvert de sang.

PIERRE.

Nous l'avons attendu au coin de la rue des Archers ; François a arrêté son cheval ; Thomas l'a frappé à la jambe, et moi...

LOUISE.

Tais-toi ! tais-toi ! tu me fais frémir ; tes yeux sortent de leurs orbites ; tes mains sont hideuses ; tout ton corps tremble, et tu es pâle comme la mort.

LORENZO, se levant.

Tu es beau, Pierre, tu es grand comme la vengeance.

#### PIERRE.

Qui dit cela? Te voilà ici, toi, Lorenzaccio!

*Il s'approche de son père.*

Quand donc fermerez-vous votre porte à ce misérable? ne savez-vous donc pas ce que c'est, sans compter l'histoire de son duel avec Maurice?

#### PHILIPPE.

C'est bon, je sais tout cela. Si Lorenzo est ici, c'est que j'ai de bonnes raisons pour l'y recevoir. Nous en parlerons en temps et lieu.

#### PIERRE, *entre ses dents.*

Hum! des raisons pour recevoir cette canaille? Je pourrais bien en trouver, un de ces matins, une très bonne aussi pour le faire sauter par les fenêtres. Dites ce que vous voudrez, j'étouffe dans cette chambre de voir une pareille lèpre se traîner sur nos fauteuils.

#### PHILIPPE.

Allons, paix! tu es un écervelé! Dieu veuille que ton coup de ce soir n'ait pas de mauvaises suites pour nous! Il faut commencer par te cacher.

#### PIERRE.

Me cacher! Et au nom de tous les saints, pourquoi me cacherais-je?

#### LORENZO, à Thomas.

En sorte que vous l'avez frappé à l'épaule? Dites-moi donc un peu...

*Il l'entraîne dans l'embrasure d'une fenêtre; tous deux s'entretiennent à voix basse.*

#### PIERRE.

Non, mon père, je ne me cacherai pas. L'insulte a été publique, il nous l'a faite au milieu d'une place. Moi, je l'ai assommé au milieu d'une rue, et il me convient demain matin de le raconter à toute la ville. Depuis quand se cache-t-on pour avoir vengé son honneur? Je me promènerais volontiers l'épée nue, et sans en essuyer une goutte de sang.

#### PHILIPPE.

Viens par ici, il faut que je te parle. Tu n'es pas blessé, mon enfant? tu n'as rien reçu dans tout cela?

Ils sortent.

## SCÈNE VI

*Au palais du duc.*

LE DUC, à demi-nu; TEBALDEO, faisant son portrait; GIOMO, joue de la guitare.

#### GIOMO, chantant.

Quand je mourrai, mon échanson,
Porte mon cœur à ma maîtresse;
Qu'elle envoie au diable la messe,
La prêtraille et les oraisons.

Les pleurs ne sont que de l'eau claire :
Dis-lui qu'elle éventre un tonneau;
Qu'on entonne un chœur sur ma bière,
J'y répondrai du fond de mon tombeau.

#### LE DUC.

Je savais bien que j'avais quelque chose à te demander. Dis-moi, Hongrois, que t'avait donc fait ce garçon que je t'ai vu bâtonner tantôt d'une si joyeuse manière?

GIOMO.

Ma foi, je ne saurais le dire, ni lui non plus.

LE DUC.

Pourquoi? Est-ce qu'il est mort?

GIOMO.

C'est un gamin d'une maison voisine; tout à l'heure, en passant, il m'a semblé qu'on l'enterrait.

LE DUC.

Quand mon Giomo frappe, il frappe ferme.

GIOMO.

Cela vous plaît à dire; je vous ai vu tuer un homme d'un coup plus d'une fois.

LE DUC.

Tu crois? J'étais donc gris? Quand je suis en pointe de gaîté, tous mes moindres coups sont mortels. Qu'as-tu donc, petit? est-ce que la main te tremble? tu louches terriblement.

TEBALDEO.

Rien, monseigneur, plaise à Votre Altesse.

Entre Lorenzo.

LORENZO.

Cela avance-t-il? Êtes-vous content de mon protégé?

Il prend la cotte de mailles du duc sur le sofa.

Vous avez là une jolie cotte de mailles, mignon! Mais cela doit être bien chaud.

#### LE DUC.

En vérité, si elle me gênait, je n'en porterais pas. Mais c'est du fil d'acier; la lime la plus aiguë n'en pourrait ronger une maille, et en même temps c'est léger comme de la soie. Il n'y a peut-être pas la pareille dans toute l'Europe; aussi je ne la quitte guère; jamais, pour mieux dire.

#### LORENZO.

C'est très léger, mais très solide. Croyez-vous cela à l'épreuve du stylet?

#### LE DUC.

Assurément.

#### LORENZO.

Au fait, j'y réfléchis à présent; vous la portez toujours sous votre pourpoint. L'autre jour, à la chasse, j'étais en croupe derrière vous, et en vous tenant à bras-le-corps, je la sentais très bien. C'est une prudente habitude.

#### LE DUC.

Ce n'est pas que je me méfie de personne; comme tu dis, c'est une habitude, — pure habitude de soldat.

#### LORENZO.

Votre habit est magnifique. Quel parfum que ces gants! Pourquoi donc posez-vous à moitié nu? Cette cotte de mailles aurait fait son effet dans votre portrait; vous avez eu tort de la quitter.

#### LE DUC.

C'est le peintre qui l'a voulu; cela vaut toujours

mieux, d'ailleurs, de poser le cou découvert : regarde les antiques.

LORENZO.

Où diable est ma guitare? Il faut que je fasse un second dessus à Giomo.

Il sort.

TEBALDEO.

Altesse, je n'en ferai pas davantage aujourd'hui.

GIOMO, à la fenêtre.

Que fait donc Lorenzo? Le voilà en contemplation devant le puits qui est au milieu du jardin : ce n'est pas là, il me semble, qu'il devrait chercher sa guitare.

LE DUC.

Donne-moi mes habits. Où est donc ma cotte de mailles?

GIOMO.

Je ne la trouve pas; j'ai beau chercher : elle s'est envolée.

LE DUC.

Renzino la tenait il n'y a pas cinq minutes; il l'aura jetée dans un coin en s'en allant, selon sa louable coutume de paresseux.

GIOMO.

Cela est incroyable; pas plus de cotte de mailles que sur ma main.

LE DUC.

Allons, tu rêves! cela est impossible.

## ACTE II, SCÈNE VI.

GIOMO.

Voyez vous-même, Altesse; la chambre n'est pas si grande !

LE DUC.

Renzo la tenait là, sur ce sofa.

*Rentre Lorenzo.*

Qu'as-tu donc fait de ma cotte ? nous ne pouvons plus la trouver.

LORENZO.

Je l'ai remise où elle était. Attendez; non, je l'ai posée sur ce fauteuil; non, c'était sur le lit. Je n'en sais rien; mais j'ai trouvé ma guitare.

*Il chante en s'accompagnant.*

Bonjour, madame l'abbesse...

GIOMO.

Dans le puits du jardin, apparemment ? car vous étiez penché dessus tout à l'heure d'un air tout à fait absorbé.

LORENZO.

Cracher dans un puits pour faire des ronds est mon plus grand bonheur. Après boire et dormir, je n'ai pas d'autre occupation.

*Il continue à jouer.*

Bonjour, bonjour, abbesse de mon cœur.

LE DUC.

Cela est inouï que cette cotte se trouve perdue ! Je crois que je ne l'ai pas ôtée deux fois dans ma vie, si ce n'est pour me coucher.

#### LORENZO.

Laissez donc, laissez donc. N'allez-vous pas faire un valet de chambre d'un fils de pape? Vos gens la trouveront.

#### LE DUC.

Que le diable t'emporte ! c'est toi qui l'as égarée.

#### LORENZO.

Si j'étais duc de Florence, je m'inquiéterais d'autre chose que de mes cottes. A propos, j'ai parlé de vous à ma chère tante. Tout est au mieux; venez donc vous asseoir un peu ici que je vous parle à l'oreille.

#### GIOMO, bas au duc.

Cela est singulier, au moins; la cotte de mailles est enlevée.

#### LE DUC.

On la retrouvera.

Il s'assoit à côté de Lorenzo.

#### GIOMO, à part.

Quitter la compagnie pour aller cracher dans le puits, cela n'est pas naturel. Je voudrais retrouver cette cotte de mailles, pour m'ôter de la tête une vieille idée qui se rouille de temps en temps. Bah ! un Lorenzaccio ! La cotte est sous quelque fauteuil.

## SCÈNE VII

Devant le palais.

Entre SALVIATI, couvert de sang et boitant ; deux hommes le soutiennent.

SALVIATI, criant.

Alexandre de Médicis ! ouvre ta fenêtre, et regarde un peu comme on traite tes serviteurs !

LE DUC, à la fenêtre.

Qui est là dans la boue ? Qui se traîne aux murailles de mon palais avec ces cris épouvantables !

SALVIATI.

Les Strozzi m'ont assassiné ; je vais mourir à ta porte.

LE DUC.

Lesquels des Strozzi, et pourquoi ?

SALVIATI.

Parce que j'ai dit que leur sœur était amoureuse de toi, mon noble duc. Les Strozzi ont trouvé leur sœur insultée parce que j'ai dit que tu lui plaisais ; trois d'entre eux m'ont assassiné. J'ai reconnu Pierre et Thomas ; je ne connais pas le troisième.

LE DUC.

Fais-toi monter ici ; par Hercule ! les meurtriers passeront la nuit en prison, et on les pendra demain matin.

Salviati entre dans le palais.

FIN DE L'ACTE DEUXIÈME.

# ACTE TROISIÈME.

## SCÈNE PREMIÈRE

La chambre à coucher de Lorenzo.

**LORENZO, SCORONCONCOLO**, faisant des armes.

SCORONCONCOLO.

Maître, as-tu assez du jeu ?

LORENZO.

Non ; crie plus fort. Tiens, pare celle-ci ! tiens, meurs ! tiens, misérable !

SCORONCONCOLO.

A l'assassin ! on me tue ! on me coupe la gorge !

LORENZO.

Meurs ! meurs ! meurs ! — Frappe donc du pied.

SCORONCONCOLO.

A moi, mes archers ! au secours ! on me tue ! Lorenzo de l'enfer !

LORENZO.

Meurs, infâme ! Je te saignerai, pourceau, je te saignerai ! Au cœur, au cœur ! il est éventré. — Crie donc, frappe donc, tue donc ! Ouvre-lui les entrailles ! Coupons-le par morceaux, et mangeons, mangeons ! J'en ai jusqu'au coude. Fouille dans la gorge, roule-le, roule ! Mordons, mordons, et mangeons !

*Il tombe épuisé.*

SCORONCONCOLO, *s'essuyant le front.*

Tu as inventé un rude jeu, maître, et tu y vas en vrai tigre ; mille millions de tonnerres ! tu rugis comme une caverne pleine de panthères et de lions.

LORENZO.

O jour de sang, jour de mes noces ! O soleil ! soleil ! il y a assez longtemps que tu es sec comme le plomb ; tu te meurs de soif, soleil ! son sang t'enivrera. O ma vengeance ! qu'il y a longtemps que tes ongles poussent ! O dents d'Ugolin ! il vous faut le crâne, le crâne !

SCORONCONCOLO.

Es-tu en délire ? As-tu la fièvre, ou es-tu toi-même un rêve ?

LORENZO.

Lâche, lâche, — ruffian, — le petit maigre, les pères, les filles, — des adieux, des adieux sans fin, — les rives de l'Arno pleines d'adieux ! — les gamins l'écrivent sur les murs. — Ris, vieillard, ris dans ton bonnet blanc ; — tu ne vois pas que mes ongles poussent ? — Ah ! le crâne ! le crâne !

*Il s'évanouit.*

SCORONCONCOLO.

Maître, tu as un ennemi.

*Il lui jette de l'eau à la figure.*

Allons! maître, ce n'est pas la peine de tant te démener. On a des sentiments élevés ou on n'en a pas; je n'oublierai jamais que tu m'as fait avoir une certaine grâce sans laquelle je serais loin. Maître, si tu as un ennemi, dis-le, et je t'en débarrasserai sans qu'il y paraisse autrement.

LORENZO.

Ce n'est rien; je te dis que mon seul plaisir est de faire peur à mes voisins.

SCORONCONCOLO.

Depuis que nous trépignons dans cette chambre, et que nous y mettons tout à l'envers, ils doivent être bien accoutumés à notre tapage. Je crois que tu pourrais égorger trente hommes dans ce corridor, et les rouler sur ton plancher, sans qu'on s'aperçût dans la maison qu'il s'y passe du nouveau. Si tu veux faire peur aux voisins, tu t'y prends mal. Ils ont eu peur la première fois, c'est vrai; mais maintenant ils se contentent d'enrager, et ne s'en mettent pas en peine jusqu'au point de quitter leurs fauteuils ou d'ouvrir leurs fenêtres.

LORENZO.

Tu crois?

SCORONCONCOLO.

Tu as un ennemi, maître. Ne t'ai-je pas vu frapper du pied la terre, et maudire le jour de ta naissance? N'ai-je pas des oreilles? Et, au milieu de toutes tes fureurs, n'ai-je pas entendu résonner distinctement un petit mot bien net; la vengeance? Tiens, maître, crois-moi, tu maigris; — tu n'as plus le mot pour rire comme devant; — crois-moi, il n'y a rien de si mauvaise digestion qu'une bonne haine. Est-ce que sur deux hommes au soleil il n'y en a pas toujours un dont l'ombre gêne l'autre? Ton médecin est dans ma gaine; laisse-moi te guérir.

*Il tire son épée.*

LORENZO.

Ce médecin-là t'a-t-il jamais guéri, toi?

SCORONCONCOLO.

Quatre ou cinq fois. Il y avait un jour à Padoue une petite demoiselle qui me disait...

LORENZO.

Montre-moi cette épée. Ah! garçon, c'est une brave lame.

SCORONCONCOLO.

Essaye-la, et tu verras.

LORENZO.

Tu as deviné mon mal, — j'ai un ennemi. Mais pour lui je ne me servirai pas d'une épée qui ait servi pour d'autres. Celle qui le tuera n'aura ici-bas qu'un baptême; elle gardera son nom.

SCORONCONCOLO.

Quel est le nom de l'homme?

LORENZO.

Qu'importe? M'es-tu dévoué?

###### SCORONCONCOLO.

Pour toi, je remettrais le Christ en croix.

###### LORENZO.

Je te le dis en confidence, — je ferai le coup dans cette chambre. Écoute bien, et ne te trompe pas. Si je l'abats du premier coup, ne t'avise pas de le toucher. Mais je ne suis pas plus gros qu'une puce, et c'est un sanglier. S'il se défend, je compte sur toi pour lui tenir les mains; rien de plus, entends-tu? c'est à moi qu'il appartient. Je t'avertirai en temps et lieu.

###### SCORONCONCOLO.

Amen.

## SCÈNE II

*Au palais Strozzi.*

Entrent PHILIPPE ET PIERRE.

###### PIERRE.

Quand je pense à cela, j'ai envie de me couper la main droite. Avoir manqué cette canaille! un coup si juste, et l'avoir manqué! A qui n'était-ce pas rendre service que de faire dire aux gens: Il y a un Salviati de moins dans les rues? Mais le drôle a fait comme les araignées, — il s'est laissé tomber en repliant ses pattes crochues, et il a fait le mort de peur d'être achevé.

## PHILIPPE.

Que t'importe qu'il vive? ta vengeance n'en est que plus complète.

## PIERRE.

Oui, je le sais bien, voilà comme vous voyez les choses. Tenez, mon père, vous êtes bon patriote, mais encore meilleur père de famille : ne vous mêlez pas de tout cela.

## PHILIPPE.

Qu'as-tu encore en tête? Ne saurais-tu vivre un quart d'heure sans penser à mal?

## PIERRE.

Non, par l'enfer! je ne saurais vivre un quart d'heure tranquille dans cet air empoisonné. Le ciel me pèse sur la tête comme une voûte de prison, et il me semble que je respire dans les rues des quolibets et des hoquets d'ivrognes. Adieu, j'ai affaire à présent.

## PHILIPPE.

Où vas-tu?

## PIERRE.

Pourquoi voulez-vous le savoir? Je vais chez les Pazzi.

## PHILIPPE.

Attends-moi donc, car j'y vais aussi.

## PIERRE.

Pas à présent, mon père; ce n'est pas un bon moment pour vous.

PHILIPPE.

Parle-moi franchement.

PIERRE.

Cela est entre nous. Nous sommes là une cinquantaine, les Ruccellai et d'autres, qui ne portons pas le bâtard dans nos entrailles.

PHILIPPE.

Ainsi donc?

PIERRE.

Ainsi donc les avalanches se font quelquefois au moyen d'un caillou gros comme le bout du doigt.

PHILIPPE.

Mais vous n'avez rien d'arrêté? pas de plan, pas de mesures prises? O enfants, enfants! jouer avec la vie et la mort! Des questions qui ont remué le monde! des idées qui ont blanchi des milliers de têtes, et qui les ont fait rouler comme des grains de sable sur les pieds du bourreau! des projets que la Providence elle-même regarde en silence et avec terreur, et qu'elle laisse achever à l'homme, sans oser y toucher! Vous parlez de tout cela en faisant des armes et en buvant un verre de vin d'Espagne, comme s'il s'agissait d'un cheval ou d'une mascarade! Savez-vous ce que c'est qu'une république, que l'artisan au fond de son atelier, que le laboureur dans son champ, que le citoyen sur la place, que la vie entière d'un royaume? le bonheur des hommes, Dieu de justice! O enfants, enfants! savez-vous compter sur vos doigts?

#### PIERRE.

Un bon coup de lancette guérit tous les maux.

#### PHILIPPE.

Guérir! guérir! Savez-vous que le plus petit coup de lancette doit être donné par le médecin? Savez-vous qu'il faut une expérience longue comme la vie, et une science grande comme le monde, pour tirer du bras d'un malade une goutte de sang? N'étais-je pas offensé aussi, la nuit dernière, lorsque tu avais mis ton épée nue sous ton manteau? Ne suis-je pas le père de ma Louise, comme tu es son frère? N'était-ce pas une juste vengeance? Et cependant sais-tu ce qu'elle m'a coûté? Ah! les pères savent cela, mais non les enfants. Si tu es père un jour, nous en parlerons.

#### PIERRE.

Vous qui savez aimer, vous devriez savoir haïr.

#### PHILIPPE.

Qu'ont donc fait à Dieu ces Pazzi? Ils invitent leurs amis à venir conspirer, comme on invite à jouer aux dés, et les amis, en entrant dans leur cour, glissent dans le sang de leurs grands-pères[*]. Quelle soif ont donc leurs épées? Que voulez-vous donc, que voulez-vous?

#### PIERRE.

Et pourquoi vous démentir vous-même? Ne vous ai-je pas entendu cent fois dire ce que nous disons?

---

[*] Voir la conspiration des Pazzi. (*Note de l'auteur.*)

Ne savons-nous pas ce qui vous occupe, quand vos domestiques voient à leur lever vos fenêtres éclairées des flambeaux de la veille? Ceux qui passent les nuits sans dormir ne meurent pas silencieux.

PHILIPPE.

Où en viendrez-vous? réponds-moi.

PIERRE.

Les Médicis sont une peste. Celui qui est mordu par un serpent n'a que faire d'un médecin; il n'a qu'à se brûler la plaie.

PHILIPPE.

Et quand vous aurez renversé ce qui est, que voulez-vous mettre à la place?

PIERRE.

Nous sommes toujours sûrs de ne pas trouver pire.

PHILIPPE.

Je vous le dis, comptez sur vos doigts.

PIERRE.

Les têtes d'une hydre sont faciles à compter.

PHILIPPE.

Et vous voulez agir? cela est décidé?

PIERRE.

Nous voulons couper les jarrets aux meurtriers de Florence.

PHILIPPE.

Cela est irrévocable? vous voulez agir?

PIERRE.

Adieu, mon père; laissez-moi aller seul.

PHILIPPE.

Depuis quand le vieil aigle reste-t-il dans le nid, quand ses aiglons vont à la curée? O mes enfants! ma brave et belle jeunesse! vous qui avez la force que j'ai perdue, vous qui êtes aujourd'hui ce qu'était le jeune Philippe, laissez-le avoir vieilli pour vous! Emmène-moi, mon fils, je vois que vous allez agir. Je ne vous ferai pas de longs discours, je ne dirai que quelques mots; il peut y avoir quelque chose de bon dans cette tête grise : deux mots, et ce sera fait. Je ne radote pas encore ; je ne vous serai pas à charge ; ne pars pas sans moi, mon enfant; attends que je prenne mon manteau.

PIERRE.

Venez, mon noble père; nous baiserons le bas de votre robe. Vous êtes notre patriarche, venez voir marcher au soleil les rêves de votre vie. La liberté est mûre; venez, vieux jardinier de Florence, voir sortir de terre la plante que vous aimez.

Ils sortent.

## SCÈNE III

Une rue.

**UN OFFICIER ALLEMAND** ET DES SOLDATS; **THOMAS STROZZI**, au milieu d'eux.

L'OFFICIER.

Si nous ne le trouvons pas chez lui, nous le trouverons chez les Pazzi.

#### THOMAS.

Va ton train, et ne sois pas en peine; tu sauras ce qu'il en coûte.

#### L'OFFICIER.

Pas de menace; j'exécute les ordres du duc, et n'ai rien à souffrir de personne.

#### THOMAS.

Imbécile! qui arrête un Strozzi sur la parole d'un Médicis!

*Il se forme un groupe autour d'eux.*

#### UN BOURGEOIS.

Pourquoi arrêtez-vous ce seigneur? nous le connaissons bien, c'est le fils de Philippe.

#### UN AUTRE.

Lâche-le; nous répondons pour lui.

#### LE PREMIER.

Oui, oui, nous répondons pour les Strozzi. Laisse-le aller, ou prends garde à tes oreilles.

#### L'OFFICIER.

Hors de là, canaille! laissez passer la justice du duc, si vous n'aimez pas les coups de hallebarde.

*Pierre et Philippe arrivent.*

#### PIERRE.

Qu'y a-t-il? quel est ce tapage? Que fais-tu là, Thomas?

#### LE BOURGEOIS.

Empêche-le, Philippe, il veut emmener ton fils en prison.

##### PHILIPPE.

En prison ? et sur quel ordre ?

##### PIERRE.

En prison ? sais-tu à qui tu as affaire ?

##### L'OFFICIER.

Qu'on saisisse cet homme !

*Les soldats arrêtent Pierre.*

##### PIERRE.

Lâchez-moi, misérables, ou je vous éventre comme des pourceaux !

##### PHILIPPE.

Sur quel ordre agissez-vous, monsieur ?

##### L'OFFICIER, *montrant l'ordre du duc.*

Voilà mon mandat. J'ai ordre d'arrêter Pierre et Thomas Strozzi.

*Les soldats repoussent le peuple, qui leur jette des cailloux.*

##### PIERRE.

De quoi nous accuse-t-on ? qu'avons-nous fait ? Aidez-moi, mes amis ; rossons cette canaille.

*Il tire son épée. Un autre détachement de soldats arrive.*

##### L'OFFICIER.

Venez ici ; prêtez-moi main-forte.

*Pierre est désarmé.*

En marche ! et le premier qui approche de trop près, un coup de pique dans le ventre ! Cela leur apprendra à se mêler de leurs affaires.

##### PIERRE.

On n'a pas le droit de m'arrêter sans un ordre des

Huit. Je me soucie bien des ordres d'Alexandre ! Où est l'ordre des Huit ?

L'OFFICIER.

C'est devant eux que nous vous menons.

PIERRE.

Si c'est devant eux, je n'ai rien à dire. De quoi suis-je accusé ?

UN HOMME DU PEUPLE.

Comment, Philippe, tu laisses emmener tes enfants au tribunal des Huit ?

PIERRE.

Répondez donc, de quoi suis-je accusé ?

L'OFFICIER.

Cela ne me regarde pas.

Les soldats sortent avec Pierre et Thomas.

PIERRE, en sortant.

N'ayez aucune inquiétude, mon père ; les Huit me renverront souper à la maison, et le bâtard en sera pour ses frais de justice.

PHILIPPE, seul, s'asseyant sur un banc.

J'ai beaucoup d'enfants, mais pas pour longtemps, si cela va si vite. Où en sommes-nous donc si une vengeance aussi juste que le ciel que voilà est clair est punie comme un crime ! Eh quoi ! les deux aînés d'une famille vieille comme la ville, emprisonnés comme des voleurs de grand chemin ! la plus grossière insulte châtiée, un Salviati frappé, seulement frappé, et des hallebardes en jeu ! Sors donc du fourreau, mon épée. Si le saint appareil des exécutions judiciaires devient la cuirasse des ruffians et des ivrognes, que la hache et le poignard, cette arme des assassins, protègent l'homme de bien. O Christ! la justice devenue une entremetteuse, l'honneur des Strozzi souffleté en place publique, et un tribunal répondant des quolibets d'un rustre! Un Salviati jetant à la plus noble famille de Florence son gant taché de vin et de sang, et, lorsqu'on le châtie, tirant pour se défendre le coupe-tête du bourreau! Lumière du soleil! j'ai parlé, il n'y a pas un quart d'heure, contre les idées de révolte, et voilà le pain qu'on me donne à manger, avec mes paroles de paix sur les lèvres! Allons! mes bras, remuez; et toi, vieux corps courbé par l'âge et par l'étude, redresse-toi pour l'action!

Entre Lorenzo.

LORENZO.

Demandes-tu l'aumône, Philippe, assis au coin de cette rue?

PHILIPPE.

Je demande l'aumône à la justice des hommes; je suis un mendiant affamé de justice, et mon honneur est en haillons.

LORENZO.

Quel changement va donc s'opérer dans le monde, et quelle robe nouvelle va revêtir la nature, si le masque de la colère s'est posé sur le visage auguste et paisible du vieux Philippe? O mon père! quelles sont ces plaintes? pour qui répands-tu sur la terre les joyaux les plus précieux qu'il y ait sous le soleil, les larmes d'un homme sans peur et sans reproche?

PHILIPPE.

Il faut nous délivrer des Médicis, Lorenzo. Tu es un Médicis toi-même, mais seulement par ton nom; si je t'ai bien connu, si la hideuse comédie que tu joues m'a trouvé impassible et fidèle spectateur, que l'homme sorte de l'histrion. Si tu as jamais été quelque chose d'honnête, sois-le aujourd'hui. Pierre et Thomas sont en prison.

LORENZO.

Oui, oui, je sais cela.

PHILIPPE.

Est-ce là ta réponse? Est-ce là ton visage, homme sans épée?

LORENZO.

Que veux-tu? dis-le, et tu auras alors ma réponse.

PHILIPPE.

Agir! Comment? je n'en sais rien. Quel moyen employer, quel levier mettre sous cette citadelle de mort, pour la soulever et la pousser dans le fleuve? quoi faire, que résoudre, quels hommes aller trouver? je ne puis le savoir encore. Mais agir, agir, agir! O Lorenzo! le temps est venu. N'es-tu pas diffamé, traité de chien et de sans-cœur? Si je t'ai tenu, en dépit de tout, ma porte ouverte, ma main ouverte, mon cœur ouvert, parle, et que je voie si je me suis trompé. Ne m'as-tu pas parlé d'un homme qui s'appelle aussi Lorenzo, et qui se cache derrière le Lorenzo que voilà? Cet homme n'aime-t-il pas sa patrie, n'est-il pas dévoué à ses amis? Tu le disais, et je l'ai cru. Parle, parle, le temps est venu.

LORENZO.

Si je ne suis pas tel que vous le désirez, que le soleil me tombe sur la tête!

PHILIPPE.

Ami, rire d'un vieillard désespéré, cela porte malheur; si tu dis vrai, à l'action! J'ai de toi des promesses qui engageraient Dieu lui-même, et c'est sur ces promesses que je t'ai reçu. Le rôle que tu joues est un rôle de boue et de lèpre, tel que l'enfant prodigue ne l'aurait pas joué dans un jour de démence; et cependant je t'ai reçu. Quand les pierres criaient à ton passage, quand chacun de tes pas faisait jaillir des mares de sang humain, je t'ai appelé du nom sacré d'ami, je me suis fait sourd pour te croire, aveugle pour t'aimer; j'ai laissé l'ombre de ta mauvaise réputation passer sur mon honneur, et mes enfants ont douté de moi en trouvant sur ma main la trace hideuse du contact de la tienne. Sois honnête, car je l'ai été; agis, car tu es jeune, et je suis vieux.

LORENZO.

Pierre et Thomas sont en prison; est-ce là tout?

PHILIPPE.

O ciel et terre! oui, c'est là tout. Presque rien, deux enfants de mes entrailles qui vont s'asseoir au banc des voleurs. Deux têtes que j'ai baisées autant de fois que j'ai de cheveux gris, et que je vais trouver demain matin clouées sur la porte de la forteresse; oui, c'est là tout, rien de plus, en vérité.

LORENZO.

Ne me parle pas sur ce ton : je suis rongé d'une tristesse auprès de laquelle la nuit la plus sombre est une lumière éblouissante.

Il s'assoit près de Philippe.

PHILIPPE.

Que je laisse mourir mes enfants, cela est impossible, vois-tu! On m'arracherait les bras et les jambes, que, comme le serpent, les morceaux mutilés de Philippe se rejoindraient encore et se lèveraient pour la vengeance. Je connais si bien tout cela! Les Huit! un tribunal d'hommes de marbre! une forêt de spectres, sur laquelle passe de temps en temps le vent lugubre du doute qui les agite pendant une minute, pour se résoudre en un mot sans appel. Un mot, un mot, ô conscience! Ces hommes-là mangent, ils dorment, ils ont des femmes et des filles! Ah! qu'ils tuent et qu'ils égorgent; mais pas mes enfants, pas mes enfants!

LORENZO.

Pierre est un homme; il parlera, et il sera mis en liberté.

PHILIPPE.

O mon Pierre, mon premier-né!

LORENZO.

Rentrez chez vous, tenez-vous tranquille; ou faites

mieux, quittez Florence. Je vous réponds de tout, si vous quittez Florence.

PHILIPPE.

Moi, un banni! moi dans un lit d'auberge à mon heure dernière! O Dieu! tout cela pour une parole d'un Salviati!

LORENZO.

Sachez-le, Salviati voulait séduire votre fille, mais non pas pour lui seul. Alexandre a un pied dans le lit de cet homme; il y exerce le droit du seigneur sur la prostitution.

PHILIPPE.

Et nous n'agirons pas! O Lorenzo, Lorenzo! tu es un homme ferme, toi; parle-moi, je suis faible, et mon cœur est trop intéressé dans tout cela. Je m'épuise, vois-tu! j'ai trop réfléchi ici-bas; j'ai trop tourné sur moi-même, comme un cheval de pressoir; je ne vaux plus rien pour la bataille. Dis-moi ce que tu penses; je le ferai.

LORENZO.

Rentrez chez vous, mon bon monsieur.

PHILIPPE.

Voilà qui est certain, je vais aller chez les Pazzi; là sont cinquante jeunes gens tous déterminés. Ils ont juré d'agir; je leur parlerai noblement, comme un Strozzi et comme un père, et ils m'entendront. Ce soir j'inviterai à souper les quarante membres de ma famille; je leur raconterai ce qui m'arrive. Nous verrons, nous verrons! rien n'est encore fait. Que les Médicis prennent garde à eux! Adieu, je vais chez les Pazzi; aussi bien, j'y allais avec Pierre, quand on l'a arrêté.

LORENZO.

Il y a plusieurs démons, Philippe; celui qui te tente en ce moment n'est pas le moins à craindre de tous.

PHILIPPE.

Que veux-tu dire?

LORENZO.

Prends-y garde, c'est un démon plus beau que Gabriel : la liberté, la patrie, le bonheur des hommes, tous ces mots résonnent à son approche comme les cordes d'une lyre; c'est le bruit des écailles d'argent de ses ailes flamboyantes. Les larmes de ses yeux fécondent la terre, et il tient à la main la palme des martyrs. Ses paroles épurent l'air autour de ses lèvres; son vol est si rapide, que nul ne peut dire où il va. Prends-y garde! une fois dans ma vie je l'ai vu traverser les cieux. J'étais courbé sur mes livres; le toucher de sa main a fait frémir mes cheveux comme une plume légère. Que je l'aie écouté ou non, n'en parlons pas.

PHILIPPE.

Je ne te comprends qu'avec peine, et je ne sais pourquoi j'ai peur de te comprendre.

LORENZO.

N'avez-vous dans la tête que cela : délivrer vos fils ? Mettez la main sur la conscience ; quelque autre pensée plus vaste, plus terrible, ne vous entraîne-t-elle pas comme un chariot étourdissant au milieu de cette jeunesse?

PHILIPPE.

Eh bien! oui, que l'injustice faite à ma famille soit le signal de la liberté. Pour moi, et pour tous, j'irai!

LORENZO.

Prends garde à toi, Philippe, tu as pensé au bonheur de l'humanité.

PHILIPPE.

Que veut dire ceci ? Es-tu dedans comme dehors une vapeur infecte? Toi qui m'as parlé d'une liqueur précieuse dont tu étais le flacon, est-ce là ce que tu renfermes ?

LORENZO.

Je suis, en effet, précieux pour vous, car je tuerai Alexandre.

PHILIPPE.

Toi ?

LORENZO.

Moi, demain ou après-demain. Rentrez chez vous, tâchez de délivrer vos enfants; si vous ne le pouvez pas, laissez-leur subir une légère punition ; je sais pertinemment qu'il n'y a pas d'autres dangers pour eux, et je vous répète que d'ici à quelques jours il n'y aura pas plus d'Alexandre de Médicis à Florence qu'il n'y a de soleil à minuit.

PHILIPPE.

Quand cela serait vrai, pourquoi aurais-je tort de penser à la liberté? Ne viendra-t-elle pas quand tu auras fait ton coup, si tu le fais?

LORENZO.

Philippe, Philippe, prends garde à toi. Tu as soixante ans de vertu sur ta tête grise; c'est un enjeu trop cher pour le jouer aux dés.

PHILIPPE.

Si tu caches sous ces sombres paroles quelque chose que je puisse entendre, parle; tu m'irrites singulièrement.

LORENZO.

Tel que tu me vois, Philippe, j'ai été honnête. J'ai cru à la vertu, à la grandeur humaine, comme un martyr croit à son Dieu. J'ai versé plus de larmes sur la pauvre Italie que Niobé sur ses filles.

PHILIPPE.

Eh bien, Lorenzo?

LORENZO.

Ma jeunesse a été pure comme l'or. Pendant vingt ans de silence, la foudre s'est amoncelée dans ma poitrine; et il faut que je sois réellement une étincelle du tonnerre, car tout à coup, une certaine nuit que j'étais assis dans les ruines du colisée antique, je ne sais pourquoi, je me levai; je tendis vers le ciel mes bras trempés de rosée, et je jurai qu'un des tyrans de ma patrie mourrait de ma main. J'étais un étudiant paisible, et je ne m'occupais alors que des arts et des sciences, et il m'est impossible de dire comment cet étrange serment s'est fait en moi. Peut-être est-ce là ce qu'on éprouve quand on devient amoureux.

PHILIPPE.

J'ai toujours eu confiance en toi, et cependant je crois rêver.

LORENZO.

Et moi aussi. J'étais heureux alors ; j'avais le cœur et les mains tranquilles ; mon nom m'appelait au trône, et je n'avais qu'à laisser le soleil se lever et se coucher pour voir fleurir autour de moi toutes les espérances humaines. Les hommes ne m'avaient fait ni bien ni mal ; mais j'étais bon, et, pour mon malheur éternel, j'ai voulu être grand. Il faut que je l'avoue : si la Providence m'a poussé à la résolution de tuer un tyran, quel qu'il fût, l'orgueil m'y a poussé aussi. Que te dirais-je de plus ? Tous les Césars du monde me faisaient penser à Brutus.

PHILIPPE.

L'orgueil de la vertu est un noble orgueil. Pourquoi t'en défendrais-tu ?

LORENZO.

Tu ne sauras jamais, à moins d'être fou, de quelle nature est la pensée qui m'a travaillé. Pour comprendre l'exaltation fiévreuse qui a enfanté en moi le Lorenzo qui te parle, il faudrait que mon cerveau et mes entrailles fussent à nu sous un scalpel. Une statue qui descendrait de son piédestal pour marcher parmi les hommes sur la place publique serait peut-être semblable à ce que j'ai été le jour où j'ai commencé à vivre avec cette idée : il faut que je sois un Brutus.

PHILIPPE.

Tu m'étonnes de plus en plus.

LORENZO.

J'ai voulu d'abord tuer Clément VII; je n'ai pu le faire, parce qu'on m'a banni de Rome avant le temps. J'ai recommencé mon ouvrage avec Alexandre. Je voulais agir seul, sans le secours d'aucun homme. Je travaillais pour l'humanité; mais mon orgueil restait solitaire au milieu de tous mes rêves philanthropiques. Il fallait donc entamer par la ruse un combat singulier avec mon ennemi. Je ne voulais pas soulever les masses, ni conquérir la gloire bavarde d'un paralytique comme Cicéron; je voulais arriver à l'homme, me prendre corps à corps avec la tyrannie vivante, la tuer, et après cela porter mon épée sanglante sur la tribune, et laisser la fumée du sang d'Alexandre monter au nez des harangueurs, pour réchauffer leur cervelle ampoulée.

PHILIPPE.

Quelle tête de fer as-tu, ami! quelle tête de fer!

LORENZO.

La tâche que je m'imposais était rude avec Alexandre. Florence était, comme aujourd'hui, noyée de vin et de sang. L'empereur et le pape avaient fait un duc d'un garçon boucher. Pour plaire à mon cousin, il fallait arriver à lui porté par les larmes des familles; pour devenir son ami, et acquérir sa confiance, il fallait baiser sur ses lèvres épaisses tous les restes de ses orgies. J'étais pur comme un lis, et cependant je n'ai pas reculé devant cette tâche. Ce que je suis devenu à cause de cela, n'en parlons pas. Tu dois comprendre que j'ai souffert, et il y a des blessures dont on ne lève pas l'appareil impunément. Je suis devenu vicieux, lâche, un objet de honte et d'opprobre; qu'importe? ce n'est pas de cela qu'il s'agit.

PHILIPPE.

Tu baisses la tête; tes yeux sont humides.

LORENZO.

Non, je ne rougis point; les masques de plâtre n'ont point de rougeur au service de la honte. J'ai fait ce que j'ai fait. Tu sauras seulement que j'ai réussi dans mon entreprise. Alexandre viendra bientôt dans un certain lieu d'où il ne sortira pas debout. Je suis au terme de ma peine, et sois certain, Philippe, que le buffle sauvage, quand le bouvier l'abat sur l'herbe, n'est pas entouré de plus de filets, de plus de nœuds coulants que je n'en ai tissu autour de mon bâtard. Ce cœur, jusques auquel une armée ne serait pas parvenue en un an, il est maintenant à nu sous ma main; je n'ai qu'à laisser tomber mon stylet pour qu'il y entre. Tout sera fait. Maintenant, sais-tu ce qui m'arrive, et ce dont je veux t'avertir?

PHILIPPE.

Tu es notre Brutus si tu dis vrai.

LORENZO.

Je me suis cru un Brutus, mon pauvre Philippe; je me suis souvenu du bâton d'or couvert d'écorce. Maintenant je connais les hommes et je te conseille de ne pas t'en mêler.

PHILIPPE.

Pourquoi?

LORENZO.

Ah! vous avez vécu tout seul, Philippe. Pareil à un fanal éclatant, vous êtes resté immobile au bord de l'océan des hommes, et vous avez regardé dans les eaux la réflexion de votre propre lumière; du fond de votre solitude, vous trouviez l'océan magnifique sous le dais splendide des cieux; vous ne comptiez pas chaque flot, vous ne jetiez pas la sonde; vous étiez plein de confiance dans l'ouvrage de Dieu. Mais moi, pendant ce temps-là, j'ai plongé; je me suis enfoncé dans cette mer houleuse de la vie; j'en ai parcouru toutes les profondeurs, couvert de ma cloche de verre; tandis que vous admiriez la surface, j'ai vu les débris des naufrages, les ossements et les Léviathans.

PHILIPPE.

Ta tristesse me fend le cœur.

LORENZO.

C'est parce que je vous vois tel que j'ai été, et sur le point de faire ce que j'ai fait, que je vous parle ainsi. Je ne méprise point les hommes; le tort des livres et des historiens est de nous les montrer différents de ce qu'ils sont. La vie est comme une cité; on peut y rester cinquante ou soixante ans sans voir autre chose que des promenades et des palais; mais il ne faut pas entrer dans les tripots, ni s'arrêter, en rentrant chez soi, aux fenêtres des mauvais quartiers. Voilà mon avis, Philippe; s'il s'agit de sauver tes enfants, je te dis de rester tranquille; c'est le meilleur moyen pour qu'on te les renvoie après une petite semonce. S'il s'agit de tenter quelque chose pour les hommes, je te conseille de te couper les bras, car tu ne seras pas longtemps à t'apercevoir qu'il n'y a que toi qui en aies.

PHILIPPE.

Je conçois que le rôle que tu joues t'ait donné de pareilles idées. Si je te comprends bien, tu as pris, dans un but sublime, une route hideuse, et tu crois que tout ressemble à ce que tu as vu.

LORENZO.

Je me suis réveillé de mes rêves, rien de plus. Je te dis le danger d'en faire. Je connais la vie, et c'est une vilaine cuisine, sois-en persuadé. Ne mets pas la main là dedans, si tu respectes quelque chose.

PHILIPPE.

Arrête; ne brise pas comme un roseau mon bâton

de vieillesse. Je crois à tout ce que tu appelles des rêves ; je crois à la vertu, à la pudeur et à la liberté.

LORENZO.

Et me voilà dans la rue, moi, Lorenzaccio ! et les enfants ne me jettent pas de la boue ! Les lits des filles sont encore chauds de ma sueur, et les pères ne prennent pas, quand je passe, leurs couteaux et leurs balais pour m'assommer ! Au fond de ces dix mille maisons que voilà, la septième génération parlera encore de la nuit où j'y suis entré, et pas une ne vomit à ma vue un valet de charrue qui me fende en deux comme une bûche pourrie ! L'air que vous respirez, Philippe, je le respire ; mon manteau de soie bariolé traîne paresseusement sur le sable fin des promenades ; pas une goutte de poison ne tombe dans mon chocolat ; que dis-je ? ô Philippe ! les mères pauvres soulèvent honteusement le voile de leurs filles quand je m'arrête au seuil de leurs portes ; elles me laissent voir leur beauté avec un sourire plus vil que le baiser de Judas, tandis que moi, pinçant le menton de la petite, je serre les poings de rage en remuant dans ma poche quatre ou cinq méchantes pièces d'or.

PHILIPPE.

Que le tentateur ne méprise pas le faible ; pourquoi tenter lorsque l'on doute ?

LORENZO.

Suis-je un Satan ? Lumière du ciel ! je m'en souviens

encore, j'aurais pleuré avec la première fille que j'ai séduite si elle ne s'était mise à rire. Quand j'ai commencé à jouer mon rôle de Brutus moderne, je marchais dans mes habits neufs de la grande confrérie du vice comme un enfant de dix ans dans l'armure d'un géant de la fable. Je croyais que la corruption était un stigmate, et que les monstres seuls le portaient au front. J'avais commencé à dire tout haut que mes vingt années de vertu étaient un masque étouffant; ô Philippe! j'entrai alors dans la vie, et je vis qu'à mon approche tout le monde en faisait autant que moi; tous les masques tombaient devant mon regard; l'humanité souleva sa robe, et me montra, comme à un adepte digne d'elle, sa monstrueuse nudité. J'ai vu les hommes tels qu'ils sont, et je me suis dit : Pour qui est-ce donc que je travaille? Lorsque je parcourais les rues de Florence, avec mon fantôme à mes côtés, je regardais autour de moi, je cherchais les visages qui me donnaient du cœur, et je me demandais : Quand j'aurai fait mon coup, celui-là en profitera-t-il? J'ai vu les républicains dans leurs cabinets; je suis entré dans les boutiques; j'ai écouté et j'ai guetté. J'ai recueilli les discours des gens du peuple; j'ai vu l'effet que produisait sur eux la tyrannie; j'ai bu dans les banquets patriotiques le vin qui engendre la métaphore et la prosopopée; j'ai avalé entre deux baisers les larmes les plus vertueuses; j'attendais toujours que l'humanité me laissât voir sur sa face quelque chose d'honnête. J'observais comme un amant observe sa fiancée en attendant le jour des noces.

PHILIPPE.

Si tu n'as vu que le mal, je te plains, mais je ne puis te croire. Le mal existe, mais non pas sans le bien ; comme l'ombre existe, mais non sans la lumière.

LORENZO.

Tu ne veux voir en moi qu'un mépriseur d'hommes : c'est me faire injure. Je sais parfaitement qu'il y en a de bons ; mais à quoi servent-ils? que font-ils? comment agissent-ils? Qu'importe que la conscience soit vivante, si le bras est mort? Il y a de certains côtés par où tout devient bon : un chien est un ami fidèle; on peut trouver en lui le meilleur des serviteurs, comme on peut voir aussi qu'il se roule sur les cadavres et que la langue avec laquelle il lèche son maître sent la charogne d'une lieue. Tout ce que j'ai à voir, moi, c'est que je suis perdu, et que les hommes n'en profiteront pas plus qu'ils ne me comprendront.

PHILIPPE.

Pauvre enfant, tu me navres le cœur ! Mais si tu es honnête, quand tu auras délivré ta patrie, tu le redeviendras. Cela réjouit mon vieux cœur, Lorenzo, de penser que tu es honnête; alors tu jetteras ce déguisement hideux qui te défigure, et tu redeviendras d'un métal aussi pur que les statues de bronze d'Harmodius et d'Aristogiton.

#### LORENZO.

Philippe, Philippe, j'ai été honnête. La main qui a soulevé une fois le voile de la vérité ne peut plus le laisser retomber ; elle reste immobile jusqu'à la mort, tenant toujours ce voile terrible, et l'élevant de plus en plus au-dessus de la tête de l'homme, jusqu'à ce que l'ange du sommeil éternel lui bouche les yeux.

#### PHILIPPE.

Toutes les maladies se guérissent ; et le vice est une maladie aussi.

#### LORENZO.

Il est trop tard. Je me suis fait à mon métier. Le vice a été pour moi un vêtement ; maintenant il est collé à ma peau. Je suis vraiment un ruffian, et quand je plaisante sur mes pareils, je me sens sérieux comme la mort au milieu de ma gaieté. Brutus a fait le fou pour tuer Tarquin, et ce qui m'étonne en lui, c'est qu'il n'y ait pas laissé sa raison. Profite de moi, Philippe, voilà ce que j'ai à te dire : ne travaille pas pour ta patrie.

#### PHILIPPE.

Si je te croyais, il me semble que le ciel s'obscurcirait pour toujours, et que ma vieillesse serait condamnée à marcher à tâtons. Que tu aies pris une route dangereuse, cela peut être ; pourquoi ne pourrais-je en prendre une autre qui me mènerait au même point? Mon intention est d'en appeler au peuple, et d'agir ouvertement.

#### LORENZO.

Prends garde à toi, Philippe; celui qui te le dit sait pourquoi il le dit. Prends le chemin que tu voudras, tu auras toujours affaire aux hommes.

#### PHILIPPE.

Je crois à l'honnêteté des républicains.

#### LORENZO.

Je te fais une gageure. Je vais tuer Alexandre; une fois mon coup fait, si les républicains se comportent comme ils le doivent, il leur sera facile d'établir une république, la plus belle qui ait jamais fleuri sur la terre. Qu'ils aient pour eux le peuple, et tout est dit. Je te gage que ni eux ni le peuple ne feront rien. Tout ce que je te demande, c'est de ne pas t'en mêler; parle, si tu le veux, mais prends garde à tes paroles, et encore plus à tes actions. Laisse-moi faire mon coup : tu as les mains pures, et moi, je n'ai rien à perdre.

#### PHILIPPE.

Fais-le, et tu verras.

#### LORENZO.

Soit,—mais souviens-toi de ceci. Vois-tu dans cette petite maison cette famille assemblée autour d'une table? ne dirait-on pas des hommes? Ils ont un corps, et une âme dans ce corps. Cependant, s'il me prenait envie d'entrer chez eux, tout seul, comme me voilà, et de poignarder leur fils aîné au milieu d'eux, il n'y aurait pas un couteau de levé sur moi.

PHILIPPE.

Tu me fais horreur. Comment le cœur peut-il rester grand avec des mains comme les tiennes?

LORENZO.

Viens, rentrons à ton palais, et tâchons de délivrer tes enfants.

PHILIPPE.

Mais pourquoi tueras-tu le duc, si tu as des idées pareilles?

LORENZO.

Pourquoi? tu le demandes?

PHILIPPE.

Si tu crois que c'est un meurtre inutile à ta patrie, comment le commets-tu?

LORENZO.

Tu me demandes cela en face? regarde-moi un peu. J'ai été beau, tranquille et vertueux.

PHILIPPE.

Quel abîme! quel abîme tu m'ouvres!

LORENZO.

Tu me demandes pourquoi je tue Alexandre? Veux-tu donc que je m'empoisonne, ou que je saute dans l'Arno? veux-tu donc que je sois un spectre, et qu'en frappant sur ce squelette,

*Il frappe sa poitrine.*

il n'en sorte aucun son? Si je suis l'ombre de moi-même, veux-tu donc que je m'arrache le seul fil qui rattache aujourd'hui mon cœur à quelques fibres de mon cœur d'autrefois? Songes-tu que ce meurtre, c'est tout ce qui me reste de ma vertu? Songes-tu que je glisse depuis deux ans sur un mur taillé à pic, et que ce meurtre est le seul brin d'herbe où j'aie pu cramponner mes ongles? Crois-tu donc que je n'aie plus d'orgueil, parce que je n'ai plus de honte? et veux-tu que je laisse mourir en silence l'énigme de ma vie? Oui, cela est certain, si je pouvais revenir à la vertu, si mon apprentissage de vice pouvait s'évanouir, j'épargnerais peut-être ce conducteur de bœufs. Mais j'aime le vin, le jeu et les filles; comprends-tu cela? Si tu honores en moi quelque chose, toi qui me parles, c'est mon meurtre que tu honores, peut-être justement parce que tu ne le ferais pas. Voilà assez longtemps, vois-tu, que les républicains me couvrent de boue et d'infamie; voilà assez longtemps que les oreilles me tintent, et que l'exécration des hommes empoisonne le pain que je mâche; j'en ai assez de me voir conspué par des lâches sans nom, qui m'accablent d'injures pour se dispenser de m'assommer, comme ils le devraient. J'en ai assez d'entendre brailler en plein vent le bavardage humain; il faut que le monde sache un peu qui je suis, et qui il est. Dieu merci! c'est peut-être demain que je tue Alexandre; dans deux jours j'aurai fini. Ceux qui tournent autour de moi avec des yeux louches, comme autour d'une curiosité monstrueuse apportée d'Amérique, pourront satisfaire leur gosier et vider leur sac à paroles. Que les hommes me comprennent ou non, qu'ils agissent ou n'agissent pas, j'aurai dit tout ce que j'ai à dire ; je leur ferai tailler leur plume, si je ne leur fais pas nettoyer leurs piques, et l'humanité gardera sur sa joue le soufflet de mon épée marqué en traits de sang. Qu'ils m'appellent comme ils voudront, Brutus ou Érostrate, il ne me plaît pas qu'ils m'oublient. Ma vie entière est au bout de ma dague, et que la Providence retourne ou non la tête en m'entendant frapper, je jette la nature humaine à pile ou face sur la tombe d'Alexandre ; dans deux jours les hommes comparaîtront devant le tribunal de ma volonté.

### PHILIPPE.

Tout cela m'étonne, et il y a dans tout ce que tu m'as dit des choses qui me font peine, et d'autres qui me font plaisir. Mais Pierre et Thomas sont en prison, et je ne saurais là-dessus m'en fier à personne qu'à moi-même. C'est en vain que ma colère voudrait ronger son frein ; mes entrailles sont émues trop vivement ; tu peux avoir raison, mais il faut que j'agisse ; je vais rassembler mes parents.

### LORENZO.

Comme tu voudras ; mais prends garde à toi. Garde-moi le secret, même avec tes amis, c'est tout ce que je demande.

**Ils sortent.**

## SCÈNE IV

Au palais Soderini.

Entre CATHERINE, lisant un billet.

« Lorenzo a dû vous parler de moi; mais qui pour-
« rait vous parler dignement d'un amour pareil au
« mien? Que ma plume vous apprenne ce que ma
« bouche ne peut vous dire et ce que mon cœur vou-
« drait signer de son sang.

« Alexandre de Médicis. »

Si mon nom n'était pas sur l'adresse, je croirais que
le messager s'est trompé, et ce que je lis me fait douter
de mes yeux.

Entre Marie.

O ma mère chérie! voyez ce qu'on m'écrit; expli-
quez-moi, si vous pouvez, ce mystère.

MARIE.

Malheureuse, malheureuse! il t'aime! Où t'a-t-il
vue? où lui as-tu parlé?

CATHERINE.

Nulle part; un messager m'a apporté cela comme
je sortais de l'église.

MARIE.

Lorenzo, dit-il, a dû te parler de lui? Ah! Catherine,
avoir un fils pareil! Oui; faire de la sœur de sa mère
la maîtresse du duc, non pas même la maîtresse, ô

ma fille ! Quels noms portent ces créatures ! je ne puis le dire ; oui, il manquait cela à Lorenzo. Viens, je veux lui porter cette lettre ouverte, et savoir devant Dieu comment il répondra.

CATHERINE.

Je croyais que le duc aimait ;... pardon, ma mère ; mais je croyais que le duc aimait la marquise de Cibo ; on me l'avait dit...

MARIE.

Cela est vrai, il l'a aimée, s'il peut aimer.

CATHERINE.

Il ne l'aime plus ? Ah ! comment peut-on offrir sans honte un cœur pareil ! Venez, ma mère ; venez chez Lorenzo.

MARIE.

Donne-moi ton bras. Je ne sais ce que j'éprouve depuis quelques jours ; j'ai eu la fièvre toutes les nuits : il est vrai que depuis trois mois elle ne me quitte guère. J'ai trop souffert, ma pauvre Catherine ; pourquoi m'as-tu lu cette lettre ? Je ne puis plus rien supporter. Je ne suis plus jeune, et cependant il me semble que je le redeviendrais à certaines conditions ; mais tout ce que je vois m'entraîne vers la tombe. Allons ! soutiens-moi, pauvre enfant ; je ne te donnerai pas longtemps cette peine.

Elles sortent.

## SCÈNE V

*Chez la marquise.*

**LA MARQUISE,** parée, devant un miroir.

Quand je pense que cela est, cela me fait l'effet d'une nouvelle qu'on m'apprendrait tout à coup. Quel précipice que la vie! Comment, il est déjà neuf heures, et c'est le duc que j'attends dans cette toilette! Qu'il en soit ce qu'il pourra, je veux essayer mon pouvoir.

*Entre le cardinal.*

LE CARDINAL.

Quelle parure, marquise! voilà des fleurs qui embaument.

LA MARQUISE.

Je ne puis vous recevoir, cardinal; j'attends une amie : vous m'excuserez.

LE CARDINAL.

Je vous laisse, je vous laisse. Ce boudoir dont j'aperçois la porte entr'ouverte là-bas, c'est un petit paradis. Irai-je vous y attendre?

LA MARQUISE.

Je suis pressée, pardonnez-moi. Non, pas dans mon boudoir; où vous voudrez.

LE CARDINAL.

Je reviendrai dans un moment plus favorable.

*Il sort.*

LA MARQUISE.

Pourquoi toujours le visage de ce prêtre? Quels cercles décrit donc autour de moi ce vautour à tête chauve, pour que je le trouve sans cesse derrière moi quand je me retourne? Est-ce que l'heure de ma mort serait proche?

Entre un page qui lui parle à l'oreille.

C'est bon, j'y vais. Ah! ce métier de servante, tu n'y es pas fait, pauvre cœur orgueilleux.

Elle sort

## SCÈNE VI.

Le boudoir de la marquise.

LA MARQUISE, LE DUC.

LA MARQUISE.

C'est ma façon de penser; je t'aimerais ainsi.

LE DUC.

Des mots, des mots, et rien de plus.

LA MARQUISE.

Vous autres, hommes, cela est si peu pour vous! Sacrifier le repos de ses jours, la sainte chasteté de l'honneur! quelquefois ses enfants même; — ne vivre que pour un seul être au monde; se donner, enfin, se donner, puisque cela s'appelle ainsi! Mais cela n'en vaut pas la peine : à quoi bon écouter une femme?

une femme qui parle d'autre chose que de chiffons et de libertinage, cela ne se voit pas.

LE DUC.

Vous rêvez tout éveillée.

LA MARQUISE.

Oui, par le ciel! oui, j'ai fait un rêve; hélas! les rois seuls n'en font jamais : toutes les chimères de leurs caprices se transforment en réalités, et leurs cauchemars eux-mêmes se changent en marbre! Alexandre! Alexandre! quel mot que celui-là : Je peux si je veux! Ah! Dieu lui-même n'en sait pas plus : devant ce mot, les mains des peuples se joignent dans une prière craintive, et le pâle troupeau des hommes retient son haleine pour écouter.

LE DUC.

N'en parlons plus, ma chère, cela est fatigant.

LA MARQUISE.

Être un roi, sais-tu ce que c'est? Avoir au bout de son bras cent mille mains! Être le rayon du soleil qui sèche les larmes des hommes! Être le bonheur et le malheur! Ah! quel frisson mortel cela donne! Comme il tremblerait, ce vieux du Vatican, si tu ouvrais tes ailes, toi, mon aiglon! César est si loin! la garnison t'est si dévouée! Et d'ailleurs on égorge une armée et l'on n'égorge pas un peuple. Le jour où tu auras pour toi la nation tout entière, et où tu seras la tête d'un corps libre, où tu diras : Comme le doge de Venise épouse l'Adriatique, ainsi je mets mon anneau d'or au doigt de

ma belle Florence, et ses enfants sont mes enfants...
Ah! sais-tu ce que c'est qu'un peuple qui prend son
bienfaiteur dans ses bras? Sais-tu ce que c'est que
d'être porté comme un nourrisson chéri par le vaste
océan des hommes? Sais-tu ce que c'est que d'être
montré par un père à son enfant?

LE DUC.

Je me soucie de l'impôt; pourvu qu'on le paye, que
m'importe?

LA MARQUISE.

Mais enfin, on t'assassinera. — Les pavés sortiront
de terre et t'écraseront. Ah! la postérité! N'as-tu jamais vu ce spectre-là au chevet de ton lit? Ne t'es-tu
jamais demandé ce que penseront de toi ceux qui sont
dans le ventre des vivants? Et tu vis, toi, il est encore
temps! Tu n'as qu'un mot à dire. Te souviens-tu du
père de la patrie? Va! cela est facile d'être un grand
roi quand on est roi. Déclare Florence indépendante;
réclame l'exécution du traité avec l'empire; tire ton
épée et montre-la : ils te diront de la remettre au fourreau, que ses éclairs leur font mal aux yeux. Songe
donc comme tu es jeune! Rien n'est décidé sur ton
compte. — Il y a dans le cœur des peuples de larges
indulgences pour les princes, et la reconnaissance publique est un profond fleuve d'oubli pour leurs fautes
passées. On t'a mal conseillé, on t'a trompé. — Mais
il est encore temps; tu n'as qu'à dire; tant que tu es
vivant, la page n'est pas tournée dans le livre de Dieu.

LE DUC.

Assez, ma chère, assez.

LA MARQUISE.

Ah! quand elle le sera! quand un misérable jardinier payé à la journée viendra arroser à contre-cœur quelques chétives marguerites autour du tombeau d'Alexandre; — quand les pauvres respireront gaiement l'air du ciel, et n'y verront plus planer le sombre météore de ta puissance; — quand ils parleront de toi en secouant la tête; — quand ils compteront autour de ta tombe les tombes de leurs parents, — es-tu sûr de dormir tranquille dans ton dernier sommeil? — Toi qui ne vas pas à la messe, et qui ne tiens qu'à l'impôt, es-tu sûr que l'éternité soit sourde, et qu'il n'y ait pas un écho de la vie dans le séjour hideux des trépassés? Sais-tu où vont les larmes des peuples quand le vent les emporte?

LE DUC.

Tu as une jolie jambe.

LA MARQUISE.

Ecoute-moi; tu es étourdi, je le sais; mais tu n'es pas méchant; non, sur Dieu, tu ne l'es pas, tu ne peux pas l'être. Voyons! fais-toi violence; — réfléchis un instant, un seul instant à ce que je te dis. N'y a-t-il rien dans tout cela? Suis-je décidément une folle?

LE DUC.

Tout cela me passe bien par la tête; mais qu'est-ce

que je fais donc de si mal? Je vaux bien mes voisins;
je vaux, ma foi, mieux que le pape. Tu me fais penser
aux Strozzi avec tous tes discours; — et tu sais que je
les déteste. Tu veux que je me révolte contre César;
César est mon beau-père, ma chère amie. Tu te figures
que les Florentins ne m'aiment pas; je suis sûr qu'ils
m'aiment, moi. Eh! parbleu! quand tu aurais raison,
de qui veux-tu que j'aie peur?

LA MARQUISE.

Tu n'as pas peur de ton peuple, — mais tu as peur
de l'empereur; tu as tué ou déshonoré des centaines
de citoyens, et tu crois avoir tout fait quand tu mets
une cotte de mailles sous ton habit.

LE DUC.

Paix! point de ceci.

LA MARQUISE.

Ah! je m'emporte; je dis ce que je ne veux pas
dire. Mon ami, qui ne sait pas que tu es brave? Tu es
brave comme tu es beau; ce que tu as fait de mal,
c'est ta jeunesse, c'est ta tête, — que sais-je, moi? c'est
le sang qui coule violemment dans ces veines brû-
lantes, c'est ce soleil étouffant qui nous pèse. — Je t'en
supplie, que je ne sois pas perdue sans ressource; que
mon nom, que mon pauvre amour pour toi ne soit pas
inscrit sur une liste infâme. Je suis une femme, c'est
vrai, et si la beauté est tout pour les femmes, bien
d'autres valent mieux que moi. Mais n'as-tu rien, dis-

moi, — dis-moi donc, toi ! voyons ! n'as-tu donc rien, rien là?

Elle lui frappe le cœur.

LE DUC.

Quel démon ! assois-toi donc là, ma petite.

LA MARQUISE.

Eh bien ! oui, je veux bien l'avouer ; oui, j'ai de l'ambition, non pas pour moi ; — mais toi ! toi et ma chère Florence ! O Dieu ! tu m'es témoin de ce que je souffre.

LE DUC.

Tu souffres ! qu'est-ce que tu as ?

LA MARQUISE.

Non, je ne souffre pas. Écoute ! écoute ! Je vois que tu t'ennuies auprès de moi. Tu comptes les moments, tu détournes la tête ; ne t'en va pas encore : c'est peut-être la dernière fois que je te vois. Écoute ! je te dis que Florence t'appelle sa peste nouvelle, et qu'il n'y a pas une chaumière où ton portrait ne soit collé sur les murailles avec un coup de couteau dans le cœur. Que je sois folle, que tu me haïsses demain, que m'importe ? tu sauras cela !

LE DUC.

Malheur à toi si tu joues avec ma colère !

LA MARQUISE.

Oui, malheur à moi ! malheur à moi !

LE DUC.

Une autre fois, — demain matin, si tu veux, —

nous pourrons nous revoir et parler de cela. Ne te fâche pas si je te quitte à présent : il faut que j'aille à la chasse.

LA MARQUISE.

Oui, malheur à moi ! malheur à moi !

LE DUC.

Pourquoi ? Tu as l'air sombre comme l'enfer. Pourquoi diable aussi te mêles-tu de politique ? Allons ! allons ! ton petit rôle de femme, et de vraie femme, te va si bien ! Tu es trop dévote ; cela se formera. Aide-moi donc à remettre mon habit ; je suis tout débraillé.

LA MARQUISE.

Adieu, Alexandre.

Le duc l'embrasse. — Entre le cardinal Cibo.

LE CARDINAL.

Ah ! — Pardon, Altesse, je croyais ma sœur toute seule. Je suis un maladroit ; c'est à moi d'en porter la peine. Je vous supplie de m'excuser.

LE DUC.

Comment l'entendez-vous ? Allons donc ! Malaspina, voilà qui sent le prêtre. Est-ce que vous devez voir ces choses-là ? Venez donc, venez donc ; que diable est-ce que cela vous fait ?

Ils sortent ensemble.

LA MARQUISE, seule, tenant le portrait de son mari.

Où es-tu maintenant, Laurent ? Il est midi passé ; tu te promènes sur la terrasse, devant les grands marronniers. Autour de toi paissent tes génisses grasses ; tes garçons de ferme dînent à l'ombre; la pelouse soulève son manteau blanchâtre aux rayons du soleil; les arbres, entretenus par tes soins, murmurent religieusement sur la tête blanche de leur vieux maître, tandis que l'écho de nos longues arcades répète avec respect le bruit de ton pas tranquille. O mon Laurent! j'ai perdu le trésor de ton honneur; j'ai voué au ridicule et au doute les dernières années de ta noble vie; tu ne presseras plus sur ta cuirasse un cœur digne du tien, ce sera une main tremblante qui t'apportera ton repas du soir quand tu rentreras de la chasse.

## SCÈNE VII

### Chez les Strozzi.

**LES QUARANTE STROZZI**, à souper.

#### PHILIPPE.
Mes enfants, mettons-nous à table.

#### LES CONVIVES.
Pourquoi reste-t-il deux sièges vides?

#### PHILIPPE.
Pierre et Thomas sont en prison.

#### LES CONVIVES.
Pourquoi?

#### PHILIPPE.
Parce que Salviati a insulté ma fille, que voilà, à la foire de Montolivet, publiquement, et devant son frère

Léon. Pierre et Thomas ont tué Salviati, et Alexandre de Médicis les a fait arrêter pour venger la mort de son ruffian.

LES CONVIVES.

Meurent les Médicis!

PHILIPPE.

J'ai rassemblé ma famille pour lui raconter mes chagrins, et la prier de me secourir. Soupons et sortons ensuite l'épée à la main, pour redemander mes deux fils, si vous avez du cœur.

LES CONVIVES.

C'est dit; nous voulons bien.

PHILIPPE.

Il est temps que cela finisse, voyez-vous; on nous tuerait nos enfants et on déshonorerait nos filles. Il est temps que Florence apprenne à ces bâtards ce que c'est que le droit de vie et de mort. Les Huit n'ont pas le droit de condamner mes enfants; et moi, je n'y survivrais pas, voyez-vous!

LES CONVIVES.

N'aie pas peur, Philippe, nous sommes là.

PHILIPPE.

Je suis le chef de la famille : comment souffrirais-je qu'on m'insultât? Nous sommes tout autant que les Médicis, les Ruccellai tout autant, les Aldobrandini et vingt autres. Pourquoi ceux-là pourraient-ils faire égorger nos enfants plutôt que nous les leurs? Qu'on allume un tonneau de poudre dans les caves de la citadelle, et

voilà la garnison allemande en déroute. Que reste-t-il à
ces Médicis? Là est leur force; hors de là, ils ne sont
rien. Sommes-nous des hommes? Est-ce à dire qu'on
abattra d'un coup de hache les familles de Florence, et
qu'on arrachera de la terre natale des racines aussi
vieilles qu'elle? C'est par nous qu'on commence, c'est à
nous de tenir ferme; notre premier cri d'alarme, comme
le coup de sifflet de l'oiseleur, va rabattre sur Florence
une armée tout entière d'aigles chassés du nid; ils ne
sont pas loin; ils tournoient autour de la ville, les yeux
fixés sur ses clochers. Nous y planterons le drapeau noir
de la peste; ils accourront à ce signal de mort. Ce sont
les couleurs de la colère céleste. Ce soir, allons d'abord
délivrer nos fils; demain nous irons tous ensemble,
l'épée nue, à la porte de toutes les grandes familles; il
y a à Florence quatre-vingts palais, et de chacun d'eux
sortira une troupe pareille à la nôtre quand la liberté
y frappera.

LES CONVIVES.

Vive la liberté!

PHILIPPE.

Je prends Dieu à témoin que c'est la violence qui me
force à tirer l'épée ; que je suis resté durant soixante
ans bon et paisible citoyen ; que je n'ai jamais fait de
mal à qui que ce soit au monde, et que la moitié de
ma fortune a été employée à secourir les malheureux.

LES CONVIVES.

C'est vrai.

PHILIPPE.

C'est une juste vengeance qui me pousse à la révolte, et je me fais rebelle parce que Dieu m'a fait père. Je ne suis poussé par aucun motif d'ambition, ni d'intérêt, ni d'orgueil. Ma cause est loyale, honorable et sacrée. Emplissez vos coupes et levez-vous. Notre vengeance est une hostie que nous pouvons briser sans crainte et nous partager devant Dieu. Je bois à la mort des Médicis!

LES CONVIVES, se levant et buvant.

A la mort des Médicis!

LOUISE, posant son verre.

Ah! je vais mourir.

PHILIPPE.

Qu'as-tu, ma fille, mon enfant bien-aimée? qu'as-tu, mon Dieu? que t'arrive-t-il? Mon Dieu, mon Dieu! comme tu pâlis! Parle, qu'as-tu? parle à ton père. Au secours! au secours! un médecin! Vite, vite, il n'est plus temps.

LOUISE.

Je vais mourir, je vais mourir.

Elle meurt.

PHILIPPE.

Elle s'en va, mes amis, elle s'en va! Un médecin! ma fille est empoisonnée!

Il tombe à genoux près de Louise.

UN CONVIVE.

Coupez son corset! faites-lui boire de l'eau tiède; si c'est du poison, il faut de l'eau tiède.

Les domestiques accourent.

##### UN AUTRE CONVIVE.

Frappez-lui dans les mains; ouvrez les fenêtres et frappez-lui dans les mains.

##### UN AUTRE.

Ce n'est peut-être qu'un étourdissement; elle aura bu avec trop de précipitation.

##### UN AUTRE.

Pauvre enfant! comme ses traits sont calmes! Elle ne peut pas être morte ainsi tout d'un coup.

##### PHILIPPE.

Mon enfant! es-tu morte, es-tu morte, Louise, ma fille bien-aimée?

##### LE PREMIER CONVIVE.

Voilà le médecin qui accourt.

*Un médecin entre.*

##### LE SECOND CONVIVE.

Dépêchez-vous, monsieur; dites-nous si c'est du poison.

##### PHILIPPE.

C'est un étourdissement, n'est-ce pas?

##### LE MÉDECIN.

Pauvre jeune fille! elle est morte.

*Un profond silence règne dans la salle; Philippe est toujours à genoux auprès de Louise et lui tient les mains.*

##### UN DES CONVIVES.

C'est du poison des Médicis. Ne laissons pas Philippe dans l'état où il est. Cette immobilité est effrayante.

UN AUTRE.

Je suis sûr de ne pas me tromper. Il y avait autour de la table un domestique qui a appartenu à la femme de Salviati.

UN AUTRE.

C'est lui qui a fait le coup, sans aucun doute. Sortons, et arrêtons-le.

Ils sortent.

LE PREMIER CONVIVE.

Philippe ne veut pas répondre à ce qu'on lui dit; il est frappé de la foudre.

UN AUTRE.

C'est horrible! C'est un meurtre inouï!

UN AUTRE.

Cela crie vengeance au ciel; sortons, et allons égorger Alexandre.

UN AUTRE.

Oui, sortons; mort à Alexandre! C'est lui qui a tout ordonné. Insensés que nous sommes! ce n'est pas d'hier que date sa haine contre nous. Nous agissons trop tard.

UN AUTRE.

Salviati n'en voulait pas à cette pauvre Louise pour son propre compte; c'est pour le duc qu'il travaillait.

Allons, partons, quand on devrait nous tuer jusqu'au dernier.

#### PHILIPPE se lève.

Mes amis, vous enterrerez ma pauvre fille, n'est-ce pas,

<small>Il met son manteau.</small>

dans mon jardin, derrière les figuiers ? Adieu, mes bons amis ; adieu, portez-vous bien.

#### UN CONVIVE.

Où vas-tu, Philippe ?

#### PHILIPPE.

J'en ai assez, voyez-vous ! j'en ai autant que j'en puis porter. J'ai mes deux fils en prison, et voilà ma fille morte. J'en ai assez, je m'en vais d'ici.

#### UN CONVIVE.

Tu t'en vas ? tu t'en vas sans vengeance ?

#### PHILIPPE.

Oui, oui. Ensevelissez seulement ma pauvre fille, mais ne l'enterrez pas ; c'est à moi de l'enterrer ; je le ferai à ma façon, chez de pauvres moines que je connais et qui viendront la chercher demain. A quoi sert-il de la regarder ? elle est morte ; ainsi cela est inutile. Adieu, mes amis, rentrez chez vous ; portez-vous bien.

#### UN CONVIVE.

Ne le laissez pas sortir, il a perdu la raison.

###### UN AUTRE.

Quelle horreur! je me sens prêt à m'évanouir dans cette salle.

Il sort.

###### PHILIPPE.

Ne me faites pas violence; ne m'enfermez pas dans une chambre où est le cadavre de ma fille; laissez-moi m'en aller.

###### UN CONVIVE.

Venge-toi, Philippe, laisse-nous te venger. Que ta Louise soit notre Lucrèce! Nous ferons boire à Alexandre le reste de son verre.

###### UN AUTRE.

La nouvelle Lucrèce! Nous allons jurer sur son corps de mourir pour la liberté! Rentre chez toi, Philippe, pense à ton pays. Ne rétracte pas tes paroles.

###### PHILIPPE.

Liberté, vengeance, voyez-vous, tout cela est beau; j'ai deux fils en prison, et voilà ma fille morte. Si je reste ici, tout va mourir autour de moi. L'important, c'est que je m'en aille, et que vous vous teniez tranquilles. Quand ma porte et mes fenêtres seront fermées, on ne pensera plus aux Strozzi. Si elles restent ouvertes, je m'en vais vous voir tomber tous les uns après les autres. Je suis vieux, voyez-vous, il est temps que je ferme ma boutique. Adieu, mes amis, restez tranquilles; si je n'y suis plus, on ne vous fera rien. Je m'en vais de ce pas à Venise.

UN CONVIVE.

Il fait un orage épouvantable ; reste ici cette nuit.

PHILIPPE.

N'enterrez pas ma pauvre enfant; mes vieux moines viendront demain, et ils l'emporteront. Dieu de justice ! Dieu de justice ! que t'ai-je fait ?

Il sort en courant.

FIN DE L'ACTE TROISIÈME.

# ACTE QUATRIÈME

## SCÈNE PREMIÈRE

Au palais du duc.

Entrent LE DUC et LORENZO.

LE DUC.

J'aurais voulu être là; il devait y avoir plus d'une face en colère. Mais je ne conçois pas qui a pu empoisonner cette Louise.

LORENZO.

Ni moi non plus; à moins que ce ne soit vous.

LE DUC.

Philippe doit être furieux! On dit qu'il est parti pour Venise. Dieu merci, me voilà délivré de ce vieillard insupportable. Quant à la chère famille, elle aura la bonté de se tenir tranquille. Sais-tu qu'ils ont failli faire une petite révolution dans leur quartier? On m'a tué deux Allemands.

LORENZO.

Ce qui me fâche le plus, c'est que cet honnête Salviati a une jambe coupée. Avez-vous retrouvé votre cotte de mailles?

LE DUC.

Non, en vérité; j'en suis plus mécontent que je ne puis le dire.

LORENZO.

Méfiez-vous de Giomo; c'est lui qui vous l'a volée. Que portez-vous à la place?

LE DUC.

Rien; je ne puis en supporter une autre; il n'y en a pas d'aussi légère que celle-là.

LORENZO.

Cela est fâcheux pour vous.

LE DUC.

Tu ne me parles pas de ta tante.

LORENZO.

C'est par oubli, car elle vous adore; ses yeux ont perdu le repos depuis que l'astre de votre amour s'est levé dans son pauvre cœur. De grâce, seigneur, ayez quelque pitié pour elle; dites quand vous voulez la recevoir, et à quelle heure il lui sera loisible de vous sacrifier le peu de vertu qu'elle a.

LE DUC.

Parles-tu sérieusement?

LORENZO.

Aussi sérieusement que la Mort elle-même. Je voudrais voir qu'une tante à moi ne couchât pas avec vous!

LE DUC.

Où pourrai-je la voir ?

LORENZO.

Dans ma chambre, seigneur ; je ferai mettre des rideaux blancs à mon lit et un pot de réséda sur ma table ; après quoi je coucherai par écrit sur votre calepin que ma tante sera en chemise à minuit précis, afin que vous ne l'oubliiez pas après souper.

LE DUC.

Je n'en ai garde. Peste ! Catherine est un morceau de roi. Eh ! dis-moi, habile garçon, tu es vraiment sûr qu'elle viendra ? Comment t'y es-tu pris ?

LORENZO.

Je vous dirai cela.

LE DUC.

Je m'en vais voir un cheval que je viens d'acheter ; adieu et à ce soir. Viens me prendre après souper ; nous irons ensemble à ta maison ; quant à la Cibo, j'en ai par-dessus les oreilles ; hier encore, il a fallu l'avoir sur le dos pendant toute la chasse. Bonsoir, mignon.

Il sort.

LORENZO, seul.

Ainsi, c'est convenu. Ce soir je l'emmène chez moi, et demain les républicains verront ce qu'ils ont à faire, car le duc de Florence sera mort. Il faut que j'avertisse Scoronconcolo. Dépêche-toi, soleil, si tu es curieux des nouvelles que cette nuit te dira demain.

Il sort.

## SCÈNE II

*Une rue.*

**PIERRE** ET **THOMAS STROZZI**, sortant de prison.

#### PIERRE.

J'étais bien sûr que les Huit me renverraient absous, et toi aussi. Viens, frappons à notre porte, et allons embrasser notre père. Cela est singulier; les volets sont fermés!

#### LE PORTIER, ouvrant.

Hélas! seigneur, vous savez les nouvelles.

#### PIERRE.

Quelles nouvelles? Tu as l'air d'un spectre qui sort d'un tombeau, à la porte de ce palais désert.

#### LE PORTIER.

Est-il possible que vous ne sachiez rien?

*Deux moines arrivent.*

#### THOMAS.

Et que pourrions-nous savoir? Nous sortons de prison. Parle; qu'est-il arrivé?

#### LE PORTIER.

Hélas! mes pauvres seigneurs, cela est horrible à dire.

#### LES MOINES, s'approchant.

Est-ce ici le palais des Strozzi?

LE PORTIER.

Oui; que demandez-vous?

LES MOINES.

Nous venons chercher le corps de Louise Strozzi. Voilà l'autorisation de Philippe, afin que vous nous laissiez l'emporter.

PIERRE.

Comment dites-vous? Quel corps demandez-vous?

LES MOINES.

Éloignez-vous, mon enfant, vous portez sur votre visage la ressemblance de Philippe; il n'y a rien de bon à apprendre ici pour vous.

THOMAS.

Comment? elle est morte! morte, ô Dieu du ciel!

<small>Il s'assoit à l'écart.</small>

PIERRE.

Je suis plus ferme que vous ne pensez. Qui a tué ma sœur? car on ne meurt pas à son âge, dans l'espace d'une nuit, sans une cause surnaturelle. Qui l'a tuée, que je le tue? Répondez-moi, ou vous êtes mort vous-même.

LE PORTIER.

Hélas! hélas! qui peut le dire? Personne n'en sait rien.

PIERRE.

Où est mon père? Viens, Thomas; point de larmes. Par le ciel! mon cœur se serre comme s'il allait s'ossifier dans mes entrailles, et rester un rocher pour l'éternité.

LES MOINES.

Si vous êtes le fils de Philippe, venez avec nous, nous vous conduirons à lui; il est depuis hier à notre couvent.

PIERRE.

Et je ne saurai pas qui a tué ma sœur! Écoutez-moi, prêtres; si vous êtes l'image de Dieu, vous pouvez recevoir un serment. Par tout ce qu'il y a d'instruments de supplice sous le ciel, par les tortures de l'enfer… Non; je ne veux pas dire un mot. Dépêchons-nous, que je voie mon père. O Dieu! ô Dieu! faites que ce que je soupçonne soit la vérité, afin que je les broie sous mes pieds comme des grains de sable. Venez, venez, avant que je perde la force; ne me dites pas un mot : il s'agit là d'une vengeance, voyez-vous! telle que la colère céleste n'en a pas rêvé.

Ils sortent.

## SCÈNE III

Une rue.

LORENZO, SCORONCONCOLO.

LORENZO.

Rentre chez toi, et ne manque pas de venir à minuit; tu t'enfermeras dans mon cabinet jusqu'à ce qu'on vienne t'avertir.

SCORONCONCOLO.

Oui, monseigneur.

Il sort.

LORENZO, seul.

De quel tigre a rêvé ma mère enceinte de moi? Quand je pense que j'ai aimé les fleurs, les prairies et les sonnets de Pétrarque, le spectre de ma jeunesse se lève devant moi en frissonnant. O Dieu! pourquoi ce seul mot : « A ce soir, » fait-il pénétrer jusque dans mes os cette joie brûlante comme un fer rouge? De quelles entrailles fauves, de quels velus embrassements suis-je donc sorti? Que m'avait fait cet homme? Quand je pose ma main là, et que je réfléchis, — qui donc m'entendra dire demain : « Je l'ai tué », sans me répondre : « Pourquoi l'as-tu tué? » Cela est étrange. Il a fait du mal aux autres, mais il m'a fait du bien, du moins à sa manière. Si j'étais resté tranquille au fond de mes solitudes de Cafaggiuolo, il ne serait pas venu m'y chercher, et moi je suis venu le chercher à Florence. Pourquoi cela? Le spectre de mon père me conduisait-il, comme Oreste, vers un nouvel Égiste? M'avait-il offensé alors? Cela est étrange, et cependant pour cette action j'ai tout quitté; la seule pensée de ce meurtre a fait tomber en poussière les rêves de ma vie; je n'ai plus été qu'une ruine, dès que ce meurtre, comme un corbeau sinistre, s'est posé sur ma route et m'a appelé à lui. Que veut dire cela? Tout à l'heure, en passant sur la place, j'ai entendu deux hommes parler d'une comète. Sont-ce bien les battements d'un cœur humain que je sens là, sous les os de ma poitrine ? Ah ! pourquoi cette idée me vient-elle si souvent depuis quelque temps ? Suis-je le bras de Dieu ? Y a-t-il une nuée au-dessus de ma tête ? Quand j'entrerai dans cette chambre, et que je voudrai tirer mon épée du fourreau, j'ai peur de tirer l'épée flamboyante de l'archange, et de tomber en cendres sur ma proie.

Il sort.

## .SCÈNE IV

Chez le marquis de Cibo.

Entrent LE CARDINAL et LA MARQUISE.

LA MARQUISE.

Comme vous voudrez, Malaspina.

LE CARDINAL.

Oui, comme je voudrai. Pensez-y à deux fois, marquise, avant de vous jouer à moi. Êtes-vous une femme comme les autres, et faut-il qu'on ait une chaîne d'or au cou et un mandat à la main pour que vous compreniez qui on est ? Attendez-vous qu'un valet crie à tue-tête en ouvrant une porte devant moi, pour savoir quelle est ma puissance ? Apprenez-le : ce ne sont pas les titres qui font l'homme ; je ne suis ni envoyé du pape ni capitaine de Charles-Quint, je suis plus que cela.

LA MARQUISE.

Oui, je le sais : César a vendu son ombre au diable ; cette ombre impériale se promène, affublée d'une robe rouge, sous le nom de Cibo.

LE CARDINAL.

Vous êtes la maîtresse d'Alexandre, songez à cela ; et votre secret est entre mes mains.

LA MARQUISE.

Faites-en ce qu'il vous plaira ; nous verrons l'usage qu'un confesseur sait faire de sa conscience.

LE CARDINAL.

Vous vous trompez, ce n'est pas par votre confession que je l'ai appris ; je l'ai vu de mes propres yeux : je vous ai vue embrasser le duc. Vous me l'auriez avoué au confessionnal que je pourrais encore en parler sans péché, puisque je l'ai vu hors du confessionnal.

LA MARQUISE.

Eh bien ! après ?

LE CARDINAL.

Pourquoi le duc vous quittait-il d'un pas si nonchalant, et en soupirant comme un écolier quand la cloche sonne ? Vous l'avez rassasié de votre patriotisme, qui, comme une fade boisson, se mêle à tous les mets de votre table ; quels livres avez-vous lus, et quelle sotte duègne était donc votre gouvernante, pour que vous ne sachiez pas que la maîtresse d'un roi parle ordinairement d'autre chose que de patriotisme ?

LA MARQUISE.

J'avoue que l'on ne m'a jamais appris bien nettement de quoi devait parler la maîtresse d'un roi; j'ai négligé de m'instruire sur ce point, comme aussi, peut-être, de manger du riz pour m'engraisser, à la mode turque.

LE CARDINAL.

Il ne faut pas une grande science pour garder un amant un peu plus de trois jours.

LA MARQUISE.

Qu'un prêtre eût appris cette science à une femme, cela eût été fort simple : que ne m'avez-vous conseillée?

LE CARDINAL.

Voulez-vous que je vous conseille? Prenez votre manteau, et allez vous glisser dans l'alcôve du duc. S'il s'attend à des phrases en vous voyant, prouvez-lui que vous savez n'en pas faire à toutes les heures; soyez pareille à une somnambule, et faites en sorte que, s'il s'endort sur ce cœur républicain, ce ne soit pas d'ennui. Êtes-vous vierge? n'y a-t-il plus de vin de Chypre? n'avez-vous pas au fond de la mémoire quelque joyeuse chanson? n'avez-vous pas lu l'Arétin?

LA MARQUISE.

O ciel! j'ai entendu murmurer des mots comme ceux-là à de hideuses vieilles qui grelottent sur le Marché-Neuf. Si vous n'êtes pas un prêtre, êtes-vous un homme? êtes-vous sûr que le ciel est vide, pour faire ainsi rougir votre pourpre elle-même.

## LE CARDINAL.

Il n'y a rien de si vertueux que l'oreille d'une femme dépravée. Feignez ou non de me comprendre, mais souvenez-vous que mon frère est votre mari.

## LA MARQUISE.

Quel intérêt vous avez à me torturer ainsi, voilà ce que je ne puis comprendre que vaguement. Vous me faites horreur : que voulez-vous de moi?

## LE CARDINAL.

Il y a des secrets qu'une femme ne doit pas savoir, mais qu'elle peut faire prospérer en en sachant les éléments.

## LA MARQUISE.

Quel fil mystérieux de vos sombres pensées voudriez-vous me faire tenir? Si vos désirs sont aussi effrayants que vos menaces, parlez; montrez-moi du moins le cheveu qui suspend l'épée sur ma tête.

## LE CARDINAL.

Je ne puis parler qu'en termes couverts, par la raison que je ne suis pas sûr de vous. Qu'il vous suffise de savoir que, si vous eussiez été une autre femme, vous seriez une reine à l'heure qu'il est. Puisque vous m'appelez l'ombre de César, vous auriez vu qu'elle est assez grande pour intercepter le soleil de Florence. Savez-vous où peut conduire un sourire féminin? Savez-vous où vont les fortunes dont les racines poussent dans les alcôves? Alexandre est fils d'un pape, apprenez-le; et quand ce pape était à Bologne... Mais je me laisse entraîner trop loin.

LA MARQUISE.

Prenez garde de vous confesser à votre tour. Si vous êtes frère de mon mari, je suis maîtresse d'Alexandre.

LE CARDINAL.

Vous l'avez été, marquise, et bien d'autres aussi.

LA MARQUISE.

Je l'ai été; oui, Dieu merci! je l'ai été.

LE CARDINAL.

J'étais sûr que vous commenceriez par vos rêves; il faudra cependant que vous en veniez quelque jour aux miens. Écoutez-moi : nous nous querellons assez mal à propos; mais, en vérité, vous prenez tout au sérieux. Réconciliez-vous avec Alexandre, et puisque je vous ai blessée tout à l'heure en vous disant comment, je n'ai que faire de le répéter. Laissez-vous conduire; dans un an, dans deux ans, vous me remercierez. J'ai travaillé longtemps pour être ce que je suis, et je sais où l'on peut aller. Si j'étais sûr de vous, je vous dirais des choses que Dieu lui-même ne saura jamais.

LA MARQUISE.

N'espérez rien, et soyez assuré de mon mépris.

Elle veut sortir.

LE CARDINAL.

Un instant! pas si vite! N'entendez-vous pas le bruit d'un cheval? mon frère ne doit-il pas venir aujourd'hui ou demain? me connaissez-vous pour un homme qui a deux paroles? Allez au palais ce soir, ou vous êtes perdue.

LA MARQUISE.

Mais enfin, que vous soyez ambitieux, que tous les moyens vous soient bons, je le conçois; mais parlerez-vous plus clairement? Voyons, Malaspina, je ne veux pas désespérer tout à fait de ma perversion. Si vous pouvez me convaincre, faites-le, — parlez-moi franchement. Quel est votre but?

LE CARDINAL.

Vous ne désespérez pas de vous laisser convaincre, n'est-il pas vrai? Me prenez-vous pour un enfant, et croyez-vous qu'il suffise de me frotter les lèvres de miel pour me les desserrer? Agissez d'abord, je parlerai après. Le jour où, comme femme, vous aurez pris l'empire nécessaire, non pas sur l'esprit d'Alexandre duc de Florence, mais sur le cœur d'Alexandre votre amant, je vous apprendrai le reste, et vous saurez ce que j'attends.

LA MARQUISE.

Ainsi donc, quand j'aurai lu l'Arétin pour me donner une première expérience, j'aurai à lire, pour en acquérir une seconde, le livre secret de vos pensées? Voulez-vous que je vous dise, moi, ce que vous n'osez pas me dire? Vous servez le pape, jusqu'à ce que l'empereur trouve que vous êtes meilleur valet que le pape lui-même. Vous espérez qu'un jour César vous devra bien réellement, bien complètement l'esclavage de l'Italie, et ce jour-là, — oh! ce jour-là, n'est-il pas vrai? celui qui est le roi de la moitié du monde pourrait bien vous donner en récompense le chétif héritage des cieux. Pour gouverner Florence en gouvernant le duc, vous vous feriez femme tout à l'heure, si vous pouviez. Quand la pauvre Ricciarda Cibo aura fait faire deux ou trois coups d'État à Alexandre, on aura bientôt ajouté que Ricciarda Cibo mène le duc, mais qu'elle est menée par son beau-frère; et, comme vous dites, qui sait jusqu'où les larmes des peuples, devenues un océan, pourraient lancer votre barque? Est-ce à peu près cela? Mon imagination ne peut aller aussi loin que la vôtre, sans doute; mais je crois que c'est à peu près cela.

LE CARDINAL.

Allez ce soir chez le duc, ou vous êtes perdue.

LA MARQUISE.

Perdue? et comment?

LE CARDINAL.

Ton mari saura tout.

LA MARQUISE.

Faites-le, faites-le, je me tuerai.

LE CARDINAL.

Menace de femme! Écoutez, et ne vous jouez pas à moi. Que vous m'ayez compris bien ou mal, allez ce soir chez le duc.

LA MARQUISE.

Non.

## ACTE IV, SCÈNE IV.

LE CARDINAL.

Voilà votre mari qui entre dans la cour. Par tout ce qu'il y a de sacré au monde, je lui raconte tout, si vous dites non encore une fois.

LA MARQUISE.

Non, non, non !

Entre le marquis.

Laurent, pendant que vous étiez à Massa, je me suis livrée à Alexandre, je me suis livrée, sachant qui il était, et quel rôle misérable j'allais jouer. Mais voilà un prêtre qui veut m'en faire jouer un plus vil encore ; il me propose des horreurs pour m'assurer le titre de maîtresse du duc, et le tourner à son profit.

Elle se jette à genoux.

LE MARQUIS.

Êtes-vous folle ? Que veut-elle dire, Malaspina ? — Eh bien ! vous voilà comme une statue. Ceci est-il une comédie, cardinal ? Eh bien donc ! que faut-il que j'en pense ?

LE CARDINAL.

Ah ! corps du Christ !

Il sort.

LE MARQUIS.

Elle est évanouie. Holà ! qu'on apporte du vinaigre !

## SCÈNE V

La chambre de Lorenzo.

**LORENZO, DEUX DOMESTIQUES.**

LORENZO.

Quand vous aurez placé ces fleurs sur la table et celles-ci au pied du lit, vous ferez un bon feu, mais de manière à ce que cette nuit la flamme ne flambe pas, et que les charbons échauffent sans éclairer. Vous me donnerez la clef, et vous irez vous coucher.

*Entre Catherine.*

CATHERINE.

Notre mère est malade; ne viens-tu pas la voir, Renzo?

LORENZO.

Ma mère est malade?

CATHERINE.

Hélas! je ne puis te cacher la vérité. J'ai reçu hier un billet du duc, dans lequel il me disait que tu avais dû me parler d'amour pour lui; cette lecture a fait bien du mal à Marie.

LORENZO.

Cependant je ne t'avais pas parlé de cela. N'as-tu pas pu lui dire que je n'étais pour rien là-dedans?

CATHERINE.

Je le lui ai dit. Pourquoi ta chambre est-elle aujourd'hui si belle et en si bon état? je ne croyais pas que l'esprit d'ordre fût ton majordome.

LORENZO.

Le duc t'a donc écrit? Cela est singulier que je ne l'aie point su. Et, dis-moi, que penses-tu de sa lettre?

CATHERINE.

Ce que j'en pense?

LORENZO.

Oui, de la déclaration d'Alexandre. Qu'en pense ce petit cœur innocent?

CATHERINE.

Que veux-tu que j'en pense?

LORENZO.

N'as-tu pas été flattée? un amour qui fait l'envie de tant de femmes! un titre si beau à conquérir, la maîtresse de... Va-t'en, Catherine, va dire à ma mère que je te suis. Sors d'ici. Laisse-moi!

Catherine sort.

Par le ciel! quel homme de cire suis-je donc? Le vice, comme la robe de Déjanire, s'est-il si profondément incorporé à mes fibres, que je ne puisse plus répondre de ma langue, et que l'air qui sort de mes lèvres se fasse ruffian malgré moi? J'allais corrompre Catherine; je crois que je corromprais ma mère, si mon cerveau le prenait à tâche; car Dieu sait quelle corde et quel arc les dieux ont tendus dans ma tête, et quelle force ont les flèches qui en partent. Si tous les hommes sont des parcelles d'un foyer immense, assurément l'être inconnu qui m'a pétri a laissé tomber un tison au lieu d'une étincelle dans ce corps faible et chancelant. Je puis délibérer et choisir, mais non revenir sur mes pas quand j'ai choisi. O Dieu ! les jeunes gens à la mode ne se font-ils pas une gloire d'être vicieux, et les enfants qui sortent du collège ont-ils quelque chose de plus pressé que de se pervertir ? Quel bourbier doit donc être l'espèce humaine qui se rue ainsi dans les tavernes avec des lèvres affamées de débauche, quand moi, qui n'ai voulu prendre qu'un masque pareil à leurs visages, et qui ai été aux mauvais lieux avec une résolution inébranlable de rester pur sous mes vêtements souillés, je ne puis ni me retrouver moi-même, ni laver mes mains, même avec du sang ! Pauvre Catherine ! tu mourrais cependant comme Louise Strozzi, ou tu te laisserais tomber comme tant d'autres dans l'éternel abîme, si je n'étais pas là. O Alexandre ! je ne suis pas dévot, mais je voudrais, en vérité, que tu fisses ta prière avant de venir ce soir dans cette chambre. Catherine n'est-elle pas vertueuse, irréprochable ? Combien faudrait-il pourtant de paroles pour faire de cette colombe ignorante la proie de ce gladiateur aux poils roux ? Quand je pense que j'ai failli parler ! Que de filles maudites par leurs pères rôdent au coin des bornes, ou regardent leur tête rasée dans le miroir cassé d'une cellule, qui ont valu autant que Catherine, et qui ont écouté un ruffian moins habile que moi ! Hé bien ! j'ai commis bien des crimes, et si ma vie est jamais dans la balance d'un juge quelconque, il y aura d'un côté une montagne de sanglots; mais il y aura peut-être de l'autre une goutte de lait pur tombée du sein de Catherine, et qui aura nourri d'honnêtes enfants.

Il sort.

## SCÈNE VI

*Une vallée; un couvent dans le fond.*

Entrent PHILIPPE STROZZI ET DEUX MOINES; des novices portent le cercueil de Louise; ils le posent dans un tombeau.

### PHILIPPE.

Avant de la mettre dans son dernier lit, laissez-moi l'embrasser. Lorsqu'elle était couchée, c'est ainsi que je me penchais sur elle pour lui donner le baiser du soir. Ses yeux mélancoliques étaient ainsi fermés à demi; mais ils se rouvraient au premier rayon du soleil, comme deux fleurs d'azur; elle se levait doucement, le sourire sur les lèvres, et elle venait rendre à son vieux père son baiser de la veille. Sa figure céleste rendait délicieux un moment bien triste, le réveil d'un homme fatigué de la vie. Un jour de plus, pensais-je en voyant l'aurore, un sillon de plus dans mon champ! Mais alors j'apercevais ma fille, la vie m'apparaissait sous la forme de sa beauté, et la clarté du jour était la bienvenue.

On ferme le tombeau.

### PIERRE STROZZI, derrière la scène.

Par ici, venez par ici.

#### PHILIPPE.

Tu ne te lèveras plus de ta couche; tu ne poseras pas tes pieds nus sur ce gazon pour revenir trouver ton père. O ma Louise! il n'y a que Dieu qui a su qui tu étais, et moi, moi, moi!

#### PIERRE, entrant.

Ils sont cent à Sestino qui arrivent du Piémont. Venez, Philippe; le temps des larmes est passé.

#### PHILIPPE.

Enfant, sais-tu ce que c'est que le temps des larmes?

#### PIERRE.

Les bannis se sont rassemblés à Sestino; il est temps de penser à la vengeance; marchons franchement sur Florence avec notre petite armée. Si nous pouvons arriver à propos pendant la nuit et surprendre les postes de la citadelle, tout est dit. Par le ciel! j'élèverai à ma sœur un autre mausolée que celui-là.

#### PHILIPPE.

Non pas moi; allez sans moi, mes amis.

#### PIERRE.

Nous ne pouvons nous passer de vous; sachez-le, les confédérés comptent sur votre nom; François I$^{er}$ lui-même attend de vous un mouvement en faveur de la liberté. Il vous écrit comme au chef des républicains florentins; voilà sa lettre.

#### PHILIPPE ouvre la lettre.

Dis à celui qui t'a apporté cette lettre qu'il réponde

ceci au roi de France : Le jour où Philippe portera les armes contre son pays, il sera devenu fou.

PIERRE.

Quelle est cette nouvelle sentence ?

PHILIPPE.

Celle qui me convient.

PIERRE.

Ainsi vous perdez la cause des bannis pour le plaisir de faire une phrase ! Prenez garde, mon père, il ne s'agit pas là d'un passage de Pline ; réfléchissez avant de dire non.

PHILIPPE.

Il y a soixante ans que je sais ce que je devais répondre à la lettre du roi de France.

PIERRE.

Cela passe toute idée ! vous me forceriez à vous dire de certaines choses. Venez avec nous, mon père, je vous en supplie. Lorsque j'allais chez les Pazzi, ne m'avez-vous pas dit : Emmène-moi ? Cela était-il différent alors ?

PHILIPPE.

Très différent. Un père offensé, qui sort de sa maison l'épée à la main, avec ses amis, pour aller réclamer justice, est très différent d'un rebelle qui porte les armes contre son pays, en rase campagne et au mépris des lois.

PIERRE.

Il s'agissait bien de réclamer justice ! il s'agissait

d'assommer Alexandre ! Qu'est-ce qu'il y a de changé aujourd'hui ? Vous n'aimez pas votre pays, ou sans cela vous profiteriez d'une occasion comme celle-ci.

PHILIPPE.

Une occasion, mon Dieu ! cela une occasion !

Il frappe le tombeau.

PIERRE.

Laissez-vous fléchir.

PHILIPPE.

Je n'ai pas une douleur ambitieuse ; laisse-moi seul, j'en ai assez dit.

PIERRE.

Vieillard obstiné ! inexorable faiseur de sentences ! vous serez cause de notre perte.

PHILIPPE.

Tais-toi, insolent ! sors d'ici !

PIERRE.

Je ne puis dire ce qui se passe en moi. Allez où il vous plaira, nous agirons sans vous cette fois. Eh ! mort de Dieu ! il ne sera pas dit que tout soit perdu faute d'un traducteur de latin !

Il sort.

PHILIPPE.

Ton jour est venu, Philippe ! tout cela signifie que ton jour est venu.

Il sort.

## SCÈNE VII

Le bord de l'Arno; un quai. On voit une longue suite de palais.

Entre LORENZO.

Voilà le soleil qui se couche; je n'ai pas de temps à perdre, et cependant tout ressemble ici à du temps perdu.

Il frappe à une porte.

Holà! seigneur Alamanno! holà!

ALAMANNO, sur sa terrasse.

Qui est là? que me voulez-vous?

LORENZO.

Je viens vous avertir que le duc doit être tué cette nuit; prenez vos mesures pour demain avec vos amis, si vous aimez la liberté.

ALAMANNO.

Par qui doit être tué Alexandre?

LORENZO.

Par Lorenzo de Médicis.

ALAMANNO.

C'est toi, Renzinaccio? Eh! entre donc souper avec de bons vivants qui sont dans mon salon.

LORENZO.

Je n'ai pas le temps; préparez-vous à agir demain.

ALAMANNO.

Tu veux tuer le duc, toi ? Allons donc ! tu as un coup de vin dans la tête.

Il sort.

LORENZO, seul.

Peut-être que j'ai tort de leur dire que c'est moi qui tuerai Alexandre, car tout le monde refuse de me croire.

Il frappe à une autre porte.

Holà! seigneur Pazzi ! holà !

PAZZI, sur sa terrasse.

Qui m'appelle ?

LORENZO.

Je viens vous dire que le duc sera tué cette nuit ; tâchez d'agir demain pour la liberté de Florence.

PAZZI.

Qui doit tuer le duc ?

LORENZO.

Peu importe, agissez toujours, vous et vos amis. Je ne puis vous dire le nom de l'homme.

PAZZI.

Tu es fou, drôle, va-t'en au diable !

Il sort.

LORENZO, seul.

Il est clair que, si je ne dis pas que c'est moi, on me croira encore bien moins.

Il frappe à une porte.

Holà ! seigneur Corsini !

LE PROVÉDITEUR, sur sa terrasse.

Qu'est-ce donc ?

LORENZO.

Le duc Alexandre sera tué cette nuit.

LE PROVÉDITEUR.

Vraiment, Lorenzo ! Si tu es gris, va plaisanter ailleurs. Tu m'as blessé bien mal à propos un cheval au bal des Nasi ; que le diable te confonde !

Il sort.

LORENZO.

Pauvre Florence ! pauvre Florence !

Il sort.

## SCÈNE VIII

Une plaine.

Entrent PIERRE STROZZI ET DEUX BANNIS.

PIERRE.

Mon père ne veut pas venir. Il m'a été impossible de lui faire entendre raison.

PREMIER BANNI.

Je n'annoncerai pas cela à mes camarades : il y a de quoi les mettre en déroute.

PIERRE.

Pourquoi ? Montez à cheval ce soir, et allez bride abattue à Sestino ; j'y serai demain matin. Dites que Philippe a refusé, mais que Pierre ne refuse pas.

#### PREMIER BANNI.

Les confédérés veulent le nom de Philippe : nous ne ferons rien sans cela.

#### PIERRE.

Le nom de famille de Philippe est le même que le mien ; dites que Strozzi viendra, cela suffit.

#### PREMIER BANNI.

On me demandera lequel des Strozzi, et si je ne réponds pas : Philippe, rien ne se fera.

#### PIERRE.

Imbécile ! fais ce qu'on te dit, et ne réponds que pour toi-même. Comment sais-tu d'avance que rien ne se fera ?

#### PREMIER BANNI.

Seigneur, il ne faut pas maltraiter les gens.

#### PIERRE.

Allons ! monte à cheval, et va à Sestino.

#### PREMIER BANNI.

Ma foi, monsieur, mon cheval est fatigué ! j'ai fait douze lieues dans la nuit. Je n'ai pas envie de le seller à cette heure.

#### PIERRE.

Tu n'es qu'un sot.

*A l'autre banni.*

Allez-y, vous : vous vous y prendrez mieux.

#### DEUXIÈME BANNI.

Le camarade n'a pas tort pour ce qui regarde Philippe; il est certain que son nom ferait bien pour la cause.

PIERRE.

Lâches! manants sans cœur! ce qui fait bien pour la cause, ce sont vos femmes et vos enfants qui meurent de faim, entendez-vous? Le nom de Philippe leur remplira la bouche, mais il ne leur remplira pas le ventre. Quels pourceaux êtes-vous!.

DEUXIÈME BANNI.

Il est impossible de s'entendre avec un homme aussi grossier; allons-nous-en, camarade.

PIERRE.

Va au diable, canaille! et dis à tes confédérés que, s'ils ne veulent pas de moi, le roi de France en veut, lui; et qu'ils prennent garde qu'on ne me donne la main haute sur vous tous!

DEUXIÈME BANNI, à l'autre.

Viens, camarade, allons souper; je suis, comme toi, excédé de fatigue.

Ils sortent.

## SCÈNE IX

Une place; il est nuit.

Entre LORENZO.

Je lui dirai que c'est un motif de pudeur, et j'emporterai la lumière; — cela se fait tous les jours; —

une nouvelle mariée, par exemple, exige cela de son mari pour entrer dans la chambre nuptiale, et Catherine passe pour très vertueuse. — Pauvre fille ! qui l'est sous le soleil, si elle ne l'est pas ? Que ma mère mourût de tout cela, voilà ce qui pourrait arriver.

Ainsi donc, voilà qui est fait. Patience ! une heure est une heure, et l'horloge vient de sonner. Si vous y tenez cependant ? — Mais non, pourquoi ? Emporte le flambeau si tu veux : la première fois qu'une femme se donne, cela est tout simple. — Entrez donc, chauffez-vous donc un peu. — Oh ! mon Dieu, oui, pur caprice de jeune fille. — Et quel motif de croire à ce meurtre ? Cela pourra les étonner, même Philippe.

Te voilà, toi, face livide ?

<small>La lune paraît.</small>

Si les républicains étaient des hommes, quelle révolution demain dans la ville ! Mais Pierre est un ambitieux ; les Ruccellai seuls valent quelque chose. — Ah ! les mots, les mots, les éternelles paroles ! S'il y a quelqu'un là-haut, il doit bien rire de nous tous ; cela est très comique, très comique, vraiment. — O bavardage humain ! ô grand tueur de corps morts ! grand défonceur de portes ouvertes ! ô hommes sans bras !

Non ! non ! je n'emporterai pas la lumière. — J'irai droit au cœur ; il se verra tuer... Sang du Christ ! on se mettra demain aux fenêtres.

Pourvu qu'il n'ait pas imaginé quelque cuirasse nouvelle, quelque cotte de mailles. Maudite invention !

Lutter avec Dieu et le diable, cela n'est rien; mais lutter avec des bouts de ferraille croisés les uns sur les autres par la main sale d'un armurier! — Je passerai le second pour entrer; il posera son épée là, — ou là, — oui, sur le canapé. — Quant à l'affaire du baudrier à rouler autour de la garde, cela est aisé. S'il pouvait lui prendre fantaisie de se coucher, voilà où serait le vrai moyen. Couché, assis ou debout? Assis plutôt. Je commencerai par sortir. Scoronconcolo est enfermé dans le cabinet. Alors nous venons, nous venons. Je ne voudrais pourtant pas qu'il tournât le dos. J'irai à lui tout droit. Allons! la paix, la paix! l'heure va venir. — Il faut que j'aille dans quelque cabaret; je ne m'aperçois pas que je prends du froid; je boirai une bouteille. — Non, je ne veux pas boire. Où diable vais-je donc? les cabarets sont fermés.

Est-elle bonne fille? — Oui, vraiment. — En chemise? — Oh! non, non, je ne le pense pas. — Pauvre Catherine! — Que ma mère mourût de tout cela, ce serait triste. Et quand je lui aurais dit mon projet, qu'aurais-je pu y faire? au lieu de la consoler, cela lui aurait fait dire : « Crime, crime! » jusqu'à son dernier soupir.

Je ne sais pourquoi je marche, je tombe de lassitude.

Il s'assoit.

Pauvre Philippe! une fille belle comme le jour! Une seule fois je me suis assis près d'elle sous le marronnier; ces petites mains blanches, comme cela travaillait! Que de journées j'ai passées, moi, assis sous les arbres!

Ah ! quelle tranquillité ! quel horizon à Cafaggiuolo ! Jeannette était jolie, la petite fille du concierge, en faisant sécher sa lessive. Comme elle chassait les chèvres qui venaient marcher sur son linge étendu sur le gazon ! la chèvre blanche revenait toujours, avec ses grandes pattes menues.

*Une horloge sonne.*

Ah ! ah ! il faut que j'aille là-bas. — Bonsoir, mignon ; eh ! trinque donc avec Giomo. — Bon vin ! Cela serait plaisant qu'il lui vînt à l'idée de me dire : « Ta chambre est-elle retirée ? entendra-t-on quelque chose du voisinage ? » Cela serait plaisant. Ah ! on y a pourvu. Oui, cela serait drôle qu'il lui vînt cette idée.

Je me trompe d'heure ; ce n'est que la demie. Quelle est donc cette lumière sous le portique de l'église ? on taille, on remue des pierres. Il paraît que ces hommes sont courageux avec les pierres. Comme ils coupent ! comme ils enfoncent ! Ils font un crucifix ; avec quel courage ils le clouent ! Je voudrais voir que leur cadavre de marbre les prît tout d'un coup à la gorge.

Eh bien ! eh bien ! quoi donc ? j'ai des envies de danser qui sont incroyables. Je crois, si je m'y laissais aller, que je sauterais comme un moineau sur tous ces gros plâtras et sur toutes ces poutres. Eh, mignon ! eh, mignon ! mettez vos gants neufs, un plus bel habit que cela ; tra la la ! faites-vous beau, la mariée est belle. Mais, je vous le dis à l'oreille, prenez garde à son petit couteau.

*Il sort en courant.*

## SCÈNE X

Chez le duc.

LE DUC, à souper; GIOMO. — Entre le cardinal CIBO.

LE CARDINAL.

Altesse, prenez garde à Lorenzo.

LE DUC.

Vous voilà, cardinal! asseyez-vous donc, et prenez donc un verre.

LE CARDINAL.

Prenez garde à Lorenzo, duc. Il a été demander ce soir à l'évêque de Marzi la permission d'avoir des chevaux de poste cette nuit.

LE DUC.

Cela ne se peut pas.

LE CARDINAL.

Je le tiens de l'évêque lui-même.

LE DUC.

Allons donc! je vous dis que j'ai de bonnes raisons pour savoir que cela ne se peut pas.

LE CARDINAL.

Me faire croire est peut-être impossible; je remplis mon devoir en vous avertissant.

LE DUC.

Quand cela serait vrai, que voyez-vous d'effrayant à cela? Il va peut-être à Cafaggiuolo.

LE CARDINAL.

Ce qu'il y a d'effrayant, monseigneur, c'est qu'en passant sur la place pour venir ici, je l'ai vu de mes yeux sauter sur des poutres et des pierres comme un fou. Je l'ai appelé, et je suis forcé d'en convenir, son regard m'a fait peur. Soyez certain qu'il mûrit dans sa tête quelque projet pour cette nuit.

LE DUC.

Et pourquoi ces projets me seraient-ils dangereux?

LE CARDINAL.

Faut-il tout dire, même quand on parle d'un favori? Apprenez qu'il a dit ce soir à deux personnes de ma connaissance, publiquement sur leur terrasse, qu'il vous tuerait cette nuit.

LE DUC.

Buvez donc un verre de vin, cardinal. Est-ce que vous ne savez pas que Renzo est ordinairement gris au coucher du soleil?

Entre Sire Maurice.

SIRE MAURICE.

Altesse, défiez-vous de Lorenzo. Il a dit à trois de mes amis, ce soir, qu'il voulait vous tuer cette nuit.

LE DUC.

Et vous aussi, brave Maurice, vous croyez aux fables? je vous croyais plus homme que cela.

SIRE MAURICE.

Votre Altesse sait si je m'effraye sans raison. Ce que je dis, je puis le prouver.

ACTE IV, SCÈNE X.

LE DUC.

Asseyez-vous donc, et trinquez avec le cardinal ; vous ne trouverez pas mauvais que j'aille à mes affaires.

Entre Lorenzo.

Eh bien ! mignon, est-il déjà temps ?

LORENZO.

Il est minuit tout à l'heure.

LE DUC.

Qu'on me donne mon pourpoint de zibeline !

LORENZO.

Dépêchons-nous ! votre belle est peut-être déjà au rendez-vous.

LE DUC.

Quels gants faut-il prendre ? ceux de guerre, ou ceux d'amour ?

LORENZO.

Ceux d'amour, Altesse.

LE DUC.

Soit, je veux être un vert galant.

Ils sortent.

SIRE MAURICE.

Que dites-vous de cela, cardinal ?

LE CARDINAL.

Que la volonté de Dieu se fait malgré les hommes.

Ils sortent.

## SCÈNE XI

La chambre de Lorenzo.

Entrent LE DUC ET LORENZO.

LE DUC.

Je suis transi, — il fait vraiment froid.

Il ôte son épée.

Eh bien! mignon, qu'est-ce que tu fais donc?

LORENZO.

Je roule votre baudrier autour de votre épée, et je la mets sous votre chevet. Il est bon d'avoir toujours une arme sous la main.

Il entortille le baudrier de manière à empêcher l'épée de sortir du fourreau.

LE DUC.

Tu sais que je n'aime pas les bavardes, et il m'est revenu que la Catherine était une belle parleuse. Pour éviter les conversations, je vais me mettre au lit. A propos, pourquoi donc as-tu fait demander des chevaux de poste à l'évêque de Marzi?

LORENZO.

Pour aller voir mon frère, qui est très malade, à ce qu'il m'écrit.

LE DUC.

Va donc chercher ta tante.

LORENZO.

Dans un instant.

Il sort.

## ACTE IV, SCÈNE XI.

LE DUC, seul.

Faire la cour à une femme qui vous répond oui lorsqu'on lui demande oui ou non, cela m'a toujours paru très sot, et tout à fait digne d'un Français. Aujourd'hui surtout que j'ai soupé comme trois moines, je serais incapable de dire seulement : « Mon cœur, » ou : « Mes chères entrailles, » à l'infante d'Espagne. Je veux faire semblant de dormir : ce sera peut-être cavalier, mais ce sera commode.

*Il se couche. — Lorenzo rentre l'épée à la main.*

LORENZO.

Dormez-vous, seigneur ?

*Il le frappe.*

LE DUC.

C'est toi, Renzo ?

LORENZO.

Seigneur, n'en doutez pas.

*Il le frappe de nouveau. — Entre Scoronconcolo.*

SCORONCONCOLO.

Est-ce fait ?

LORENZO.

Regarde, il m'a mordu au doigt. Je garderai jusqu'à la mort cette bague sanglante, inestimable diamant.

SCORONCONCOLO.

Ah ! mon Dieu ! c'est le duc de Florence !

LORENZO, *s'asseyant sur la fenêtre.*

Que la nuit est belle ! que l'air du ciel est pur ! Respire, respire, cœur navré de joie !

SCORONCONCOLO.

Viens, maître, nous en avons trop fait; sauvons-nous.

LORENZO.

Que le vent du soir est doux et embaumé! comme les fleurs des prairies s'entr'ouvrent! O nature magnifique! ô éternel repos!

SCORONCONCOLO.

Le vent va glacer sur votre visage la sueur qui en découle. Venez, seigneur.

LORENZO.

Ah! Dieu de bonté! quel moment!

SCORONCONCOLO, à part.

Son âme se dilate singulièrement. Quant à moi, je prendrai les devants.

Il veut sortir.

LORENZO.

Attends, tire ces rideaux. Maintenant, donne-moi la clef de cette chambre.

SCORONCONCOLO.

Pourvu que les voisins n'aient rien entendu!

LORENZO.

Ne te souviens-tu pas qu'ils sont habitués à notre tapage? Viens, partons.

Ils sortent.

FIN DE L'ACTE QUATRIÈME.

# ACTE CINQUIÈME

## SCÈNE PREMIÈRE

Au palais du duc.

Entrent VALORI, SIRE MAURICE ET GUICCIARDINI.
Une foule de courtisans circulent dans la salle et dans les environs.

SIRE MAURICE.

Giomo n'est pas revenu encore de son message; cela devient de plus en plus inquiétant.

GUICCIARDINI.

Le voilà qui entre dans la salle.

Entre Giomo.

SIRE MAURICE.

Eh bien! qu'as-tu appris?

GIOMO.

Rien du tout.

Il sort.

GUICCIARDINI.

Il ne veut pas répondre : le cardinal Cibo est enfermé dans le cabinet du duc; c'est à lui seul que les nouvelles arrivent.

Entre un autre messager.

Eh bien! le duc est-il retrouvé? sait-on ce qu'il est devenu?

LE MESSAGER.

Je ne sais pas.

Il entre dans le cabinet.

VALORI.

Quel événement épouvantable, messieurs, que cette disparition! point de nouvelles du duc! Ne disiez-vous pas, sire Maurice, que vous l'avez vu hier soir? Il ne paraissait pas malade?

Rentre Giomo.

GIOMO, à sire Maurice.

Je puis vous le dire à l'oreille, le duc est assassiné.

SIRE MAURICE.

Assassiné! par qui? où l'avez-vous trouvé?

GIOMO.

Où vous nous aviez dit : — dans la chambre de Lorenzo.

SIRE MAURICE.

Ah! sang du diable! Le cardinal le sait-il?

GIOMO.

Oui, Excellence.

SIRE MAURICE.

Que décide-t-il? qu'y a-t-il à faire? Déjà le peuple se porte en foule vers le palais; toute cette hideuse affaire a transpiré; nous sommes morts si elle se confirme; on nous massacrera.

Des valets portant des tonneaux pleins de vin et de comestibles passent dans le fond.

## ACTE V, SCÈNE I.

GUICCIARDINI.

Que signifie cela? va-t-on faire des distributions au peuple?

Entre un seigneur de la cour.

LE SEIGNEUR.

Le duc est-il visible, messieurs? Voilà un cousin à moi, nouvellement arrivé d'Allemagne, que je désire présenter à Son Altesse; soyez assez bons pour le voir d'un œil favorable.

GUICCIARDINI.

Répondez-lui, seigneur Valori; je ne sais que lui dire.

VALORI.

La salle se remplit à tout instant de ces complimenteurs du matin. Ils attendent tranquillement qu'on les admette.

SIRE MAURICE, à Giomo.

On l'a enterré là?

GIOMO.

Ma foi, oui, dans la sacristie. Que voulez-vous! si le peuple apprenait cette mort-là, elle pourrait en causer bien d'autres. Lorsqu'il en sera temps, on lui fera des obsèques publiques. En attendant, nous l'avons emporté dans un tapis.

VALORI.

Qu'allons-nous devenir?

PLUSIEURS SEIGNEURS, s'approchant.

Nous sera-t-il bientôt permis de présenter nos devoirs à Son Altesse? qu'en pensez-vous, messieurs?

### LE CARDINAL CIBO, entrant.

Oui, messieurs, vous pourrez entrer dans une heure ou deux ; le duc a passé la nuit à une mascarade, et il repose dans ce moment.

*Des valets suspendent des dominos aux croisées.*

### LES COURTISANS.

Retirons-nous ; le duc est encore couché. Il a passé la nuit au bal.

*Les courtisans se retirent. Entrent les Huit.*

### NICCOLINI.

Eh bien ! cardinal, qu'y a-t-il de décidé ?

### LE CARDINAL.

Primo avulso, non deficit alter
Aureus, et simili frondescit virga metallo.
*Il sort.*

### NICCOLINI.

Voilà qui est admirable ! mais qu'y a-t-il de fait ? Le duc est mort ; il faut en élire un autre, et cela le plus vite possible. Si nous n'avons pas un duc ce soir ou demain, c'en est fait de nous. Le peuple est en ce moment comme l'eau qui va bouillir.

### VETTORI.

Je propose Octavien de Médicis.

### CAPPONI.

Pourquoi ? il n'est pas le premier par les droits du sang.

### ACCIAIUOLI.

Si nous prenions le cardinal ?

SIRE MAURICE.

Plaisantez-vous?

RUCCELLAI.

Pourquoi, en effet, ne prendriez-vous pas le cardinal, vous qui le laissez, au mépris de toutes les lois, se déclarer seul juge de cette affaire?

VETTORI.

C'est un homme capable de la bien diriger?

RUCCELLAI.

Qu'il se fasse donner l'ordre du pape.

VETTORI.

C'est ce qu'il a fait; le pape a envoyé l'autorisation par un courrier que le cardinal a fait partir dans la nuit.

RUCCELLAI.

Vous voulez dire par un oiseau, sans doute; car un courrier commence par prendre le temps d'aller, avant d'avoir celui de revenir. Nous traite-t-on comme des enfants?

CANIGIANI, s'approchant.

Messieurs, si vous m'en croyez, voilà ce que nous ferons : nous élirons duc de Florence mon fils naturel Julien.

RUCCELLAI.

Bravo! un enfant de cinq ans! N'a-t-il pas cinq ans, Canigiani?

GUICCIARDINI, bas.

Ne voyez-vous pas le personnage? c'est le cardinal

qui lui met dans la tête cette sotte proposition; Cibo serait régent et l'enfant mangerait des gâteaux.

RUCCELLAI.

Cela est honteux; je sors de cette salle, si on y tient de pareils discours.

Entre CORSI.

Messieurs, le cardinal vient d'écrire à Côme de Médicis.

LES HUIT.

Sans nous consulter?

CORSI.

Le cardinal a écrit pareillement à Pise, à Arezzo et à Pistoie, aux commandants militaires. Jacques de Médicis sera demain ici avec le plus de monde possible; Alexandre Vitelli est déjà dans la forteresse avec la garnison entière. Quant à Lorenzo, il est parti trois courriers pour le joindre.

RUCCELLAI.

Qu'il se fasse duc tout de suite, votre cardinal; cela sera plus tôt fait.

CORSI.

Il m'est ordonné de vous prier de mettre aux voix l'élection de Côme de Médicis, sous le titre provisoire de gouverneur de la république florentine.

GIOMO, à des valets qui traversent la salle.

Répandez du sable autour de la porte, et n'épargnez pas le vin plus que le reste.

RUCCELLAI.

Pauvre peuple ! quel badaud on fait de toi !

SIRE MAURICE.

Allons ! messieurs, aux voix. Voici vos billets.

VETTORI.

Côme est en effet le premier en droit après Alexandre ; c'est son plus proche parent.

ACCIAIUOLI.

Quel homme est-ce ? je le connais fort peu.

CORSI.

C'est le meilleur prince du monde.

GUICCIARDINI.

Hé ! hé ! pas tout à fait cela. Si vous disiez le plus diffus et le plus poli des princes, ce serait plus vrai.

SIRE MAURICE.

Vos voix, seigneurs.

RUCCELLAI.

Je m'oppose à ce vote formellement, et au nom de tous les citoyens.

VETTORI.

Pourquoi ?

RUCCELLAI.

Il ne faut plus à la république ni princes, ni ducs, ni seigneurs ; voici mon vote.

Il montre son billet blanc.

VETTORI.

Votre voix n'est qu'une voix. Nous nous passerons de vous.

### RUCCELLAI.

Adieu donc; je m'en lave les mains.

###### GUICCIARDINI, courant après lui.

Eh! mon Dieu! Palla, vous êtes trop violent.

### RUCCELLAI.

Laissez-moi; j'ai soixante-deux ans passés; ainsi vous ne pouvez pas me faire grand mal désormais.

###### Il sort.

### NICCOLINI.

Vos voix, messieurs!

###### Il déplie les billets jetés dans un bonnet.

Il y a unanimité. Le courrier est-il parti pour Trebbio?

### CORSI.

Oui, Excellence. Côme sera ici dans la matinée de demain, à moins qu'il ne refuse.

### VETTORI.

Pourquoi refuserait-il?

### NICCOLINI.

Ah! mon Dieu! s'il allait refuser, que deviendrions-nous? quinze lieues à faire d'ici à Trebbio pour trouver Côme, et autant pour revenir, ce serait une journée de perdue. Nous aurions dû choisir quelqu'un qui fût plus près de nous.

### VETTORI.

Que voulez-vous! notre vote est fait, et il est probable qu'il acceptera. Tout cela est étourdissant.

###### Ils sortent.

## SCÈNE II

A Venise.

**PHILIPPE STROZZI,** dans son cabinet.

J'en étais sûr. —Pierre est en correspondance avec le roi de France; le voilà à la tête d'une espèce d'armée, et prêt à mettre le bourg à feu et à sang. C'est donc là ce qu'aura fait ce pauvre nom de Strozzi, qu'on a respecté si longtemps! il aura produit un rebelle et deux ou trois massacres. O ma Louise! tu dors en paix sous le gazon; l'oubli du monde entier est autour de toi, comme en toi, au fond de la triste vallée où je t'ai laissée.

On frappe à la porte.

Entrez.

Entre Lorenzo.

LORENZO.

Philippe! je t'apporte le plus beau joyau de ta couronne.

PHILIPPE.

Qu'est-ce que tu jettes là? une clef?

LORENZO.

Cette clef ouvre ma chambre, et dans ma chambre est Alexandre de Médicis, mort de la main que voilà.

PHILIPPE.

Vraiment! vraiment! cela est incroyable.

LORENZO.

Crois-le si tu veux. Tu le sauras par d'autres que par moi.

PHILIPPE, prenant la clef.

Alexandre est mort, cela est-il possible?

LORENZO.

Que dirais-tu si les républicains t'offraient d'être duc à sa place?

PHILIPPE.

Je refuserais, mon ami.

LORENZO.

Vraiment! vraiment! cela est incroyable.

PHILIPPE.

Pourquoi? cela est tout simple pour moi.

LORENZO.

Comme pour moi de tuer Alexandre. Pourquoi ne veux-tu pas me croire?

PHILIPPE.

O notre nouveau Brutus! je te crois et je t'embrasse. La liberté est donc sauvée! Oui, je te crois, tu es tel que tu me l'as dit. Donne-moi ta main. Le duc est mort! ah! il n'y a pas de haine dans ma joie; il n'y a que l'amour le plus pur, le plus sacré pour la patrie; j'en prends Dieu à témoin.

LORENZO.

Allons! calme-toi; il n'y a rien de sauvé que moi, qui ai les reins brisés par les chevaux de l'évêque de Marzi.

## PHILIPPE.

N'as-tu pas averti nos amis? N'ont-ils pas l'épée à la main à l'heure qu'il est?

## LORENZO.

Je les ai avertis; j'ai frappé à toutes les portes républicaines avec la constance d'un frère quêteur; je leur ai dit de frotter leurs épées, qu'Alexandre serait mort quand ils s'éveilleraient. Je pense qu'à l'heure qu'il est, ils se sont éveillés plus d'une fois, et rendormis à l'avenant. Mais, en vérité, je ne pense pas autre chose.

## PHILIPPE.

As-tu averti les Pazzi? l'as-tu dit à Corsini?

## LORENZO.

A tout le monde; je l'aurais dit, je crois, à la lune, tant j'étais sûr de n'être pas écouté.

## PHILIPPE.

Comment l'entends-tu?

## LORENZO.

J'entends qu'ils ont haussé les épaules, et qu'ils sont retournés à leurs dîners, à leurs cornets et à leurs femmes.

## PHILIPPE.

Tu ne leur as donc pas expliqué l'affaire?

## LORENZO.

Que diantre voulez-vous que j'explique? croyez-vous que j'eusse une heure à perdre avec chacun d'eux? Je leur ai dit : Préparez-vous; et j'ai fait mon coup.

#### PHILIPPE.

Et tu crois que les Pazzi ne font rien? qu'en sais-tu? Tu n'as pas de nouvelles depuis ton départ, et il y a plusieurs jours que tu es en route.

#### LORENZO.

Je crois que les Pazzi font quelque chose; je crois qu'ils font des armes dans leur antichambre, en buvant du vin du Midi de temps à autre, quand ils ont le gosier sec.

#### PHILIPPE.

Tu soutiens ta gageure; ne m'as-tu pas voulu parier ce que tu me dis là? Sois tranquille; j'ai meilleure espérance.

#### LORENZO.

Je suis tranquille, plus que je ne puis dire.

#### PHILIPPE.

Pourquoi n'es-tu pas sorti la tête du duc à la main? Le peuple t'aurait suivi comme son sauveur et son chef.

#### LORENZO.

J'ai laissé le cerf aux chiens; qu'ils fassent eux-mêmes la curée.

#### PHILIPPE.

Tu aurais déifié les hommes, si tu ne les méprisais.

#### LORENZO.

Je ne les méprise point; je les connais. Je suis très persuadé qu'il y en a très peu de très méchants, beaucoup de lâches, et un grand nombre d'indifférents. Il y en a aussi de féroces, comme les habitants de Pistoie, qui ont trouvé dans cette affaire une petite occasion d'égorger tous leurs chanceliers en plein midi, au milieu des rues. J'ai appris cela il n'y a pas une heure.

PHILIPPE.

Je suis plein de joie et d'espoir; le cœur me bat malgré moi.

LORENZO.

Tant mieux pour vous.

PHILIPPE.

Puisque tu n'en sais rien, pourquoi en parles-tu ainsi? Assurément tous les hommes ne sont pas capables de grandes choses, mais tous sont sensibles aux grandes choses : nies-tu l'histoire du monde entier? Il faut sans doute une étincelle pour allumer une forêt; mais l'étincelle peut sortir d'un caillou, et la forêt prend feu. C'est ainsi que l'éclair d'une seule épée peut illuminer tout un siècle.

LORENZO.

Je ne nie pas l'histoire; mais je n'y étais pas.

PHILIPPE.

Laisse-moi t'appeler Brutus; si je suis un rêveur, laisse-moi ce rêve-là. O mes amis, mes compatriotes! vous pouvez faire un beau lit de mort au vieux Strozzi, si vous voulez!

LORENZO.

Pourquoi ouvrez-vous la fenêtre?

PHILIPPE.

Ne vois-tu pas un courrier qui arrive? Mon Brutus!

mon grand Lorenzo ! la liberté est dans le ciel ; je la sens, je la respire.

LORENZO.

Philippe ! Philippe ! point de cela ; fermez votre fenêtre ; toutes ces paroles me font mal.

PHILIPPE.

Il me semble qu'il y a un attroupement dans la rue ; un crieur lit une proclamation. Holà, Jean ! allez acheter le papier de ce crieur.

LORENZO.

O Dieu ! ô Dieu !

PHILIPPE.

Tu deviens pâle comme un mort. Qu'as-tu donc?

LORENZO.

N'as-tu rien entendu?

*Entre un domestique, apportant la proclamation.*

PHILIPPE.

Non ; lis donc un peu ce papier, qu'on criait dans la rue.

LORENZO, lisant.

« A tout homme, noble ou roturier, qui tuera Lorenzo
« de Médicis, traître à la patrie et assassin de son maître,
« en quelque lieu et de quelque manière que ce soit,
« sur toute la surface de l'Italie, il est promis par le
« conseil des Huit à Florence : 1° quatre mille florins
« d'or sans aucune retenue ; 2° une rente de cent florins
« d'or par an, pour lui durant sa vie, et ses héritiers en
« ligne directe après sa mort ; 3° la permission d'exer-

« cer toutes les magistratures, de posséder tous les
« bénéfices et privilèges de l'État, malgré sa naissance
« s'il est roturier ; 4° grâce perpétuelle pour toutes
« ses fautes, passées et futures, ordinaires et extraor-
« dinaires. »

Signé de la main des Huit.

Eh bien ! Philippe, vous ne vouliez pas croire tout à l'heure que j'avais tué Alexandre ! Vous voyez bien que je l'ai tué.

PHILIPPE.

Silence ! quelqu'un monte l'escalier. Cache-toi dans cette chambre.

Ils sortent.

## SCÈNE III

Florence. — Une rue.

Entrent DEUX GENTILSHOMMES.

PREMIER GENTILHOMME.

N'est-ce pas le marquis de Cibo qui passe là ? il me semble qu'il donne le bras à sa femme.

Le marquis et la marquise passent.

DEUXIÈME GENTILHOMME.

Il paraît que ce bon marquis n'est pas d'une nature vindicative. Qui ne sait pas à Florence que sa femme a été la maîtresse du feu duc ?

PREMIER GENTILHOMME.

Ils paraissent bien raccommodés. J'ai cru les voir se serrer la main.

DEUXIÈME GENTILHOMME.

La perle des maris, en vérité! Avaler ainsi une couleuvre aussi longue que l'Arno, cela s'appelle avoir l'estomac bon.

PREMIER GENTILHOMME.

Je sais que cela fait parler, — cependant je ne te conseillerais pas d'aller lui en parler à lui-même; il est de la première force à toutes les armes, et les faiseurs de calembours craignent l'odeur de son jardin.

DEUXIÈME GENTILHOMME.

Si c'est un original, il n'y a rien à dire.

Ils sortent.

## SCÈNE IV

Une auberge.

Entrent PIERRE STROZZI ET UN MESSAGER.

PIERRE.

Ce sont ses propres paroles?

LE MESSAGER.

Oui, Excellence; les paroles du roi lui-même.

PIERRE.

C'est bon.

Le messager sort

Le roi de France protégeant la liberté de l'Italie; c'est justement comme un voleur protégeant contre un autre voleur une jolie femme en voyage. Il la défend jusqu'à ce qu'il la viole. Quoi qu'il en soit, une route s'ouvre devant moi, sur laquelle il y a plus de bons grains que de poussière. Maudit soit ce Lorenzaccio, qui s'avise de devenir quelque chose! Ma vengeance m'a glissé entre les doigts comme un oiseau effarouché; je ne puis plus rien imaginer ici qui soit digne de moi. Allons faire une attaque vigoureuse au bourg, et puis laissons là ces femmelettes qui ne pensent qu'au nom de mon père, et qui me toisent toute la journée pour chercher par où je lui ressemble. Je suis né pour autre chose que pour faire un chef de bandits.

Il sort.

## SCÈNE V

Une place. — Florence.

**L'ORFÈVRE** et **LE MARCHAND DE SOIE**, assis.

### LE MARCHAND.

Observez bien ce que je dis; faites attention à mes paroles. Le feu duc Alexandre a été tué l'an 1536, qui est bien l'année où nous sommes. Suivez-moi toujours. Il a donc été tué l'an 1536; voilà qui est fait. Il avait vingt-six ans; remarquez-vous cela? mais ce n'est encore rien. Il avait donc vingt-six ans; bon. Il est mort le 6 du mois; ah! ah! saviez-vous ceci? n'est-ce pas justement le 6 qu'il est mort? Écoutez maintenant. Il est mort à six heures de la nuit. Qu'en pensez-vous, père Mondella? voilà de l'extraordinaire, ou je ne m'y connais pas. Il est donc mort à six heures de la nuit. Paix! ne dites rien encore. Il avait six blessures. Eh bien! cela vous frappe-t-il à présent? Il avait six blessures, à six heures de la nuit, le 6 du mois, à l'âge de vingt-six ans, l'an 1536. Maintenant, un seul mot : il avait régné six ans.

L'ORFÈVRE.

Quel galimatias me faites-vous là, voisin!

LE MARCHAND.

Comment! comment! vous êtes donc absolument incapable de calculer? vous ne voyez pas ce qui résulte de ces combinaisons surnaturelles que j'ai l'honneur de vous expliquer?

L'ORFÈVRE.

Non, en vérité, je ne vois pas ce qui en résulte.

LE MARCHAND.

Vous ne le voyez pas? Est-ce possible, voisin, que vous ne le voyiez pas?

L'ORFÈVRE.

Je ne vois pas qu'il en résulte la moindre des choses. — A quoi cela peut-il nous être utile?

LE MARCHAND.

Il en résulte que six Six ont concouru à la mort

## ACTE V, SCÈNE V.

d'Alexandre. Chut! ne répétez pas ceci comme venant de moi. Vous savez que je passe pour un homme sage et circonspect; ne me faites point de tort, au nom de tous les saints! La chose est plus grave qu'on ne pense; je vous le dis comme à un ami.

### L'ORFÈVRE.

Allez vous promener; je suis un homme vieux, mais pas encore une vieille femme. Le Côme arrive aujourd'hui, voilà ce qui résulte le plus clairement de notre affaire; il nous est poussé un beau dévideur de paroles dans votre nuit de six Six. Ah! mort de ma vie! cela ne fait-il pas honte! Mes ouvriers, voisin, les derniers de mes ouvriers, frappaient avec leurs instruments sur les tables, en voyant passer les Huit, et ils leur criaient : « Si vous ne savez ni ne pouvez agir, appelez-nous, qui agirons. »

### LE MARCHAND.

Il n'y a pas que les vôtres qui aient crié; c'est un vacarme de paroles dans la ville comme je n'en ai jamais entendu, même par ouï-dire.

### L'ORFÈVRE.

On demande les boules\*; les uns courent après les soldats, les autres après le vin qu'on distribue, ils s'en remplissent la bouche et la cervelle, afin de perdre le peu de sens commun et de bonnes paroles qui pourraient leur rester.

\* On comprend qu'il s'agit ici d'élections. (Voir page 206.)

###### LE MARCHAND.

Il y en a qui voulaient rétablir le conseil, et élire librement un gonfalonier, comme jadis.

###### L'ORFÈVRE.

Il y en a qui voulaient, comme vous dites ; mais il n'y en a pas qui aient agi. Tout vieux que je suis, j'ai été au Marché-Neuf, moi, et j'ai reçu dans la jambe un bon coup de hallebarde, parce que je demandais les boules. Pas une âme n'est venue à mon secours. Les étudiants seuls se sont montrés.

###### LE MARCHAND.

Je le crois bien. Savez-vous ce qu'on dit, voisin? On dit que le provéditeur, Roberto Corsini, est allé hier soir à l'assemblée des républicains, au palais Salviati.

###### L'ORFÈVRE.

Rien n'est plus vrai ; il a offert de livrer la forteresse aux amis de la liberté, avec les provisions, les clefs, et tout le reste.

###### LE MARCHAND.

Et il l'a fait, voisin? est-ce qu'il la fait? C'est une trahison de haute justice.

###### L'ORFÈVRE.

Ah bien oui! on a braillé, bu du vin sucré, et cassé des carreaux; mais la proposition de ce brave homme n'a seulement pas été écoutée. Comme on n'osait pas faire ce qu'il voulait, on a dit qu'on doutait de lui, et qu'on le soupçonnait de fausseté dans ses offres. Mille millions de diables! que j'enrage! Tenez! voilà les courriers de Trebbio qui arrivent; Côme n'est pas loin d'ici. Bonsoir, voisin, le sang me démange! il faut que j'aille au palais.

Il sort.

### LE MARCHAND.

Attendez-donc, voisin; je vais avec vous.

Il sort. — Entre un précepteur avec le petit Salviati, et un autre avec le petit Strozzi.

### LE PREMIER PRÉCEPTEUR.

*Sapientissime doctor*, comment se porte Votre Seigneurie? Le trésor de votre précieuse santé est-il dans une assiette régulière, et votre équilibre se maintient-il convenable par ces tempêtes où nous voilà?

### LE DEUXIÈME PRÉCEPTEUR.

C'est chose grave, seigneur docteur, qu'une rencontre aussi érudite et aussi fleurie que la vôtre, sur cette terre soucieuse et lézardée. Souffrez que je presse cette main gigantesque, d'où sont sortis les chefs-d'œuvre de notre langue. Avouez-le, vous avez fait depuis peu un sonnet.

### LE PETIT SALVIATI.

Canaille de Strozzi que tu es!

### LE PETIT STROZZI.

Ton père a été rossé, Salviati.

### LE PREMIER PRÉCEPTEUR.

Ce pauvre ébat de notre muse serait-il allé jusqu'à vous, qui êtes homme d'art si consciencieux, si large et si austère? Des yeux comme les vôtres, qui remuent des horizons si dentelés, si phosphorescents, auraient-ils consenti à s'occuper des fumées peut-être bizarres et osées d'une imagination chatoyante ?

LE DEUXIÈME PRÉCEPTEUR.

Oh! si vous aimez l'art, et si vous nous aimez, dites-nous, de grâce, votre sonnet. La ville ne s'occupe que de votre sonnet.

LE PREMIER PRÉCEPTEUR.

Vous serez peut-être étonné que moi, qui ai commencé par chanter la monarchie en quelque sorte, je semble cette fois chanter la république.

LE PETIT SALVIATI.

Ne me donne pas de coups de pied, Strozzi.

LE PETIT STROZZI.

Tiens, chien de Salviati, en voilà encore deux.

LE PREMIER PRÉCEPTEUR.

Voici les vers :

Chantons la liberté, qui refleurit plus âpre...

LE PETIT SALVIATI.

Faites donc finir ce gamin-là, monsieur ; c'est un coupe-jarret. Tous les Strozzi sont des coupe-jarrets.

LE DEUXIÈME PRÉCEPTEUR.

Allons! petit, tiens-toi tranquille.

LE PETIT STROZZI.

Tu y reviens en sournois ! Tiens ! canaille, porte cela à ton père, et dis-lui qu'il le mette avec l'estafilade qu'il a reçue de Pierre Strozzi, empoisonneur que tu es! Vous êtes tous des empoisonneurs.

LE PREMIER PRÉCEPTEUR.

Veux-tu te taire, polisson!

*Il le frappe.*

LE PETIT STROZZI.

Aïe! aïe! il m'a frappé.

LE PREMIER PRÉCEPTEUR.

Chantons la liberté, qui refleurit plus âpre,
Sous des soleils plus mûrs et des cieux plus vermeils.

LE PETIT STROZZI.

Aïe! aïe! il m'a écorché l'oreille.

LE DEUXIÈME PRÉCEPTEUR.

Vous avez frappé trop fort, mon ami.

*Le petit Strozzi rosse le petit Salviati.*

LE PREMIER PRÉCEPTEUR.

Eh bien! qu'est-ce à dire?

LE DEUXIÈME PRÉCEPTEUR.

Continuez, je vous en supplie.

LE PREMIER PRÉCEPTEUR.

Avec plaisir; mais ces enfants ne cessent pas de se battre.

*Les enfants sortent en se battant. Ils les suivent.*

## SCÈNE VI

Florence. — Une rue.

Entrent DES ÉTUDIANTS ET DES SOLDATS.

UN ÉTUDIANT.

Puisque les grands seigneurs n'ont que des langues, ayons des bras. Holà ! les boules ! les boules ! Citoyens de Florence, ne laissons pas élire un duc sans voter.

UN SOLDAT.

Vous n'aurez pas les boules ; retirez-vous.

L'ÉTUDIANT.

Citoyens, venez ici ; on méconnaît vos droits, on insulte le peuple.

Un grand tumulte.

LES SOLDATS.

Gare ! retirez-vous.

UN AUTRE ÉTUDIANT.

Nous voulons mourir pour nos droits.

UN SOLDAT.

Meurs donc !

Il le frappe.

L'ÉTUDIANT.

Venge-moi, Roberto, et console ma mère.

Il meurt. — Les étudiants attaquent les soldats ; ils sortent en se battant.

qu'il a reçue de Pierre Strozzi, empoisonneur que tu es! Vous êtes tous des empoisonneurs.

LE PREMIER PRÉCEPTEUR.

Veux-tu te taire, polisson!

*Il le frappe.*

LE PETIT STROZZI.

Aïe! aïe! il m'a frappé.

LE PREMIER PRÉCEPTEUR.

Chantons la liberté, qui refleurit plus âpre,
Sous des soleils plus mûrs et des cieux plus vermeils.

LE PETIT STROZZI.

Aïe! aïe! il m'a écorché l'oreille.

LE DEUXIÈME PRÉCEPTEUR.

Vous avez frappé trop fort, mon ami.

*Le petit Strozzi rosse le petit Salviati.*

LE PREMIER PRÉCEPTEUR.

Eh bien! qu'est-ce à dire?

LE DEUXIÈME PRÉCEPTEUR.

Continuez, je vous en supplie.

LE PREMIER PRÉCEPTEUR.

Avec plaisir; mais ces enfants ne cessent pas de se battre.

*Les enfants sortent en se battant. Ils les suivent.*

## SCÈNE VI

Florence. — Une rue.

Entrent DES ÉTUDIANTS ET DES SOLDATS.

UN ÉTUDIANT.

Puisque les grands seigneurs n'ont que des langues, ayons des bras. Holà! les boules! les boules! Citoyens de Florence, ne laissons pas élire un duc sans voter.

UN SOLDAT.

Vous n'aurez pas les boules; retirez-vous.

L'ÉTUDIANT.

Citoyens, venez ici; on méconnaît vos droits, on insulte le peuple.

Un grand tumulte.

LES SOLDATS.

Gare! retirez-vous.

UN AUTRE ÉTUDIANT.

Nous voulons mourir pour nos droits.

UN SOLDAT.

Meurs donc!

Il le frappe.

L'ÉTUDIANT.

Venge-moi, Roberto, et console ma mère.

Il meurt. — Les étudiants attaquent les soldats; ils sortent en se battant.

## SCÈNE VII

Venise. — Le cabinet de Strozzi.

Entrent PHILIPPE ET LORENZO, tenant une lettre.

LORENZO.

Voilà une lettre qui m'apprend que ma mère est morte. Venez donc faire un tour de promenade, Philippe.

PHILIPPE.

Je vous en supplie, mon ami, ne tentez pas la destinée. Vous allez et venez continuellement, comme si cette proclamation de mort n'existait pas contre vous.

LORENZO.

Au moment où j'allais tuer Clément VII, ma tête a été mise à prix à Rome ; il est naturel qu'elle le soit dans toute l'Italie, aujourd'hui que j'ai tué Alexandre ; si je sortais de l'Italie, je serais bientôt sonné à son de trompe dans toute l'Europe, et à ma mort, le bon Dieu ne manquera pas de faire placarder ma condamnation éternelle dans tous les carrefours de l'immensité.

PHILIPPE.

Votre gaieté est triste comme la nuit ; vous n'êtes pas changé, Lorenzo.

LORENZO.

Non, en vérité, je porte les mêmes habits, je marche toujours sur mes jambes, et je bâille avec ma bouche ; il n'y a de changé en moi qu'une misère : c'est que je suis plus creux et plus vide qu'une statue de fer-blanc.

PHILIPPE.

Partons ensemble ; redevenez un homme ; vous avez beaucoup fait, mais vous êtes jeune.

LORENZO.

Je suis plus vieux que le bisaïeul de Saturne ; je vous en prie, venez faire un tour de promenade.

PHILIPPE.

Votre esprit se torture dans l'inaction ; c'est là votre malheur. Vous avez des travers, mon ami.

LORENZO.

J'en conviens ; que les républicains n'aient rien fait à Florence, c'est là un grand travers de ma part. Qu'une centaine de jeunes étudiants, braves et déterminés, se soient fait massacrer en vain ; que Côme, un planteur de choux, ait été élu à l'unanimité, oh ! je l'avoue, je l'avoue, ce sont là des travers impardonnables, et qui me font le plus grand tort.

PHILIPPE.

Ne raisonnons point sur un événement qui n'est pas achevé. L'important est de sortir d'Italie ; vous n'avez point encore fini sur la terre.

LORENZO.

J'étais une machine à meurtre, mais à un meurtre seulement.

PHILIPPE.

N'avez-vous pas été heureux autrement que par ce meurtre? Quand vous ne devriez faire désormais qu'un honnête homme, qu'un artiste, pourquoi voudriez-vous mourir?

LORENZO.

Je ne puis que vous répéter mes propres paroles : Philippe, j'ai été honnête. Peut-être le redeviendrais-je sans l'ennui qui me prend. J'aime encore le vin et les femmes; c'est assez, il est vrai, pour faire de moi un débauché, mais ce n'est pas assez pour me donner envie de l'être. Sortons, je vous en prie.

PHILIPPE.

Tu te feras tuer dans toutes ces promenades.

LORENZO.

Cela m'amuse de les voir. La récompense est si grosse, qu'elle les rend presque courageux. Hier, un grand gaillard à jambes nues m'a suivi un gros quart d'heure au bord de l'eau, sans pouvoir se déterminer à m'assommer. Le pauvre homme portait une espèce de couteau long comme une broche; il le regardait d'un air si penaud qu'il me faisait pitié; c'était peut-être un père de famille qui mourait de faim.

PHILIPPE.

O Lorenzo, Lorenzo! ton cœur est très malade. C'était sans doute un honnête homme : pourquoi attribuer à la lâcheté du peuple le respect pour les malheureux?

##### LORENZO.

Attribuez cela à ce que vous voudrez. Je vais faire un tour au Rialto.

*Il sort.*

##### PLILIPPE, seul.

Il faut que je le fasse suivre par quelqu'un de mes gens. Holà! Jean! Pippo! holà!

*Entre un domestique.*

Prenez une épée, vous et un autre de vos camarades, et tenez-vous à une distance convenable du seigneur Lorenzo, de manière à pouvoir le secourir si on l'attaque.

##### JEAN.

Oui, monseigneur.

*Entre Pippo.*

##### PIPPO.

Monseigneur, Lorenzo est mort. Un homme était caché derrière la porte, qui l'a frappé par derrière, comme il sortait.

##### PHILIPPE.

Courons vite; il n'est peut-être que blessé.

##### PIPPO.

Ne voyez-vous pas tout ce monde? le peuple s'est jeté sur lui. Dieu de miséricorde! on le pousse dans la lagune.

##### PHILIPPE.

Quelle horreur! quelle horreur! Eh quoi! pas même un tombeau!

*Il sort.*

## SCÈNE VIII

*Florence. — La grande place; des tribunes publiques sont remplies de monde.*

DES GENS DU PEUPLE, *courant de tous côtés.*

Les boules! les boules! Il est duc, duc; les boules! il est duc.

LES SOLDATS.

Gare, canaille!

LE CARDINAL CIBO, *sur une estrade, à Côme de Médicis.*

Seigneur, vous êtes duc de Florence. Avant de recevoir de mes mains la couronne que le pape et César m'ont chargé de vous confier, il m'est ordonné de vous faire jurer quatre choses.

CÔME.

Lesquelles, cardinal?

LE CARDINAL.

Faire la justice sans restriction; ne jamais rien tenter contre l'autorité de Charles-Quint; venger la mort d'Alexandre, et bien traiter le seigneur Jules et la signora Julia, ses enfants naturels.

CÔME.

Comment faut-il que je prononce ce serment?

LE CARDINAL.

Sur l'Évangile.

*Il lui présente l'Évangile.*

Je le jure à Dieu et à vous, cardinal. Maintenant, donnez-moi la main.

Ils s'avancent vers le peuple. On entend Côme parler dans l'éloignement.

CÔME.

« Très nobles et très puissants seigneurs,

« Le remercîment que je veux faire à Vos très illustres et très gracieuses Seigneuries, pour le bienfait si haut que je leur dois, n'est pas autre que l'engagement qui m'est bien doux, à moi si jeune comme je suis, d'avoir toujours devant les yeux, en même temps que la crainte de Dieu, l'honnêteté et la justice, et le dessein de n'offenser personne, ni dans les biens ni dans l'honneur, et, quant au gouvernement des affaires, de ne jamais m'écarter du conseil et du jugement des très prudentes et très judicieuses Seigneuries auxquelles je m'offre en tout, et recommande bien dévotement. »

FIN DE LORENZACCIO.

Alfred de Musset conçut l'idée de ce grand drame et en composa le plan, à Florence, devant les sombres palais des Médicis et des Strozzi, pendant le mois de janvier 1834; mais il prit le temps de le laisser mûrir dans sa tête, et ne l'écrivit que huit mois plus tard; on ne doit pas s'étonner d'y trouver une crudité de langage à laquelle les lecteurs des comédies précédentes n'étaient pas accoutumés. Il s'agissait cette fois de faire une peinture exacte de l'Italie au seizième siècle, et l'on sait que, depuis le règne de Borgia jusqu'à celui de Sixte-Quint, les actes de violence de toutes sortes se commettaient ouvertement et avec impunité. Les premières familles de la noblesse en donnaient l'exemple, et Benvenuto Cellini lui-même, qui n'était pas un grand seigneur, ne dormait jamais de si bon cœur que lorsqu'il avait poignardé ou assommé un de ses ennemis. A moins de ne tenir aucun compte de l'histoire et de la vérité, l'auteur de *Lorenzaccio* ne pouvait pas faire parler décemment des scélérats tels que Julien Salviati et Alexandre de Médicis. C'est dans les rôles de Philippe Strozzi, de Catherine Ginori et de Marie Soderini qu'on trouve les sentiments tendres et le langage des cœurs nobles et délicats. Quant au personnage de Lorenzo, nous n'hésitons pas à le placer au niveau des plus belles créations de Shakspeare. Ce drame est assurément l'œuvre capitale d'Alfred de Musset, l'expression la plus énergique et la plus virile de son génie.

La longueur de cet ouvrage nous a obligés à le rejeter au second volume du Théâtre, bien qu'il ait été écrit avant *Barberine*.

# TRADUCTION

## DU LIVRE XV

# DES CHRONIQUES FLORENTINES

---

La nuit était venue que le destin avait marquée pour être celle de la mort malheureuse du duc Alexandre. Ce fut entre cinq et six heures, le samedi d'avant l'Épiphanie, et le 6 janvier de l'année 1536 (selon la manière de compter le temps des Florentins, qui prennent pour la première heure du jour celle qui suit le coucher du soleil). Le duc n'avait pas encore achevé sa vingt-sixième année. Cette mort, dont on a parlé et écrit diversement, je la raconterai avec la plus entière véracité, en ayant entendu le récit de la bouche même de Lorenzo, dans la *villa* Paluello, située à huit milles de Padoue, ainsi que de la bouche même de Scoronconcolo, dans la maison des Strozzi à Venise. Si l'on peut parler d'un tel fait avec certitude, c'est assurément lorsqu'on le tient de ces hommes, et non d'autres, en supposant qu'ils l'aient voulu raconter sans mentir, comme je pense qu'ils l'ont fait. Mais il est nécessaire de commencer par donner quelques détails sur la vie et les mœurs dudit Lorenzo.

Il naquit à Florence en 1514, le 24 mars. Son père était

Pierre-François de Médicis, fils de Lorenzo et petit-neveu de Lorenzo, frère de Cosme; et sa mère, madame Marie, fille de Thomas Soderini, fils de Paul-Antoine. Cette femme, d'une rare prudence et bonté, ayant perdu son mari quand Lorenzo était encore en bas âge, fit élever cet enfant avec tous les soins imaginables. Lorenzo manifesta une intelligence incroyable dans ses études; mais à peine fut-il sorti de la tutelle de sa mère et de ses maîtres, qu'il commença à montrer un esprit inquiet, insatiable, et désireux de mal faire. Après avoir pris des leçons de Philippe Strozzi, il se mit à se railler ouvertement de toutes les choses divines et humaines. Au lieu de rechercher ses égaux, il se lia de préférence avec des gens au-dessous de lui et qui non seulement lui témoignaient du respect, mais se faisaient ses âmes damnées. Il se passait toutes ses envies, surtout en affaires d'amour, sans égard pour le sexe, l'âge et la condition des personnes. Il caressait tout le monde, et, au fond, méprisait tous les hommes. Son appétit de célébrité était étrange, et il ne laissait pas échapper une seule occasion, tant en actions qu'en paroles, d'acquérir la réputation d'homme galant ou spirituel. Comme il était délicat et maigre de corps, on l'appelait Lorenzino. Il ne riait point, et souriait seulement. Bien qu'il fût plutôt agréable que beau, ayant le visage brun et l'air mélancolique, il plut cependant beaucoup, dans sa petite jeunesse, au pape Clément, ce qui ne l'empêcha point, comme il l'a dit lui-même après la mort du duc Alexandre, de concevoir la pensée de tuer le saint-père. Il conduisit François, fils de Raphaël de Médicis, compétiteur du pape, jeune homme instruit et de grande espérance, à un tel état de ruine, que ce malheureux, devenu la fable de la cour de Rome, fut considéré comme fou et renvoyé à Florence. Dans le même temps, Lorenzo encourut la disgrâce du pape et devint un objet de haine pour le peuple romain : on trouva un matin, sur l'Arc de Constantin et en d'autres lieux de la ville, quantité de figures antiques privées de leurs têtes. Clément en ressentit tant de colère, qu'il déclara, ne pensant guère à Lorenzo, que l'auteur de ce délit serait pendu par le cou, sans forme de procès, quel qu'il fût, à moins pourtant que le cardinal-neveu ne se trouvât être le coupable. Le cardinal, ayant découvert que l'auteur était Lorenzo, s'en alla intercéder en sa faveur près du saint-père, en le représentant comme un jeune amateur passionné d'objets d'art, à l'exemple de leurs aïeux les Médicis. A grand'-peine le cardinal réussit à calmer le ressentiment du pape, qui appela Lorenzo la honte et l'opprobre de sa maison. Le dit Lorenzo fut banni de Rome, sous peine de mort, si on l'y reprenait, par deux décrets dont un émané du tribunal de *Caporioni*, et messer François-Marie Molza, homme de grande éloquence, versé dans les lettres grecques, latines et italiennes, prononça, dans l'Académie romaine, un discours où il accabla Lorenzo des plus belles malédictions qu'il put trouver en latin.

Lorenzo, étant retourné à Florence, se mit à faire sa cour au duc Alexandre, et il sut si bien feindre, si bien complaire au duc en toutes choses, qu'il alla jusqu'à lui persuader que, pour le service de ce prince, il jouait le rôle d'espion; et, en effet, il entretenait des relations secrètes avec les bannis, et chaque jour il communiquait au duc quelque lettre de ces bannis; et comme il se montrait lâche au point de n'oser ni porter ni toucher une arme, ni même en entendre parler, le duc s'amusait beaucoup de sa poltronnerie. Tant parce que Lorenzo étudiait et lisait, que parce qu'il allait souvent seul et paraissait mépriser la fortune et les honneurs, le duc l'appelait le Philosophe, tandis que d'autres le connaissant mieux le nommaient *Lorenzaccio*. En toute occasion, Alexandre le favorisait, et particulièrement contre son second cousin Cosme, auquel le duc portait une haine extrême, dont l'origine, outre leur complète dissemblance de mœurs et de caractères, était un procès important que Cosme avait intenté à ce prince, touchant l'héritage de leurs ancêtres. De toutes ces choses, il arriva que le duc prit une confiance extrême en Lorenzo, et qu'il se servit de lui comme d'entremetteur près des femmes, tant religieuses que laïques, vierges, mariées ou veuves, nobles ou roturières, jeunes ou expérimentées; et non content de cela, il voulut encore que Lorenzo lui procurât une sœur de sa mère du côté paternel, jeune femme d'une merveilleuse beauté, mais aussi honnête que belle, laquelle était mariée à Léonard Ginori et demeurait non loin de la porte de derrière du palais de Médicis.

Lorenzo, qui attendait une occasion de ce genre, fit entendre au duc que l'entreprise offrirait des difficultés, mais qu'il ferait son possible pour réussir, disant qu'en somme toutes les femmes étaient femmes, et que, d'ailleurs, le mari de celle-ci se trouvait fort à propos à Naples dans le moment présent pour des affaires embarrassées, car il avait dissipé son bien. Quoique Lorenzo n'eût parlé de rien à sa tante, il ne laissait pas de dire au duc qu'il l'avait fait, et qu'il la trouvait rebelle; mais que pourtant il viendrait à bout de la séduire et de l'obliger à condescendre à leurs désirs. Tandis qu'il amusait ainsi le duc, il travaillait l'esprit d'un certain Michel del Tovalaccino, surnommé Scoronconcolo, auquel il avait fait obtenir grâce de la vie, pour un homicide par lui commis; et, raisonnant avec cet homme, il se plaignait à lui d'un courtisan qui, disait-il, l'avait offensé sans raison, et s'était joué de lui, et il ajoutait que par le ciel!... Mais Scoronconcolo, l'interrompant, lui dit tout à coup : « Nommez-le seulement, et laissez-moi faire ; il ne vous donnera plus d'ennui. » Il le supplia de dire qui était son ennemi ; à quoi Lorenzo répondit : « Hélas ! je ne le puis : c'est un favori du duc. — Qui que ce soit, dites toujours, » reprenait Scoronconcolo ; et dans le langage dont se servent habituellement les spadassins de cette espèce, il s'écria : « Je le tuerai, quand ce serait le Christ ! »

Voyant, par là, que ses manœuvres réussissaient, Lorenzo emmena un jour cet homme dîner avec lui, comme il le faisait souvent, malgré les remontrances de sa mère, et il dit à Scoronconcolo : « Or çà, puisque tu me promets si résolument de m'assister, je crois que tu ne me manqueras pas, comme, de mon côté, je te rendrai service en tout ce qui dépendra de moi, et je suis satisfait de tes offres que j'accepte. Mais je veux être de la partie, et afin que nous puissions faire le coup et nous sauver après, j'aviserai à conduire mon ennemi dans un lieu où nous ne courrons aucun risque, et je suis sûr que nous réussirons. » Comme la nuit que j'ai dite plus haut parut à Lorenzo le moment favorable, d'autant que le seigneur Alexandre Vitelli se trouvait parti ce jour-là pour Città-di-Castello, il parla bas à l'oreille du duc après souper, et il lui dit qu'enfin, par des promesses d'argent, il avait décidé sa tante, et que le duc pouvait venir seul, à l'heure convenue et avec précaution, dans sa chambre à lui Lorenzo, en prenant garde, pour l'honneur de la dame, que personne ne le vît ni entrer ni sortir, et que sitôt que le prince y serait, incontinent il irait chercher Catherine Ginori. Le duc ayant mis un grand vêtement de satin, à la napolitaine et garni de zibeline, au moment de prendre ses gants, qui étaient les uns de mailles et les autres de peau parfumée, réfléchit un peu et dit : « Lesquels prendrai-je, ceux de guerre ou ceux de bonne fortune? » Quand il eut pris ceux-ci, le duc sortit accompagné seulement de trois personnes, Giomo le Hongrois, le capitaine Justinien de Cesena, et un officier de bouche nommé Alexandre. Arrivé sur la place de Saint-Marc, où il était venu pour ne pas être épié, il les congédia, disant qu'il voulait aller seul, et il ne retint avec lui que le Hongrois, lequel entra dans la maison des *Sostegni*, située presque en face de celle de Lorenzo, avec l'ordre du prince de ne bouger ni se montrer, quelque personne qu'il vît entrer ou sortir. Mais le Hongrois, ayant demeuré là un bon bout de temps, retourna au palais et s'endormit dans l'appartement du duc. En arrivant dans la chambre de Lorenzo, où un grand feu était allumé, le prince ôta son épée. Tandis qu'il se couchait sur le lit, Lorenzo s'empara de l'épée, en lia prestement la garde avec le ceinturon, de manière à empêcher la lame de sortir aisément du fourreau, puis il la posa sur le chevet du lit, en disant au duc de se reposer; après quoi il sortit, et laissa retomber derrière lui la porte, qui était de celles qui se ferment d'elles-mêmes. Il s'en alla trouver Scoronconcolo, et d'un air tout à fait content : « Frère, lui dit-il, voici le moment; j'ai enfermé mon ennemi dans ma chambre, et il dort. — Allons-y, » répondit Scoronconcolo. Sur le palier de l'escalier, Lorenzo se retourna et dit : « Ne t'inquiète pas si c'est un ami du duc; et tâche de bien faire. — Ainsi ferai-je, répondit l'ami, quand ce serait le duc lui-même. — Grâce à notre embuscade, reprit Lorenzo d'un ton joyeux, il ne peut plus nous échapper; marchons. — Marchons donc, » répondit Scoronconcolo.

Lorsqu'il eut soulevé le loquet qui retomba et ne s'ouvrit pas du premier coup, Lorenzo entra dans la chambre, et dit : « Seigneur, dormez-vous ? » Prononcer ces mots et percer le duc de part en part d'un coup de dague, fut une seule et même chose. Cette blessure était mortelle; car elle avait traversé les reins et perforé cette membrane appelée diaphragme, qui, semblable à une ceinture, divise le corps humain en deux parties, l'une supérieure où se trouvent le cœur et les autres organes du sentiment, l'autre inférieure où sont le foie et les organes de la nutrition et de la génération. Le duc, qui dormait ou feignait de dormir, se tenait le visage tourné vers le fond. Il bondit sur le lit en recevant cette blessure, et sortit du côté de la ruelle, cherchant à gagner la porte, et se faisant un bouclier d'un escabeau qu'il avait saisi. Mais Scoronconcolo lui donna une taillade au visage qui lui fendit la tempe et une grande partie de la joue gauche. Lorenzo le repoussa sur le lit et l'y tint renversé en pesant sur lui de tout le poids de son corps; et afin de l'empêcher de crier, lui serra la bouche avec le pouce et l'index de sa main gauche, en lui disant : « Seigneur, n'en doutez pas. » Alors le duc, se débattant comme il pouvait, prit entre ses dents le pouce de Lorenzo et le serra avec une telle rage que Lorenzo tombant sur lui appela Scoronconcolo à son aide. Celui-ci courait d'un côté et de l'autre, et il ne pouvait atteindre le duc sans blesser du même coup Lorenzo, que le duc tenait étroitement embrassé. Scoronconcolo essaya d'abord de faire passer son épée entre les jambes de Lorenzo, sans autre résultat que de piquer le matelas; enfin il prit un couteau qu'il avait par hasard sur lui, et l'ayant fixé dans le cou de la victime, il appuya si fort que le duc fut égorgé. Après sa mort, ils lui firent encore quelques blessures qui versèrent tant de sang que la chambre en devint comme un lac. C'est une chose à remarquer, que pendant tout ce temps, où il était tenu par Lorenzo et où il voyait Scoronconcolo tourner et se démener pour le tuer, le duc ne poussa ni un cri ni une plainte, et ne lâcha point ce doigt qu'il serrait entre ses dents avec fureur. En mourant, il avait glissé à terre; ses meurtriers le relevèrent tout souillé de sang, et l'ayant posé sur le lit, ils recouvrirent son corps avec la tenture qu'il avait fermée lui-même avant de s'endormir ou d'en faire semblant. On a supposé qu'il s'était ainsi enfermé à dessein, parce que, sachant bien qu'il était incapable d'en user convenablement avec cette Catherine qu'il attendait, laquelle passait pour une personne savante et d'esprit, il voulait éviter, par ce moyen, les préliminaires et belles paroles. Lorenzo, lorsqu'il vit le duc en l'état qu'il souhaitait, tant pour s'assurer qu'on n'avait rien entendu que pour se reposer et reprendre ses esprits, car il se sentait rompu et accablé de fatigue, se mit à l'une des fenêtres qui donnaient sur la *Via Larga*. Quelques personnes de la maison avaient entendu du bruit et des trépignements de pieds, entre autres madame Marie, mère du seigneur Cosme; mais nul ne s'en était ému, car depuis longtemps, et par précaution, Lorenzo avait pris l'habitude d'amener dans cette chambre, comme font parfois les mauvais plaisants, une troupe de gens qui feignaient de se quereller et couraient çà et là criant : « Frappe-le! tue-le! Ah! traître, tu m'as tué! » et autres vociférations semblables.

# LE CHANDELIER

## COMÉDIE EN TROIS ACTES

PUBLIÉE EN 1835, REPRÉSENTÉE EN 1848.

| PERSONNAGES. | ACTEURS DE LA COMÉDIE FRANÇAISE. |
|---|---|
| MAITRE ANDRÉ, notaire. | M. SAMSON. |
| JACQUELINE, sa femme. | M<sup>me</sup> ALLAN. |
| CLAVAROCHE, officier de dragons. | MM. BRINDEAU. |
| FORTUNIO, | DELAUNAY. |
| GUILLAUME, clercs. | GOT. |
| LANDRY, | MATHIEN. |
| UNE SERVANTE. | M<sup>lle</sup> BERTIN. |
| UN JARDINIER. | |

*Une petite ville.*

## LE CHANDELIER.

JACQUELINE.
Chantez, vous dis-je, je le veux. Vous ne chantez pas?

CHARPENTIER, ÉDITEUR.

# LE CHANDELIER

## ACTE PREMIER

### SCÈNE PREMIÈRE

*Une chambre à coucher.*

JACQUELINE, dans son lit. Entre MAITRE ANDRÉ, en robe de chambre.

MAITRE ANDRÉ.

Holà! ma femme! hé! Jacqueline! hé! holà! Jacqueline! ma femme! La peste soit de l'endormie! Hé! hé! ma femme! éveillez-vous! Holà! holà! levez-vous, Jacqueline! — Comme elle dort! Holà, holà, holà! hé, hé, hé! ma femme, ma femme, ma femme! c'est moi, André, votre mari, qui ai à vous parler de choses sérieuses. Hé, hé! pstt, pstt! hem! brum, brum! pstt! Jacqueline, êtes-vous morte? Si vous ne vous éveillez tout à l'heure, je vous coiffe du pot à l'eau.

JACQUELINE.

Qu'est-ce que c'est, mon bon ami?

MAITRE ANDRÉ.

Vertu de ma vie! ce n'est pas malheureux. Finirez-vous de vous tirer les bras? c'est affaire à vous de dormir. Écoutez-moi, j'ai à vous parler. Hier au soir, Landry, mon clerc...

JACQUELINE.

Eh mais! bon Dieu! il ne fait pas jour. Devenez-vous fou, maître André, de m'éveiller ainsi sans raison? De grâce, allez vous recoucher. Est-ce que vous êtes malade?

MAITRE ANDRÉ.

Je ne suis ni fou ni malade, et vous éveille à bon escient. J'ai à vous parler maintenant; songez d'abord à m'écouter, et ensuite à me répondre. Voilà ce qui est arrivé à Landry, mon clerc; vous le connaissez bien...

JACQUELINE.

Quelle heure est-il donc, s'il vous plaît?

MAITRE ANDRÉ.

Il est six heures du matin. Faites attention à ce que je vous dis; il ne s'agit de rien de plaisant, et je n'ai pas sujet de rire. Mon honneur, madame, le vôtre, et notre vie peut-être à tous deux, dépendent de l'explication que je vais avoir avec vous. Landry, mon clerc, a vu, cette nuit...

## ACTE I, SCÈNE I.

JACQUELINE.

Mais, maître André, si vous êtes malade, il fallait m'avertir tantôt. N'est-ce pas à moi, mon cher cœur, de vous soigner et de vous veiller ?

MAITRE ANDRÉ.

Je me porte bien, vous dis-je ; êtes-vous d'humeur à m'écouter ?

JACQUELINE.

Eh ! mon Dieu ! vous me faites peur ; est-ce qu'on nous aurait volés ?

MAITRE ANDRÉ.

Non, on ne nous a pas volés. Mettez-vous là, sur votre séant, et écoutez de vos deux oreilles. Landry, mon clerc, vient de m'éveiller, pour me remettre certain travail qu'il s'était chargé de finir cette nuit. Comme il était dans mon étude...

JACQUELINE.

Ah ! sainte Vierge ! j'en suis sûre, vous aurez eu quelque querelle à ce café où vous allez.

MAITRE ANDRÉ.

Non, non, je n'ai point eu de querelle, et il ne m'est rien arrivé. Ne voulez-vous pas m'écouter ? Je vous dis que Landry, mon clerc, a vu un homme cette nuit se glisser par votre fenêtre.

[JACQUELINE.

Je devine à votre visage que vous avez perdu au jeu.]

MAITRE ANDRÉ.

Ah çà! ma femme, êtes-vous sourde? [ Vous avez un amant, Madame; cela est-il clair? Vous me trompez. Un homme, cette nuit, a escaladé nos murailles. Qu'est-ce que cela signifie? ]

JACQUELINE.

Faites-moi le plaisir d'ouvrir le volet.

MAITRE ANDRÉ.

Le voilà ouvert ; vous bâillerez après dîner; Dieu merci, vous n'y manquez guère. Prenez garde à vous, Jacqueline! Je suis un homme d'humeur paisible, et qui ai pris grand soin de vous. [J'étais l'ami de votre père, et vous êtes ma fille presque autant que ma femme.] J'ai résolu, en venant ici, de vous traiter avec douceur; et vous voyez que je le fais, puisque, avant de vous condamner, je veux m'en rapporter à vous, et vous donner sujet de vous défendre et de vous expliquer catégoriquement. Si vous refusez, prenez garde. Il y a garnison dans la ville, et vous voyez, Dieu me pardonne! bonne quantité de hussards. Votre silence peut confirmer des doutes que je nourris depuis longtemps.

JACQUELINE.

Ah! maître André, vous ne m'aimez plus. C'est vainement que vous dissimulez par des paroles bienveillantes la mortelle froideur qui a remplacé tant d'amour. Il n'en eût pas été ainsi jadis ; vous ne parliez pas de ce ton; ce n'est pas alors sur un mot que vous m'eussiez condamnée sans m'entendre. Deux ans de paix, d'amour et de bonheur ne se seraient pas, sur un mot, évanouis comme des ombres. Mais quoi! la jalousie vous pousse; depuis longtemps la froide indifférence lui a ouvert la porte de votre cœur. De quoi servirait l'évidence? l'innocence même aurait tort devant vous. Vous ne m'aimez plus, puisque vous m'accusez.

MAITRE ANDRÉ.

Voilà qui est bon, Jacqueline; il ne s'agit pas de cela. Landry, mon clerc, a vu un homme...

JACQUELINE.

Eh! mon Dieu! j'ai bien entendu. Me prenez-vous pour une brute, de me rebattre ainsi la tête? C'est une fatigue qui n'est pas supportable.

MAITRE ANDRÉ.

A quoi tient-il que vous ne répondiez?

JACQUELINE, pleurant.

Seigneur mon Dieu, que je suis malheureuse! qu'est-ce que je vais devenir? Je le vois bien, vous avez résolu ma mort, vous ferez de moi ce qui vous plaira; vous êtes homme, et je suis femme; la force est de votre côté. Je suis résignée; je m'y attendais; vous saisissez le premier prétexte pour justifier votre violence. Je n'ai plus qu'à partir d'ici; je m'en irai [avec ma fille] dans un couvent, dans un désert; s'il est possible; j'y emporterai avec moi, j'y ensevelirai dans mon cœur le souvenir du temps qui n'est plus.

MAITRE ANDRÉ.

Ma femme, ma femme ! pour l'amour de Dieu et des saints, est-ce que vous vous moquez de moi?

JACQUELINE.

Ah çà ! tout de bon, maître André, est-ce sérieux ce que vous dites ?

MAITRE ANDRÉ.

Si ce que je dis est sérieux? Jour de Dieu ! la patience m'échappe, et je ne sais à quoi il tient que je ne vous mène en justice.

JACQUELINE.

Vous, en justice?

MAITRE ANDRÉ.

Moi, en justice; il y a de quoi faire damner un homme, d'avoir affaire à une telle mule ; je n'avais jamais ouï dire qu'on pût être aussi entêté.

JACQUELINE, sautant à bas du lit.

Vous avez vu un homme entrer par la fenêtre? l'avez-vous vu, monsieur, oui ou non ?

MAITRE ANDRÉ.

Je ne l'ai pas vu de mes yeux.

JACQUELINE.

Vous ne l'avez pas vu de vos yeux, et vous voulez me mener en justice?

MAITRE ANDRÉ.

Oui, par le ciel! si vous ne répondez.

JACQUELINE.

Savez-vous une chose, maître André, que ma grand'-

mère à apprise de la sienne? Quand un mari se fie à sa femme, il garde pour lui les mauvais propos, et quand il est sûr de son fait, il n'a que faire de la consulter. Quand on a des doutes, on les lève ; quand on manque de preuves, on se tait ; et quand on ne peut pas démontrer qu'on a raison, on a tort. Allons! venez; sortons d'ici.

MAITRE ANDRÉ.

C'est donc ainsi que vous le prenez ?

JACQUELINE.

Oui, c'est ainsi ; marchez, je vous suis.

MAITRE ANDRÉ.

Et où veux-tu que j'aille à cette heure?

JACQUELINE.

En justice.

MAITRE ANDRÉ.

Mais, Jacqueline...

JACQUELINE.

Marchez, marchez; quand on menace, il ne faut pas menacer en vain.

MAITRE ANDRÉ.

Allons, voyons! calme-toi un peu.

JACQUELINE.

Non; vous voulez me mener en justice, et j'y veux aller de ce pas.

MAITRE ANDRÉ.

Que diras-tu pour ta défense? dis-le-moi aussi bien maintenant.

JACQUELINE.

Non, je ne veux rien dire ici.

MAITRE ANDRÉ.

Pourquoi?

JACQUELINE.

Parce que je veux aller en justice.

MAITRE ANDRÉ.

Vous êtes capable de me rendre fou, et il me semble que je rêve. Éternel Dieu, créateur du monde! je m'en vais faire une maladie. Comment? quoi? cela est possible? J'étais dans mon lit; je dormais, et je prends les murs à témoin que c'était de toute mon âme. Landry, mon clerc, un enfant de seize ans, qui de sa vie n'a médit de personne, le plus candide garçon du monde, qui venait de passer la nuit à copier un inventaire, voit entrer un homme par la fenêtre; il me le dit, je prends ma robe de chambre, je viens vous trouver en ami, je vous demande pour toute grâce de m'expliquer ce que cela signifie, et vous me dites des injures! vous me traitez de furieux, jusqu'à vous élancer du lit et à me saisir à la gorge! Non, cela passe toute idée; je serai hors d'état pour huit jours de faire une addition qui ait le sens commun. Jacqueline, ma petite femme! c'est vous qui me traitez ainsi.

JACQUELINE.

Allez, allez! vous êtes un pauvre homme.

MAITRE ANDRÉ.

Mais enfin, ma chère petite, qu'est-ce que cela te

fait de me répondre? Crois-tu que je puisse penser que tu me trompes réellement? Hélas! mon Dieu! un mot te suffit. Pourquoi ne veux-tu pas le dire? C'était peut-être quelque voleur qui se glissait par notre fenêtre; ce quartier-ci n'est pas des plus sûrs, et nous ferions bien d'en changer. Tous ces soldats me déplaisent fort, ma toute belle, mon bijou chéri. Quand nous allons à la promenade, au spectacle, au bal, et jusque chez nous, ces gens-là ne nous quittent pas; je ne saurais te dire un mot de près sans me heurter à leurs épaulettes, et sans qu'un grand sabre crochu ne s'embarrasse dans mes jambes. Qui sait si leur impertinence ne pourrait aller jusqu'à escalader nos fenêtres? Tu n'en sais rien, je le vois bien; ce n'est pas toi qui les encourages; ces vilaines gens sont capables de tout. Allons, voyons! donne la main; est-ce que tu m'en veux, Jacqueline?

#### JACQUELINE.

Assurément, je vous en veux. Me menacer d'aller en justice! Lorsque ma mère le saura, elle vous fera bon visage!

#### MAITRE ANDRÉ.

Eh! mon enfant, ne le lui dis pas. A quoi bon faire part aux autres de nos petites brouilleries? Ce sont quelques légers nuages qui passent un instant dans le ciel, pour le laisser plus tranquille et plus pur.

#### JACQUELINE.

A la bonne heure! touchez là.

MAITRE ANDRÉ.

Est-ce que je ne sais pas que tu m'aimes? Est-ce que je n'ai pas en toi la plus aveugle confiance? [Est-ce que depuis deux ans tu ne m'as pas donné toutes les preuves de la terre que tu es toute à moi, Jacqueline?] Cette fenêtre, dont parle Landry, ne donne pas tout à fait dans ta chambre; en traversant le péristyle, on va par là au potager; je ne serais pas étonné que notre voisin, maître Pierre, ne vînt braconner dans mes espaliers. Va, va! je ferai mettre notre jardinier ce soir en sentinelle, et le piège à loup dans l'allée; nous rirons demain tous les deux.

JACQUELINE.

Je tombe de fatigue, et vous m'avez éveillée bien mal à propos.

MAITRE ANDRÉ.

Recouche-toi, ma chère petite, je m'en vais, je te laisse ici. Allons! adieu, n'y pensons plus. Tu le vois, mon enfant, je ne fais pas la moindre recherche dans ton appartement; je n'ai pas ouvert une armoire; je t'en crois sur parole. Il me semble que je t'en aime cent fois plus de t'avoir soupçonnée à tort et de te savoir innocente. Tantôt je réparerai tout cela; nous irons à la campagne et je te ferai un cadeau. Adieu, adieu, je te reverrai[1].

Il sort. — Jacqueline, seule, ouvre une armoire; on y aperçoit accroupi le capitaine Clavaroche.

CLAVAROCHE, sortant de l'armoire.

Ouf!

#### JACQUELINE.

Vite, sortez! mon mari est jaloux; on vous a vu, mais non reconnu; vous ne pouvez pas revenir ici. Comment étiez-vous là-dedans?

#### CLAVAROCHE.

A merveille.

#### JACQUELINE.

Nous n'avons pas de temps à perdre; qu'allons-nous faire? Il faut nous voir, et échapper à tous les yeux. Quel parti prendre? le jardinier y sera ce soir; je ne suis pas sûre de ma femme de chambre; d'aller ailleurs, impossible ici; tout est à jour dans une petite ville. Vous êtes couvert de poussière, et il me semble que vous boitez.

#### CLAVAROCHE.

J'ai le genou et la tête brisés. La poignée de mon sabre m'est entrée dans les côtes. Pouah! c'est à croire que je sors d'un moulin.

#### JACQUELINE.

Brûlez mes lettres en rentrant chez vous. Si on les trouvait, je serais perdue [; ma mère me mettrait au couvent]. Landry, un clerc, vous a vu passer, il me le payera. Que faire? quel moyen? répondez! Vous êtes pâle comme la mort.

#### CLAVAROCHE.

J'avais une position fausse quand vous avez poussé le battant, en sorte que je me suis trouvé, une heure durant, comme une curiosité d'histoire naturelle dans un bocal d'esprit-de-vin.

JACQUELINE.

Eh bien! voyons! que ferons-nous?

CLAVAROCHE.

Bon! il n'y a rien de si facile.

JACQUELINE.

Mais encore?

CLAVAROCHE.

Je n'en sais rien; mais rien n'est plus aisé. M'en croyez-vous à ma première affaire? Je suis rompu; donnez-moi un verre d'eau.

JACQUELINE.

Je crois que le meilleur parti serait de nous voir à la ferme.

CLAVAROCHE.

Que ces maris, quand ils s'éveillent, sont d'incommodes animaux! Voilà un uniforme dans un joli état, et je serai beau à la parade!

Il boit.

Avez-vous une brosse ici? Le diable m'emporte! avec cette poussière, il m'a fallu un courage d'enfer pour m'empêcher d'éternuer.

JACQUELINE.

Voilà ma toilette, prenez ce qu'il vous faut.

CLAVAROCHE, se brossant la tête.

A quoi bon aller à la ferme? Votre mari est, à tout

prendre, d'assez douce composition. Est-ce que c'est une habitude que ces apparitions nocturnes?

JACQUELINE.

Non, Dieu merci! J'en suis encore tremblante. Mais songez donc qu'avec les idées qu'il a maintenant dans la tête, tous les soupçons vont tomber sur vous.

CLAVAROCHE.

Pourquoi sur moi?

JACQUELINE.

Pourquoi? Mais,... je ne sais;... il me semble que cela doit être. Tenez! Clavaroche, la vérité est une chose étrange, elle a quelque chose des spectres : on la pressent sans la toucher.

CLAVAROCHE, ajustant son uniforme.

Bah! ce sont les grands parents et les juges de paix[2] qui disent que tout se sait. Ils ont pour cela une bonne raison, c'est que tout ce qui ne se sait pas s'ignore, et par conséquent n'existe pas. J'ai l'air de dire une bêtise ; réfléchissez, vous verrez que c'est vrai.

JACQUELINE.

Tout ce que vous voudrez. Les mains me tremblent, et j'ai une peur qui est pire que le mal.

CLAVAROCHE.

Patience, nous arrangerons cela.

JACQUELINE.

Comment? Partez, voilà le jour.

CLAVAROCHE.

Eh! bon Dieu! quelle tête folle! Vous êtes jolie

comme un ange avec vos grands airs effarés. Voyons un peu, mettez-vous là, et raisonnons de nos affaires. Me voilà presque présentable, et ce désordre réparé. La cruelle armoire que vous avez là! il ne fait pas bon être de vos nippes.

JACQUELINE.

Ne riez donc pas, vous me faites frémir.

CLAVAROCHE.

Eh bien! ma chère, écoutez-moi, je vais vous dire mes principes. Quand on rencontre sur sa route l'espèce de bête malfaisante qui s'appelle un mari jaloux...

JACQUELINE.

Ah! Clavaroche, par égard pour moi!

CLAVAROCHE.

Je vous ai choquée?

Il l'embrasse.

JACQUELINE.

Au moins parlez plus bas.

CLAVAROCHE.

Il y a trois moyens certains d'éviter tout inconvénient. Le premier, c'est de se quitter. Mais celui-là, nous n'en voulons guère.

JACQUELINE.

Vous me ferez mourir de peur.

CLAVAROCHE.

Le second, le meilleur incontestablement, c'est de n'y pas prendre garde, et au besoin...

#### JACQUELINE.

Eh bien?

#### CLAVAROCHE.

Non, celui-là ne vaut rien non plus ; vous avez un mari de plume ; il faut garder l'épée au fourreau. Reste donc alors le troisième ; c'est de trouver un *chandelier*.

#### JACQUELINE.

Un chandelier ? Qu'est-ce que vous voulez dire ?

#### CLAVAROCHE.

Nous appelions ainsi, au régiment, un grand garçon de bonne mine qui est chargé de porter un châle ou un parapluie au besoin ; qui, lorsqu'une femme se lève pour danser, va gravement s'asseoir sur sa chaise et la suit dans la foule d'un œil mélancolique, en jouant avec son éventail ; qui lui donne la main pour sortir de sa loge, et pose avec fierté sur la console voisine le verre où elle vient de boire [; l'accompagne à la promenade, lui fait la lecture le soir ; bourdonne sans cesse autour d'elle, assiège son oreille d'une pluie de fadaises]. Admire-t-on la dame, il se rengorge, et si on l'insulte, il se bat. Un coussin manque à la causeuse, c'est lui qui court, se précipite, et va le chercher là où il est ; car il connaît la maison et les êtres, il fait partie du mobilier, et traverse les corridors sans lumière. [Il joue le soir avec les tantes au reversi et au piquet. Comme il circonvient le mari, en politique habile et empressé, il s'est bientôt fait prendre en grippe.] Y a-t-il fête quelque part, où la belle ait envie d'aller ? il s'est rasé au point du jour, il est depuis midi sur la place ou sur la chaussée, et il a marqué des chaises avec ses gants. Demandez-lui pourquoi il s'est fait ombre, il n'en sait rien et n'en peut rien dire. Ce n'est pas que parfois la dame ne l'encourage d'un sourire, et ne lui abandonne en valsant le bout de ses doigts, qu'il serre avec amour; il est comme ces grands seigneurs qui ont une charge honoraire et les entrées aux jours de gala; mais le cabinet leur est clos; ce ne sont pas leurs affaires. En un mot, sa faveur expire là où commencent les véritables; il a tout ce qu'on voit des femmes, et rien de ce qu'on en désire. Derrière ce mannequin commode se cache le mystère heureux ; il sert de paravent à tout ce qui se passe sous le manteau de la cheminée. Si le mari est jaloux, c'est de lui; tient-on des propos? c'est sur son compte; [c'est lui qu'on mettra à la porte un beau matin que les valets auront entendu marcher la nuit dans l'appartement de madame ; c'est lui qu'on épie en secret; ses lettres, pleines de respect et de tendresse, sont décachetées par la belle-mère ;] il va, il vient, il s'inquiète, on le laisse ramer, c'est son œuvre, moyennant quoi, l'amant discret et la très innocente amie, couverts d'un voile impénétrable, se rient de lui et des curieux.

JACQUELINE.

Je ne puis m'empêcher de rire, malgré le peu d'envie que j'en ai. Et pourquoi à ce personnage ce nom baroque de *chandelier ?*

CLAVAROCHE.

Eh! mais; c'est que c'est lui qui porte la...

JACQUELINE.

C'est bon, c'est bon, je vous comprends.

CLAVAROCHE.

Voyez, ma chère : parmi vos amis, n'auriez-vous point quelque bonne âme capable de remplir ce rôle important, qui, de bonne foi, n'est pas sans douceur? Cherchez, voyez, pensez à cela.

*Il regarde à sa montre.*

Sept heures! il faut que je vous quitte. Je suis de semaine d'aujourd'hui.

JACQUELINE.

Mais, Clavaroche, en vérité, je ne connais ici personne; et puis c'est une tromperie dont je n'aurais pas le courage. Quoi! encourager un jeune homme, l'attirer à soi, le laisser espérer, le rendre peut-être amoureux tout de bon, et se jouer de ce qu'il peut souffrir? C'est une rouerie que vous me proposez.

CLAVAROCHE.

Aimez-vous mieux que je vous perde! et dans l'embarras où nous sommes, ne voyez-vous pas qu'à tout prix il faut détourner les soupçons?

JACQUELINE.

Pourquoi les faire tomber sur un autre?

CLAVAROCHE.

Eh! pour qu'ils tombent. Les soupçons, ma chère, les soupçons d'un mari jaloux ne sauraient planer dans l'espace; ce ne sont pas des hirondelles. Il faut qu'ils se posent tôt ou tard, et le plus sûr est de leur faire un nid.

JACQUELINE.

Non, décidément, je ne puis. Ne faudrait-il pas pour cela me compromettre très réellement?

CLAVAROCHE.

Plaisantez-vous? Est-ce que, le jour des preuves, vous n'êtes pas toujours à même de démontrer votre innocence? Un amoureux n'est pas un amant.[3]

JACQUELINE.

[Eh bien!... mais le temps presse. Qui voulez-vous? Désignez-moi quelqu'un.]

CLAVAROCHE, à la fenêtre.

Tenez! voilà, dans votre cour, trois jeunes gens assis au pied d'un arbre; ce sont les clercs de votre mari. Je vous laisse le choix entre eux; quand je reviendrai, qu'il y en ait un amoureux fou de vous.

JACQUELINE.

Comment cela serait-il possible? Je ne leur ai jamais dit un mot.

CLAVAROCHE.

Est-ce que tu n'es pas fille d'Ève? Allons! Jacqueline, consentez.

JACQUELINE.

N'y comptez pas; je n'en ferai rien.

CLAVAROCHE.

Touchez là; je vous remercie. Adieu, la très crain-

tive blonde; vous êtes fine, jeune et jolie, amoureuse...
un peu, n'est-il pas vrai, madame? A l'ouvrage! un
coup de filet!

### JACQUELINE.

Vous êtes hardi, Clavaroche.

### CLAVAROCHE.

Fier et hardi; fier de vous plaire, et hardi pour vous
conserver.

Il sort.

## SCÈNE II

Un petit jardin.

**FORTUNIO, LANDRY ET GUILLAUME**, assis.

### FORTUNIO.

Vraiment, cela est singulier, et cette aventure est
étrange.

### LANDRY.

N'allez pas en jaser, au moins; vous me feriez mettre
dehors.

### FORTUNIO.

Bien étrange et bien admirable. Oui, quel qu'il soit,
c'est un homme heureux.

### LANDRY.

Promettez-moi de n'en rien dire; maître André me
l'a fait jurer.

#### GUILLAUME.

De son prochain, du roi et des femmes, il n'en faut pas souffler le mot.

#### FORTUNIO.

Que de pareilles choses existent, cela me fait bondir le cœur. Vraiment, Landry, tu as vu cela?

#### LANDRY.

C'est bon; qu'il n'en soit plus question.

#### FORTUNIO.

Tu as entendu marcher doucement?

#### LANDRY.

A pas de loup derrière le mur.

#### FORTUNIO.

Craquer doucement la fenêtre?

#### LANDRY.

Comme un grain de sable sous le pied.

#### FORTUNIO.

Puis, sur le mur, l'ombre d'un homme, quand il a franchi la poterne?

#### LANDRY.

Comme un spectre, dans son manteau.

#### FORTUNIO.

Et une main derrière le volet?

#### LANDRY.

Tremblante comme la feuille.

#### FORTUNIO.

Une lueur dans la galerie, puis un baiser, puis quelques pas lointains?

LANDRY.

Puis le silence, les rideaux qui se tirent, et la lueur qui disparaît.

FORTUNIO.

Si j'avais été à ta place, je serais resté jusqu'au jour.

GUILLAUME.

Est-ce que tu es amoureux de Jacqueline ? Tu aurais fait là un joli métier !

FORTUNIO.

Je jure devant Dieu, Guillaume, qu'en présence de Jacqueline je n'ai jamais levé les yeux. Pas même en songe, je n'oserais l'aimer. Je l'ai rencontrée au bal une fois ; ma main n'a pas touché la sienne, ses lèvres ne m'ont jamais parlé. De ce qu'elle fait ou de ce qu'elle pense, je n'en ai de ma vie rien su, sinon qu'elle se promène ici l'après-midi, et que j'ai soufflé sur nos vitres pour la voir marcher dans l'allée.

GUILLAUME.

Si tu n'es pas amoureux d'elle, pourquoi dis-tu que tu serais resté? Il n'y avait rien de mieux à faire que ce qu'a fait justement Landry : aller conter nettement la chose à maître André, notre patron.

FORTUNIO.

Landry a fait comme il lui a plu. Que Roméo possède Juliette ! je voudrais être l'oiseau matinal qui les avertit du danger.

GUILLAUME.

Te voilà bien avec tes fredaines ! Quel bien cela

peut-il te faire que Jacqueline ait un amant? C'est quelque officier de la garnison.

FORTUNIO.

J'aurais voulu être dans l'étude ; j'aurais voulu voir tout cela.

GUILLAUME.

Dieu soit béni ! c'est notre libraire qui t'empoisonne avec ses romans. Que te revient-il de ce conte? D'être Gros-Jean comme devant. N'espères-tu pas, par hasard, que tu pourras avoir ton tour? Eh! oui, sans doute, monsieur se figure qu'on pensera quelque jour à lui. Pauvre garçon ! tu ne connais guère nos belles dames de province. Nous autres, avec nos habits noirs, nous ne sommes que du fretin, bon tout au plus pour les couturières. Elles ne tâtent que du pantalon rouge[4], et une fois qu'elles y ont mordu, qu'importe que la garnison change? Tous les militaires se ressemblent; qui en aime un en aime cent. Il n'y a que le revers de l'habit qui change, et qui de jaune devient vert ou blanc. Du reste, ne retrouvent-elles pas la moustache retroussée de même, la même allure de corps de garde, le même langage et le même plaisir? Ils sont tous faits sur un modèle; à la rigueur, elles peuvent s'y tromper.

FORTUNIO.

Il n'y a pas à causer avec toi : tu passes tes fêtes et dimanches à regarder des joueurs de boule.

GUILLAUME.

Et toi, tout seul à ta fenêtre, le nez fourré dans tes

giroflées. Voyez la belle différence ! Avec tes idées romanesques, tu deviendras fou à lier. Allons ! rentrons ; à quoi penses-tu ? il est l'heure de travailler.

#### FORTUNIO.

Je voudrais bien avoir été avec Landry cette nuit dans l'étude.

<small>Ils sortent. Entrent Jacqueline et sa servante.</small>

#### JACQUELINE.

Nos prunes seront belles cette année, et nos espaliers ont bonne mine. Viens donc un peu de ce côté-ci [, et asseyons-nous sur ce banc].

#### LA SERVANTE.

C'est donc que madame ne craint pas l'air, car il ne fait pas chaud ce matin.

#### JACQUELINE.

En vérité, depuis deux ans que j'habite cette maison, je ne crois pas être venue deux fois dans cette partie du jardin. Regarde donc ce pied de chèvrefeuille. Voilà des treillis bien plantés pour faire grimper les clématites.

#### LA SERVANTE.

Avec cela que madame n'est pas couverte ; elle a voulu descendre en cheveux.

#### JACQUELINE.

Dis-moi, puisque te voilà : qu'est-ce que c'est donc que ces jeunes gens qui sont là dans la salle basse ? Est-ce que je me trompe ? Je crois qu'ils nous regardent ; ils étaient tout à l'heure ici.

LA SERVANTE.

Madame ne les connaît donc pas? Ce sont les clercs de maître André.

JACQUELINE.

Ah! est-ce que tu les connais, toi, Madelon? Tu as l'air de rougir en disant cela.

LA SERVANTE.

Moi, madame! pourquoi donc faire? Je les connais de les voir tous les jours; et encore, je dis tous les jours. Je n'en sais rien, si je les connais.

JACQUELINE.

Allons! avoue que tu as rougi. Et au fait, pourquoi t'en défendre? Autant que je puis en juger d'ici, ces garçons ne sont pas si mal. Voyons! lequel préfères-tu? fais-moi un peu tes confidences. Tu es belle fille, Madelon; que ces jeunes gens te fassent la cour, qu'y a-t-il de mal à cela?

LA SERVANTE.

Je ne dis pas qu'il y ait du mal; ces jeunes gens ne manquent pas de bien, et leurs familles sont honorables. Il y a là un petit blond; les grisettes de la Grand'Rue ne font pas fi de son coup de chapeau.

JACQUELINE, s'approchant de la maison.

Qui? celui-là avec sa moustache?

LA SERVANTE.

Oh! que non. C'est M. Landry, un grand flandrin qui ne sait que dire.

JACQUELINE.

C'est donc cet autre qui écrit?

LA SERVANTE.

Nenni, nenni; c'est M. Guillaume, un honnête garçon bien rangé; mais ses cheveux ne frisent guère, et ça fait pitié, le dimanche, quand il veut se mettre à danser.

JACQUELINE.

De qui veux-tu donc parler? Je ne crois pas qu'il y en ait d'autres que ceux-là dans l'étude.

LA SERVANTE.

Vous ne voyez pas à la fenêtre ce jeune homme propre et bien peigné? Tenez! le voilà qui se penche; c'est le petit Fortunio.

JACQUELINE.

Oui-dà, je le vois maintenant. Il n'est pas mal tourné, ma foi, avec ses cheveux sur l'oreille et son petit air innocent. Prenez garde à vous, Madelon, ces anges-là font déchoir les filles. Et il fait la cour aux grisettes, ce monsieur-là, avec ses yeux bleus? Eh bien! Madelon, il ne faut pas pour cela baisser les vôtres d'un air si renchéri. Vraiment, on peut moins bien choisir. Il sait donc que dire, celui-là, et il a un maître à danser?

LA SERVANTE.

Révérence parler, madame, si je le croyais amoureux, ici, ce ne serait pas de si peu de chose. Si vous aviez tourné la tête quand vous passiez dans le quinconce, vous l'auriez vu plus d'une fois, les bras croisés, la plume à l'oreille, vous regarder tant qu'il pouvait.

JACQUELINE.

Plaisantez-vous, mademoiselle, et pensez-vous à qui vous parlez?

LA SERVANTE.

Un chien regarde bien un évêque, et il y en a qui disent que l'évêque n'est pas fâché d'être regardé du chien. Il n'est pas si sot, ce garçon, et son père est un riche orfévre. Je ne crois pas qu'il y ait d'injure à regarder passer les gens.

JACQUELINE.

Qui vous a dit que c'est moi qu'il regarde? Il ne vous a pas, j'imagine, fait de confidences là-dessus.

LA SERVANTE.

Quand un garçon tourne la tête, allez! madame, il ne faut guère être femme pour ne pas deviner où les yeux s'en vont. Je n'ai que faire de ses confidences, et on ne m'apprendra que ce que j'en sais.

JACQUELINE.

J'ai froid. Allez me chercher un châle, et faites-moi grâce de vos propos.

La servante sort.

JACQUELINE, seule.

Si je ne me trompe, c'est le jardinier que j'ai aperçu entre ces arbres. Holà! Pierre, écoutez.

LE JARDINIER, entrant.

Vous m'avez appelé, madame?

#### JACQUELINE.

Oui, entrez là; demandez un clerc qui s'appelle Fortunio. Qu'il vienne ici; j'ai à lui parler.

<small>Le jardinier sort. Un instant après entre Fortunio.</small>

#### FORTUNIO.

Madame, on se trompe sans doute; on vient de me dire que vous me demandiez.

#### JACQUELINE.

Asseyez-vous, on ne se trompe pas. — Vous me voyez, monsieur Fortunio, fort embarrassée, fort en peine. Je ne sais trop comment vous dire ce que j'ai à vous demander, ni pourquoi je m'adresse à vous.

#### FORTUNIO.

Je ne suis que troisième clerc; s'il s'agit d'une affaire d'importance, Guillaume, notre premier clerc, est là; souhaitez-vous que je l'appelle?

#### JACQUELINE.

Mais non. Si c'était une affaire, est-ce que je n'ai pas mon mari?

#### FORTUNIO.

Puis-je être bon à quelque chose? Veuillez parler avec confiance. Quoique bien jeune, je mourrais de bon cœur pour vous rendre service.

#### JACQUELINE.

C'est galamment et vaillamment parler; et cependant, si je ne me trompe, je ne suis pas connue de vous.

#### FORTUNIO.

L'étoile qui brille à l'horizon ne connaît pas les yeux

qui la regardent; mais elle est connue du moindre pâtre qui chemine sur le coteau.

JACQUELINE.

C'est un secret que j'ai à vous dire, et j'hésite par deux motifs : d'abord vous pouvez me trahir, et en second lieu, même en me servant, prendre de moi mauvaise opinion.

FORTUNIO.

Puis-je me soumettre à quelque épreuve? Je vous supplie de croire en moi.

JACQUELINE.

Mais, comme vous dites, vous êtes bien jeune. Vous-même, vous pouvez croire en vous, et ne pas toujours en répondre.

FORTUNIO.

Vous êtes plus belle que je ne suis jeune; de ce que mon cœur sent, j'en réponds.

JACQUELINE.

La nécessité est imprudente. Voyez si personne n'écoute.

FORTUNIO.

Personne; ce jardin est désert, et j'ai fermé la porte de l'étude.

JACQUELINE.

Non, décidément, je ne puis parler; pardonnez-moi cette démarche inutile, et qu'il n'en soit jamais question.

#### FORTUNIO.

Hélas! madame, je suis bien malheureux! il en sera comme il vous plaira.

#### JACQUELINE.

C'est que la position où je suis n'a vraiment pas le sens commun. J'aurais besoin, vous l'avouerai-je? non pas tout à fait d'un ami, et cependant d'une action d'ami. Je ne sais à quoi me résoudre. Je me promenais dans ce jardin, en regardant ces espaliers; et je vous dis, je ne sais pourquoi, je vous ai vu à cette fenêtre, j'ai eu l'idée de vous faire appeler.

#### FORTUNIO.

Quel que soit le caprice du hasard à qui je dois cette faveur, permettez-moi d'en profiter. Je ne puis que répéter mes paroles : je mourrais de bon cœur pour vous.

#### JACQUELINE.

Ne me le répétez pas trop; c'est le moyen de me faire taire.

#### FORTUNIO.

Pourquoi? c'est le fond de mon cœur.

#### JACQUELINE.

Pourquoi? pourquoi? vous n'en savez rien, et je n'y veux seulement pas penser. Non; ce que j'ai à vous demander ne peut avoir de suite aussi grave, Dieu merci! c'est un rien, une bagatelle. Vous êtes un enfant, n'est-ce pas? Vous me trouvez peut-être jolie, et vous m'adressez légèrement quelques paroles de galanterie.

Je les prends ainsi, c'est tout simple; tout homme à votre place en pourrait dire autant.

FORTUNIO.

Madame, je n'ai jamais menti. Il est bien vrai que je suis un enfant, et qu'on peut douter de mes paroles; mais telles qu'elles sont, Dieu peut les juger.

JACQUELINE.

C'est bon, vous savez votre rôle, et vous ne vous dédisez pas. En voilà assez là-dessus; prenez donc ce siège et mettez-vous là.

FORTUNIO.

Je le ferai pour vous obéir.

JACQUELINE.

Pardonnez-moi une question qui pourra vous sembler étrange. Madeleine, ma femme de chambre, m'a dit que votre père était joaillier. Il doit se trouver en rapport avec les marchands de la ville.

FORTUNIO.

Oui, madame; je puis dire qu'il n'en est guère d'un peu considérable qui ne connaisse notre maison.

JACQUELINE.

Par conséquent, vous avez occasion d'aller et de venir dans le quartier marchand, et on connaît votre visage dans les boutiques de la Grand'Rue?

FORTUNIO.

Oui, madame, pour vous servir.

JACQUELINE.

Une femme de mes amies a un mari avare et jaloux.

Elle ne manque pas de fortune, mais elle ne peut en disposer. Ses plaisirs, ses goûts, sa parure, ses caprices, si vous voulez, quelle femme vit sans caprice? tout est réglé et contrôlé. Ce n'est pas qu'au bout de l'année elle ne se trouve en position de faire face à de grosses dépenses ; mais chaque mois, presque chaque semaine, il lui faut compter, disputer, calculer tout ce qu'elle achète. [Vous comprenez que la morale, tous les sermons d'économie possibles, toutes les raisons des avares, ne font pas faute aux échéances ;] enfin, avec beaucoup d'aisance, elle mène la vie la plus gênée. Elle est plus pauvre que son tiroir, et son argent ne lui sert de rien. Qui dit toilette, en parlant des femmes, dit un grand mot, vous le savez. Il a donc fallu, à tout prix, user de quelque stratagème. Les mémoires des fournisseurs ne portent que ces dépenses banales que le mari appelle « de première nécessité » ; ces choses-là se payent au grand jour ; mais, à certaines époques convenues, certains autres mémoires secrets font mention de quelques bagatelles que la femme appelle à son tour « de seconde nécessité », qui est la vraie, et que les esprits mal faits pourraient nommer du superflu. Moyennant quoi, tout s'arrange à merveille ; chacun y peut trouver son compte, et le mari, sûr de ses quittances, ne se connaît pas assez en chiffons pour deviner qu'il n'a pas payé tout ce qu'il voit sur l'épaule de sa femme.

FORTUNIO.

Je ne vois pas grand mal à cela.

JACQUELINE.

Maintenant donc, voilà ce qui arrive : le mari, un peu soupçonneux, a fini par s'apercevoir, non du chiffon de trop, mais de l'argent de moins. Il a menacé ses domestiques, frappé sur sa cassette et grondé ses marchands. La pauvre femme abandonnée n'y a pas perdu un louis ; mais elle se trouve, comme un nouveau Tantale, dévorée du matin au soir de la soif des chiffons. Plus de confidents, plus de mémoires secrets, plus de dépenses ignorées. Cette soif pourtant la tourmente ; à tout hasard elle cherche à l'apaiser. Il faudrait qu'un jeune homme adroit, discret surtout, et d'assez haut rang dans la ville pour n'éveiller aucun soupçon, voulût aller visiter les boutiques, et y acheter, comme pour lui-même, ce dont elle peut et veut avoir besoin. Il faudrait qu'il eût, tout d'abord, facile accès dans la maison ; qu'il pût entrer et sortir avec assurance ; qu'il eût bon goût, cela est clair, et qu'il sût choisir à propos. Peut-être serait-ce un heureux hasard s'il se trouvait par là, dans la ville, quelque jolie et coquette fille à qui on sût qu'il fît sa cour. N'êtes-vous pas dans ce cas, je suppose ? ce hasard-là justifierait tout. Ce serait alors pour la belle que les emplettes seraient censées se faire. Voilà ce qu'il faudrait trouver.

FORTUNIO.

Dites à votre amie que je m'offre à elle ; je la servirai de mon mieux.

##### JACQUELINE.

Mais si cela se trouvait ainsi, vous comprenez, n'est-il pas vrai, que, pour avoir dans la maison le libre accès dont je vous parle, le confident devrait s'y montrer autre part qu'à la salle basse? Vous comprenez qu'il faudrait que sa place fût à la table et au salon? Vous comprenez que la discrétion est une vertu trop difficile pour qu'on lui manque de reconnaissance, mais qu'en outre du bon vouloir, le savoir-faire n'y gâterait rien? Il faudrait qu'un soir, je suppose comme ce soir, s'il faisait beau, il sût trouver la porte entr'ouverte et apporter un bijou furtif comme un hardi contrebandier. Il faudrait qu'un air de mystère ne trahît jamais son adresse; qu'il fût prudent, leste et avisé; qu'il se souvînt d'un proverbe espagnol qui mène loin ceux qui le suivent : « Aux audacieux Dieu prête la main. »

##### FORTUNIO.

Je vous en supplie, servez-vous de moi.

##### JACQUELINE.

Toutes ces conditions remplies, pour peu qu'on fût sûr du silence, on pourrait dire au confident le nom de sa nouvelle amie. Il recevrait alors sans scrupule, adroitement comme une jeune soubrette, une bourse dont il saurait l'emploi. Preste! j'aperçois Madeleine qui vient m'apporter mon manteau. Discrétion et prudence, adieu. L'amie, c'est moi; le confident, c'est vous; la bourse est là au pied de la chaise.

*Elle sort. — Guillaume et Landry sur le pas de la porte.*

GUILLAUME.

Holà! Fortunio; maître André est là qui t'appelle.

LANDRY.

Il y a de l'ouvrage sur ton bureau. Que fais-tu là hors de l'étude?

FORTUNIO.

Hein? plaît-il? que me voulez-vous?

GUILLAUME.

Nous te disons que le patron te demande.

LANDRY.

Arrive ici; on a besoin de toi. A quoi songe donc ce rêveur?

FORTUNIO.

En vérité, cela est singulier, et cette aventure est étrange.

Ils sortent.

**FIN DE L'ACTE PREMIER.**

# ACTE DEUXIÈME

## SCÈNE PREMIÈRE [6]

Un salon.

**CLAVAROCHE,** devant une glace.

En conscience, ces belles dames, si on les aimait tout de bon, ce serait une pauvre affaire, et le métier des bonnes fortunes est, à tout prendre, un ruineux travail. Tantôt c'est au plus bel endroit qu'un valet qui gratte à la porte vous oblige à vous esquiver. La femme qui se perd pour vous ne se livre que d'une oreille, et au milieu du plus doux transport on vous pousse dans une armoire. Tantôt c'est lorsqu'on est chez soi, étendu sur un canapé et fatigué de la manœuvre, qu'un messager envoyé à la hâte vient vous faire ressouvenir qu'on vous adore à une lieue de distance. Vite, un barbier, le valet de chambre! On court, on vole; il n'est plus temps, le mari est rentré; la pluie tombe, il faut faire le pied de grue, une heure durant. Avisez-vous d'être malade ou seulement de mauvaise humeur! Point; le soleil, le froid, la tempête, l'incertitude, le danger, cela est fait pour rendre gaillard. La difficulté est en possession, depuis qu'il y a des proverbes, du privilège d'augmenter le plaisir, et le vent de bise se fâcherait si, en vous coupant le visage, il ne croyait vous donner du cœur. En vérité, on représente l'amour avec des ailes et un carquois ; on ferait mieux de nous le peindre comme un chasseur de canards sauvages, avec une veste imperméable et une perruque de laine frisée pour lui garantir l'occiput. Quelles sottes bêtes que les hommes, de se refuser leurs franches lippées pour courir après quoi, de grâce? après l'ombre de leur orgueil ! Mais la garnison dure six mois ; on ne peut pas toujours aller au café ; les comédiens de province ennuient, on se regarde dans un miroir, et on ne veut pas être beau pour rien. Jacqueline a la taille fine ; c'est ainsi qu'on prend patience, et qu'on s'accommode de tout sans trop faire le difficile.

Entre Jacqueline.

Eh bien ! ma chère, qu'avez-vous fait? Avez-vous suivi mes conseils, et sommes-nous hors de danger?

JACQUELINE.

Oui.

CLAVAROCHE.

Comment vous y êtes-vous prise? vous allez me conter cela. Est-ce un des clercs de maître André qui s'est chargé de notre salut?

JACQUELINE.

Oui.

CLAVAROCHE.

Vous êtes une femme incomparable, et on n'a pas plus d'esprit que vous. Vous avez fait venir, n'est-ce pas, le bon jeune homme à votre boudoir? Je le vois d'ici, les mains jointes, tournant son chapeau dans ses doigts. Mais quel conte lui avez-vous fait pour réussir en si peu de temps?

JACQUELINE.

Le premier venu ; je n'en sais rien.

CLAVAROCHE.

Voyez un peu ce que c'est que de nous, et quels pauvres diables nous sommes quand il vous plaît de nous endiabler! Et votre mari, comment voit-il la chose? La foudre qui nous menaçait sent-elle déjà l'aiguille aimantée? commence-t-elle à se détourner?

JACQUELINE.

Oui.

CLAVAROCHE.

Parbleu! nous nous divertirons, et je me fais une vraie fête d'examiner cette comédie, d'en observer les ressorts et les gestes, et d'y jouer moi-même mon rôle. Et l'humble esclave, je vous prie, depuis que je vous ai quittée, est-il déjà amoureux de vous? Je parierais que je l'ai rencontré comme je montais: un visage affairé et une encolure à cela. Est-il déjà installé dans sa charge? s'acquitte-t-il des soins indispensables avec quelque facilité? porte-t-il déjà vos couleurs? met-il l'écran devant le feu? a-t-il hasardé quelques mots d'amour craintif et de respectueuse tendresse? êtes-vous contente de lui?

JACQUELINE.

Oui.

CLAVAROCHE.

Et, comme à-compte sur ses futurs services, ces beaux yeux pleins d'une flamme noire lui ont-ils déjà laissé deviner qu'il est permis de soupirer pour eux? A-t-il déjà obtenu quelque grâce? Voyons, franchement, où en êtes-vous? Avez-vous croisé le regard? avez-vous engagé le fer? C'est bien le moins qu'on l'encourage pour le service qu'il nous rend.

JACQUELINE.

Oui.

CLAVAROCHE.

Qu'avez-vous donc? Vous êtes rêveuse et vous répondez à demi.

JACQUELINE.

J'ai fait ce que vous m'avez dit.

CLAVAROCHE.

En avez-vous quelque regret?

JACQUELINE.

Non.

CLAVAROCHE.

Mais vous avez l'air soucieux, et quelque chose vous inquiète.

JACQUELINE.

Non.

CLAVAROCHE.

Verriez-vous quelque sérieux dans une pareille plaisanterie? Laissez donc, tout cela n'est rien.

JACQUELINE.

Si l'on savait ce qui s'est passé, pourquoi le monde me donnerait-il tort, et à vous peut-être raison?

CLAVAROCHE.

Bon! c'est un jeu, c'est une misère; ne m'aimez-vous pas, Jacqueline?

JACQUELINE.

Oui.

CLAVAROCHE.

Eh bien donc! qui peut vous fâcher? N'est-ce donc pas pour sauver notre amour que vous avez fait tout cela?

JACQUELINE.

Oui.

CLAVAROCHE.

Je vous assure que cela m'amuse et que je n'y regarde pas de si près.

JACQUELINE.

Silence! l'heure du dîner approche, et voici maître André qui vient.

CLAVAROCHE.

Est-ce notre homme qui est avec lui?

JACQUELINE.

C'est lui. Mon mari l'a prié, et il reste ce soir ici.

*Entrent maître André et Fortunio.*

###### MAITRE ANDRÉ.

Non! je ne veux pas d'aujourd'hui entendre parler d'une affaire. Je veux qu'on s'évertue à danser et qu'il ne soit question que de rire. Je suis ravi, je nage dans la joie, et je n'entends qu'à bien dîner.

###### CLAVAROCHE.

Peste! vous êtes en belle humeur, maître André, à ce que je vois.

###### MAITRE ANDRÉ.

Il faut que je vous dise à tous ce qui m'est arrivé hier. J'ai soupçonné injustement ma femme; j'ai fait mettre le piège à loup devant la porte de mon jardin, j'y ai trouvé mon chat ce matin; c'est bien fait; je l'ai mérité. Mais je veux rendre justice à Jacqueline, et que vous appreniez de moi que notre paix est faite, et qu'elle m'a pardonné.

###### JACQUELINE.

C'est bon, je n'ai pas de rancune; obligez-moi de n'en plus parler.

###### MAITRE ANDRÉ.

Non, je veux que tout le monde le sache. Je l'ai dit partout dans la ville, et j'ai rapporté dans ma poche un petit Napoléon en sucre [7]; je veux le mettre sur ma cheminée en signe de réconciliation, et toutes les fois que je le regarderai, j'en aimerai cent fois plus ma femme. Ce sera pour me garantir de toute défiance à l'avenir.

## CLAVAROCHE.

Voilà agir en digne mari; je reconnais là maître-André.

## MAITRE ANDRÉ.

Capitaine, je vous salue. Voulez-vous dîner avec nous?⁸ Nous avons aujourd'hui au logis une façon de petite fête, et vous êtes le bienvenu.

## CLAVAROCHE.

C'est trop d'honneur que vous me faites.

## MAITRE ANDRÉ.

Je vous présente un nouvel hôte; c'est un de mes clercs, capitaine. Hé! hé! *cedant arma togœ.* Ce n'est pas pour vous faire injure; le petit drôle a de l'esprit; il vient faire la cour à ma femme.

## CLAVAROCHE.

Monsieur, peut-on vous demander votre nom? Je suis ravi de faire votre connaissance.

Fortunio salue.

## MAITRE ANDRÉ.

Fortunio. C'est un nom heureux. A vous dire vrai, voilà tantôt un an qu'il travaillait à mon étude, et je ne m'étais pas aperçu de tout le mérite qu'il a. Je crois même que, sans Jacqueline, je n'y aurais jamais songé. Son écriture n'est pas très nette; et il me fait des accolades qui ne sont pas exemptes de reproche; mais ma femme a besoin de lui pour quelques petites affaires, et elle se loue fort de son zèle. C'est leur secret; nous autres maris nous ne mettons point le nez là. Un hôte aimable, dans une petite ville, n'est pas une chose de peu de prix; aussi Dieu veuille qu'il s'y plaise! nous le recevrons de notre mieux.

FORTUNIO.

Je ferai tout pour m'en rendre digne.

MAITRE ANDRÉ, à Clavaroche.

Mon travail, comme vous le savez, me retient chez moi la semaine. Je ne suis pas fâché que Jacqueline s'amuse sans moi comme elle l'entend. Il lui fallait quelquefois un bras pour se promener par la ville; le médecin veut qu'elle marche, et le grand air lui fait du bien. Ce garçon-là sait les nouvelles, il lit fort bien à haute voix; il est, d'ailleurs, de bonne famille, et ses parents l'ont bien élevé; c'est un cavalier pour ma femme, et je vous demande votre amitié pour lui.

CLAVAROCHE.

Mon amitié, digne maître André, est tout entière à son service; c'est une chose qui vous est acquise, et dont vous pouvez disposer.

FORTUNIO.

Monsieur le capitaine est bien honnête, et je ne sais comment le remercier.

CLAVAROCHE.

Touchez là! l'honneur est pour moi si vous me comptez pour un ami.

MAITRE ANDRÉ.

Allons! voilà qui est à merveille. Vive la joie! [La

nappe nous attend; donnez la main à Jacqueline, et venez goûter de mon vin.

CLAVAROCHE, bas à Jacqueline.

Maître André ne me paraît pas envisager tout à fait les choses comme je m'y attendais.

JACQUELINE, bas.

Sa confiance et sa jalousie dépendent d'un mot et du vent qui souffle.

CLAVAROCHE, de même.

Mais ce n'est pas cela qu'il nous faut.] Si cela prend cette tournure, nous n'avons que faire de votre clerc.

JACQUELINE de même.

J'ai fait ce que vous m'avez dit.

Ils sortent.

## SCÈNE II

[A l'étude.]

GUILLAUME ET LANDRY, travaillant.

GUILLAUME.

Il me semble que Fortunio n'est pas resté longtemps à l'étude.

LANDRY.

Il y a gala ce soir à la maison, et maître André l'a invité.

GUILLAUME.

Oui; de façon que l'ouvrage nous reste. J'ai la main droite paralysée.

LANDRY.

Il n'est pourtant que troisième clerc ; on aurait pu nous inviter aussi.

GUILLAUME.

Après tout, c'est un bon garçon ; il n'y a pas grand mal à cela.

LANDRY.

Non. Il n'y en aurait pas non plus si on nous eût mis de la noce.

GUILLAUME.

Hum, hum ! quelle odeur de cuisine ! on fait un bruit là-haut, c'est à ne pas s'entendre.

LANDRY.

Je crois qu'on danse ; j'ai vu des violons.

GUILLAUME.

Au diable les paperasses ! je n'en ferai pas davantage aujourd'hui.

LANDRY.

Sais-tu une chose ? j'ai quelque idée qu'il se passe du mystère ici.

GUILLAUME.

Bah ! comment cela ?

LANDRY.

Oui, oui. Tout n'est pas clair, et si je voulais un peu jaser...

GUILLAUME.

N'aie pas peur, je n'en dirai rien.

LANDRY.

Tu te souviens que j'ai vu l'autre jour un homme escalader la fenêtre : qui c'était, on n'en a rien su. Mais aujourd'hui, pas plus tard que ce soir, j'ai vu quelque chose, moi qui te parle, et ce que c'était, je le sais bien.

GUILLAUME.

Qu'est-ce que c'était? conte-moi cela.

LANDRY.

J'ai vu Jacqueline, entre chien et loup, ouvrir la porte du jardin. Un homme était derrière elle, qui s'est glissé contre le mur, et qui lui a baisé la main; après quoi, il a pris le large, et j'ai entendu qu'il disait : Ne craignez rien, je reviendrai tantôt.

GUILLAUME.

Vraiment! cela n'est pas possible.

LANDRY.

Je l'ai vu comme je te vois.

GUILLAUME.

Ma foi! s'il en était ainsi, je sais ce que je ferais à ta place. J'en avertirais maître André, comme l'autre fois, ni plus ni moins.

LANDRY.

Cela demande réflexion. Avec un homme comme maître André, il y a des chances à courir. Il change d'avis tous les matins.

GUILLAUME.

Entends-tu le carillon qu'ils font? Paf, les portes!

clip-clap, les assiettes, les plats, les fourchettes, les bouteilles ! Il me semble que j'entends chanter.

[LANDRY.

Oui, c'est la voix de maître André lui-même. Pauvre bonhomme ! on se rit bien de lui.]

GUILLAUME.

Viens donc un peu sur la promenade ; nous jaserons tout à notre aise. Ma foi ! quand le patron s'amuse, c'est bien le moins que les clercs se reposent.

Ils sortent.

## SCÈNE III

La salle à manger.

MAITRE ANDRÉ, CLAVAROCHE, FORTUNIO ET JACQUELINE, à table. — [On est au dessert.]

CLAVAROCHE.

Allons ! monsieur Fortunio, servez donc à boire à madame.

FORTUNIO.

De tout mon cœur, monsieur le capitaine, et je bois à votre santé.

CLAVAROCHE.

Fi donc ! vous n'êtes pas galant. A la santé de votre voisine.

## ACTE II, SCÈNE III.

MAITRE ANDRÉ.

Eh oui! à la santé de ma femme. Je suis enchanté, capitaine, que vous trouviez ce vin de votre goût.

Il chante.

Amis, buvons, buvons sans cesse...

CLAVAROCHE.

Cette chanson-là est trop vieille. Chantez donc, monsieur Fortunio. 9

FORTUNIO.

Si madame veut l'ordonner.

MAITRE ANDRÉ.

Hé, hé! le garçon sait son monde.

JACQUELINE.

Eh bien! chantez, je vous en prie.

CLAVAROCHE.

Un instant. Avant de chanter, mangez un peu de ce biscuit; cela vous ouvrira la voix, et vous donnera du montant.

MAITRE ANDRÉ.

Le capitaine a le mot pour rire.

FORTUNIO.

Je vous remercie, cela m'étoufferait.

CLAVAROCHE.

Bon, bon! Demandez à madame de vous en donner un morceau. Je suis sûr que de sa blanche main cela vous paraîtra léger.

Regardant sous la table.

O ciel! que vois-je? vos pieds sur le carreau! souffrez, madame, qu'on apporte un coussin.

FORTUNIO, se levant.

En voilà un sous cette chaise.

*Il le place sous les pieds de Jacqueline.*

CLAVAROCHE.

A la bonne heure! monsieur Fortunio; je pensais que vous m'eussiez laissé faire. Un jeune homme qui fait sa cour ne doit pas permettre qu'on le prévienne.

MAITRE ANDRÉ.

Oh! oh! le garçon ira loin; il n'y a qu'à lui dire un mot.

CLAVAROCHE.

Maintenant donc, chantez, s'il vous plaît; nous écoutons de toutes nos oreilles.

FORTUNIO.

Je n'ose devant des connaisseurs. Je ne sais pas de chanson de table.

CLAVAROCHE.

Puisque madame l'a ordonné, vous ne pouvez vous en dispenser.

FORTUNIO.

Je ferai donc comme je pourrai.

CLAVAROCHE.

N'avez-vous pas encore, monsieur Fortunio, adressé de vers à madame? Voyez, l'occasion se présente.

MAITRE ANDRÉ.

Silence, silence! Laissez-le chanter.

ACTE II, SCÈNE III.

CLAVAROCHE.

Une chanson d'amour surtout, n'est-il pas vrai, monsieur Fortunio? Pas autre chose, je vous en conjure. Madame, priez-le, s'il vous plaît, qu'il nous chante une chanson d'amour. On ne saurait vivre sans cela.

JACQUELINE.

Je vous en prie, Fortunio.

FORTUNIO, chante.

Si vous croyez que je vais dire
  Qui j'ose aimer,
Je ne saurais pour un empire
  Vous la nommer.

Nous allons chanter à la ronde,
  Si vous voulez,
Que je l'adore, et qu'elle est blonde
  Comme les blés.

Je fais ce que sa fantaisie
  Veut m'ordonner,
Et je puis, s'il lui faut ma vie,
  La lui donner.

Du mal qu'une amour ignorée
  Nous fait souffrir,
J'en porte l'âme déchirée
  Jusqu'à mourir.

Mais j'aime trop pour que je die
  Qui j'ose aimer,
Et je veux mourir pour ma mie,
  Sans la nommer.

MAITRE ANDRÉ.

En vérité, le petit gaillard est amoureux comme il le dit; il en a les larmes aux yeux. Allons! garçon, bois pour te remettre. C'est quelque grisette de la ville qui t'aura fait ce méchant cadeau-là.

CLAVAROCHE.

Je ne crois pas à monsieur Fortunio l'ambition si roturière; sa chanson vaut mieux qu'une grisette. Qu'en dit madame, et quel est son avis?

JACQUELINE.

Très bien. [Donnez-moi le bras, et] allons prendre le café.

CLAVAROCHE.

[Vite, monsieur Fortunio, offrez votre bras à madame].

JACQUELINE prend le bras de Fortunio; bas, en sortant.

Avez-vous fait ma commission?

FORTUNIO.

Oui, madame [; tout est dans l'étude].

JACQUELINE.

Allez m'attendre dans ma chambre; je vous y rejoins dans un instant. [10]

Ils sortent.

## SCÈNE IV

(La chambre de Jacqueline.)

Entre FORTUNIO.

FORTUNIO.

Est-il un homme plus heureux que moi ? J'en suis certain, Jacqueline m'aime, et à tous les signes qu'elle m'en donne, il n'y a pas à s'y tromper. Déjà me voilà bien reçu, fêté, choyé dans la maison. [Elle m'a fait mettre à table à côté d'elle;] si elle sort, je l'accompagnerai. Quelle douceur, quelle voix, quel sourire ! Quand son regard se fixe sur moi, je ne sais ce qui me passe par le corps ; j'ai une joie qui me prend à la gorge ; je lui sauterais au cou si je ne me retenais. Non ; — plus j'y pense, plus je réfléchis, les moindres signes, les plus légères faveurs, tout est certain ; elle m'aime, elle m'aime, et je serais un sot fieffé si je feignais de ne pas le voir. Lorsque j'ai chanté tout à l'heure, comme j'ai vu briller ses yeux ! [Allons ! ne perdons pas de temps. Déposons ici cette boîte qui renferme quelques bijoux ; c'est une commission secrète, et Jacqueline, sûrement, ne tardera pas à venir.]

JACQUELINE.

Êtes-vous là, Fortunio ?
Entre Jacqueline.

FORTUNIO.

Oui. Voilà votre écrin, madame, et ce que vous avez demandé.

JACQUELINE.

Vous êtes homme de parole, et je suis contente de vous.

FORTUNIO.

Comment vous dire ce que j'éprouve? Un regard de vos yeux a changé mon sort, et je ne vis que pour vous servir.

JACQUELINE.

Vous nous avez chanté, à table, une jolie chanson tout à l'heure. Pour qui est-ce donc qu'elle est faite? Me la voulez-vous donner par écrit?

FORTUNIO.

Elle est faite pour vous, madame; je meurs d'amour, et ma vie est à vous.

Il se jette à genoux.

JACQUELINE.

Vraiment! je croyais que votre refrain défendait de dire qui on aime.

FORTUNIO.

Ah! Jacqueline, ayez pitié de moi; ce n'est pas d'hier que je souffre. Depuis deux ans, à travers ces charmilles, je suis la trace de vos pas. Depuis deux ans, sans que jamais peut-être vous ayez su mon existence, vous n'êtes pas sortie ou rentrée, votre ombre tremblante et légère n'a pas paru derrière vos rideaux, vous n'avez pas ouvert votre fenêtre, vous n'avez pas remué dans l'air, que je ne fusse là, que je ne vous aie vue ; je ne pouvais approcher de vous, mais votre beauté, grâce à Dieu, m'appartenait comme le soleil à tous ; je la cherchais, je la respirais, je vivais de l'ombre de votre vie. Vous passiez le matin sur le seuil de la porte, la nuit j'y revenais pleurer. Quelques mots, tombés de vos lèvres, avaient pu venir jusqu'à moi, je les répétais tout un jour. Vous cultiviez des fleurs, ma chambre en était pleine. Vous chantiez le soir au piano, je savais par cœur vos romances. Tout ce que vous aimiez, je l'aimais ; je m'enivrais de ce qui avait passé sur votre bouche et dans votre cœur. Hélas ! je vois que vous souriez. Dieu sait que ma douleur est vraie, et que je vous aime à en mourir.

JACQUELINE.

Je ne souris pas de vous entendre dire qu'il y a deux ans que vous m'aimez, mais je souris de ce que je pense qu'il y aura deux jours demain.

FORTUNIO.

Que je vous perde si la vérité ne m'est aussi chère que mon amour ! que je vous perde s'il n'y a deux ans que je n'existe que pour vous !

[JACQUELINE.

Levez-vous donc ; si on venait, qu'est-ce qu'on penserait de moi ?

FORTUNIO.

Non ! je ne me lèverai pas, je ne quitterai pas cette

place, que vous ne croyiez à mes paroles. Si vous repoussez mon amour, du moins n'en douterez-vous pas.

JACQUELINE.

Est-ce une entreprise que vous faites?

FORTUNIO.

Une entreprise pleine de crainte, pleine de misère et d'espérance. Je ne sais si je vis ou si je meurs; comment j'ai osé vous parler, je n'en sais rien. Ma raison est perdue; j'aime, je souffre; il faut que vous le sachiez, que vous le voyiez, que vous me plaigniez.

JACQUELINE.

Ne va-t-il pas rester là une heure, ce méchant enfant obstiné?] Allons! levez-vous, je le veux.

FORTUNIO, se levant.

Vous croyez donc à mon amour?

JACQUELINE.

Non, je n'y crois pas; cela m'arrange de n'y pas croire.

FORTUNIO.

C'est impossible! vous n'en pouvez douter.

[JACQUELINE.

Bah! on ne se prend pas si vite à trois mots de galanterie.

FORTUNIO.

De grâce! jetez les yeux sur moi. Qui m'aurait appris à tromper? Je suis un enfant né d'hier, et je n'ai jamais aimé personne, si ce n'est vous qui l'ignoriez.]

## ACTE II, SCÈNE IV.

JACQUELINE.

Vous faites la cour aux grisettes, je le sais comme si je l'avais vu.

FORTUNIO.

Vous vous moquez. Qui a pu vous le dire?

JACQUELINE.

Oui, oui, vous allez à la danse et aux dîners sur le gazon.

FORTUNIO.

Avec mes amis, le dimanche. Quel mal y a-t-il à cela?

JACQUELINE.

Je vous l'ai déjà dit hier, cela se conçoit : vous êtes jeune, et à l'âge où le cœur est riche, on n'a pas les lèvres avares.

FORTUNIO.

Que faut-il faire pour vous convaincre? Je vous en prie, dites-le-moi.

JACQUELINE.

Vous demandez un joli conseil. Eh bien! il faudrait le prouver.

FORTUNIO.

Seigneur mon Dieu, je n'ai que des larmes. Les larmes prouvent-elles qu'on aime? Quoi! me voilà à genoux devant vous; mon cœur à chaque battement voudrait s'élancer sur vos lèvres; ce qui m'a jeté à vos pieds, c'est une douleur qui m'écrase, que je combats depuis deux ans, que je ne peux plus contenir, et vous restez froide et incrédule? Je ne puis faire passer en vous une étincelle du feu qui me dévore? Vous niez même ce que je souffre quand je suis prêt à mourir devant vous? Ah! c'est plus cruel qu'un refus! c'est plus affreux que le mépris! L'indifférence elle-même peut croire, et je n'ai pas mérité cela.

### JACQUELINE.

Debout! on vient. Je vous crois, je vous aime; sortez par le petit escalier, revenez en bas, j'y serai.

Elle sort.

### FORTUNIO, seul.

Elle m'aime! Jacqueline m'aime! elle s'éloigne, elle me quitte ainsi! Non! je ne puis descendre encore. Silence! on approche; quelqu'un l'a arrêtée; on vient ici. Vite, sortons!

Il lève la tapisserie.

Ah! la porte est fermée en dehors, je ne puis sortir; comment faire? Si je descends par l'autre côté, je vais rencontrer ceux qui viennent.

### CLAVAROCHE, en dehors.

Venez donc, venez donc un peu.

### FORTUNIO.

C'est le capitaine qui monte avec elle. Cachons-nous vite et attendons; il ne faut pas qu'on me voie ici.

Il se cache dans le fond de l'alcôve.— Entrent Clavaroche et Jacqueline.

### CLAVAROCHE, se jetant sur un sofa.

Parbleu! madame, je vous cherchais partout; que faisiez-vous donc toute seule?

JACQUELINE, à part.

Dieu soit loué, Fortunio est parti !

CLAVAROCHE.

Vous me laissez dans un tête-à-tête qui n'est vraiment pas supportable. Qu'ai-je à faire avec maître André, je vous prie? Et justement vous nous laissez ensemble quand le vin joyeux de l'époux doit me rendre plus précieux l'aimable entretien de la femme.

FORTUNIO, caché.

C'est singulier; que veut dire ceci?

CLAVAROCHE, ouvrant l'écrin qui est sur la table.

Voyons un peu. Sont-ce des anneaux? et dites-moi, qu'en voulez-vous faire? Est-ce que vous faites un cadeau?

JACQUELINE.

Vous savez bien que c'est notre fable.

CLAVAROCHE.

Mais, en conscience, c'est de l'or ! Si vous comptez tous les matins user du même stratagème, notre jeu finira bientôt par ne pas valoir... A propos, que ce dîner m'a amusé, et quelle curieuse figure a notre jeune initié!

FORTUNIO, caché.

Initié! à quel mystère? est-ce de moi qu'il veut parler?

CLAVAROCHE.

La chaîne est belle; c'est un bijou de prix. Vous avez eu là une singulière idée.

FORTUNIO, de même.

Ah! il paraît qu'il est aussi dans la confidence de Jacqueline.

CLAVAROCHE.

Comme il tremblait, le pauvre garçon, lorsqu'il a soulevé son verre! Qu'il m'a réjoui avec ses coussins, et qu'il faisait plaisir à voir!

FORTUNIO, de même.

Assurément, c'est de moi qu'il parle, et il s'agit du dîner de tantôt.

CLAVAROCHE.

Vous rendrez cela, je suppose, au bijoutier qui l'a fourni.

FORTUNIO, de même.

Rendre la chaîne! et pourquoi donc?

CLAVAROCHE.

Sa chanson surtout m'a ravi, et maître André l'a bien remarqué; il en avait, Dieu me pardonne, la larme à l'œil pour tout de bon.

FORTUNIO, de même.

Je n'ose croire ni comprendre encore. Est-ce un rêve? suis-je éveillé? Qu'est-ce donc que ce Clavaroche?

CLAVAROCHE.

Du reste, il devient inutile de pousser les choses plus loin. A quoi bon un tiers incommode, si les soupçons ne reviennent plus? Ces maris ne manquent jamais d'adorer les amoureux de leurs femmes. Voyez ce qui est arrivé! Du moment qu'on se fie à vous, il faut souffler sur le chandelier.

### JACQUELINE.

Qui peut savoir ce qui arrivera? Avec ce caractère-là il n'y a jamais rien de sûr, et il faut garder sous la main de quoi se tirer d'embarras.

### FORTUNIO, de même.

Qu'ils fassent de moi leur jouet, ce ne peut être sans motif. Toutes ces paroles sont des énigmes.

### CLAVAROCHE.

Je suis d'avis de le congédier.

### JACQUELINE.

Comme vous voudrez. Dans tout cela, ce n'est pas moi que je consulte. Quand le mal serait nécessaire, croyez-vous qu'il serait de mon choix? Mais qui sait si demain, ce soir, dans une heure, ne viendra pas une bourrasque? Il ne faut pas compter sur le calme avec trop de sécurité.

### CLAVAROCHE.

Tu crois?[11]

[FORTUNIO, de même.

Sang du Christ! il est son amant.

### CLAVAROCHE.

Faites-en, du reste, ce que vous voudrez. Sans évincer tout à fait le jeune homme, on peut le tenir en haleine, mais d'un peu loin, et le mettre aux lisières. Si les soupçons de maître André lui revenaient jamais en tête, eh bien? alors, on aurait à portée votre M. Fortunio, pour les détourner de nouveau. Je le tiens pour poisson d'eau vive; il est friand de l'hameçon.

JACQUELINE.

Il me semble qu'on a remué.

CLAVAROCHE.

Oui;] j'ai cru entendre un soupir.

JACQUELINE.

C'est probablement Madeleine; elle range dans le cabinet.]

FIN DE L'ACTE DEUXIÈME.

# ACTE TROISIÈME

## SCÈNE PREMIÈRE[12]

[Le jardin.]

Entrent JACQUELINE ET LA SERVANTE.

LA SERVANTE.

Madame, un danger vous menace. Comme j'étais tout à l'heure dans la salle, je viens d'entendre maître André qui causait avec un de ses clercs. Autant que j'ai pu deviner, il s'agissait d'une embuscade qui doit avoir lieu cette nuit.

JACQUELINE.

Une embuscade ! en quel lieu ? pour quoi faire ?

LA SERVANTE.

Dans l'étude ; le clerc affirmait que la nuit dernière il vous a vue, vous, madame, et un homme avec vous, dans le jardin. Maître André jurait ses grands dieux qu'il voulait vous surprendre, et qu'il vous ferait un procès.

JACQUELINE.

Tu ne te trompes pas, Madelon ?

### LA SERVANTE.

Madame fera ce qu'elle voudra. Je n'ai pas l'honneur de ses confidences ; cela n'empêche pas qu'on ne rende un service. J'ai mon ouvrage qui m'attend.

### JACQUELINE.

C'est bien, et vous pouvez compter que je ne serai pas ingrate. Avez-vous vu Fortunio ce matin ? où est-il ? j'ai à lui parler.

### LA SERVANTE.

Il n'est pas venu à l'étude ; le jardinier, à ce que je crois, l'a aperçu ; mais on est en peine de lui, et on le cherchait tout à l'heure de tous les côtés du jardin. Tenez ! voilà M. Guillaume, le premier clerc, qui le cherche encore ; le voyez-vous passer là-bas ?

### GUILLAUME, au fond du théâtre.

Holà ! Fortunio ! Fortunio ! holà ! où es-tu ?

### JACQUELINE.

Va, Madelon, tâche de le trouver.

*Madelon sort. — Entre Clavaroche.*

### CLAVAROCHE.

Que diantre se passe-t-il donc ici ? Comment ! moi qui ai quelques droits, je pense, à l'amitié de maître André, il me rencontre et ne me salue pas ; les clercs me regardent de travers, et je ne sais si le chien lui-même ne voulait me prendre aux talons. Qu'est-il advenu, je vous prie ? et à quel propos maltraite-t-on les gens ?

JACQUELINE.

Nous n'avons pas sujet de rire; ce que j'avais prévu arrive, et sérieusement cette fois : nous n'en sommes plus aux paroles, mais à l'action.

CLAVAROCHE.

A l'action? que voulez-vous dire?

JACQUELINE.

Que ces maudits clercs font le métier d'espions, qu'on nous a vus, que maître André le sait, qu'il veut se cacher dans l'étude, et que nous courons les plus grands dangers.

CLAVAROCHE.

N'est-ce que cela qui vous inquiète?

[JACQUELINE.

Assurément; que voulez-vous de pire? Qu'aujourd'hui nous leur échappions, puisque nous sommes avertis, ce n'est pas là le difficile; mais du moment que maître André agit sans rien dire, nous avons tout à craindre de lui.

CLAVAROCHE.

Vraiment! c'est là toute l'affaire, et il n'y a pas plus de mal que cela?]

JACQUELINE.

Êtes-vous fou? comment est-il possible que vous en plaisantiez?

CLAVAROCHE.

C'est qu'il n'y a rien de si simple que de nous tirer d'embarras. Maître André, dites-vous, est furieux? eh bien! qu'il crie; quel inconvénient? Il veut se mettre en embuscade? qu'il s'y mette, il n'y a rien de mieux. Les clercs sont-ils de la partie? qu'ils en soient avec toute la ville, si cela les peut divertir. Ils veulent surprendre la belle Jacqueline et son très humble serviteur? hé! qu'ils surprennent, je ne m'y oppose pas. Que voyez-vous là qui nous gêne?

JACQUELINE.

Je ne comprends rien à ce que vous dites.

CLAVAROCHE.

Faites-moi venir Fortunio. Où est-il fourré, ce monsieur? Comment! nous sommes en péril, et le drôle nous abandonne! Allons! vite, avertissez-le.

JACQUELINE.

J'y ai pensé; on ne sait où il est, et il n'a pas paru ce matin.

CLAVAROCHE.

Bon! cela est impossible, il est par là quelque part dans vos jupes; vous l'avez oublié dans une armoire, et votre servante l'aura par mégarde accroché au porte-manteau.

JACQUELINE.

Mais encore, en quelle façon peut-il nous être utile? J'ai demandé où il était sans trop savoir pourquoi moi-même; je ne vois pas, en y réfléchissant, à quoi il peut nous être bon.

CLAVAROCHE.

Hé! ne voyez-vous pas que je m'apprête à lui faire

le plus grand sacrifice! Il ne s'agit pas d'autre chose que de lui céder pour ce soir tous les privilèges de l'amour.

JACQUELINE.

Pour ce soir? et dans quel dessein?

CLAVAROCHE.

Dans le dessein positif et formel que ce digne maître André ne passe pas inutilement une nuit à la belle étoile. Ne voudriez-vous pas que ces pauvres clercs, qui se vont donner bien du mal, ne trouvent\* personne au logis? Fi donc! nous ne pouvons permettre que ces honnêtes gens restent les mains vides; il faut leur dépêcher quelqu'un.

JACQUELINE.

Cela ne sera pas; trouvez autre chose; vous avez là une idée horrible, et je ne puis y consentir.

CLAVAROCHE.

Pourquoi horrible? Rien n'est plus innocent. Vous écrivez un mot à Fortunio, si vous ne pouvez le trouver vous-même; car le moindre mot en ce monde vaut mieux que le plus gros écrit. Vous le faites venir ce soir, sous prétexte d'un rendez-vous. Le voilà entré; les clercs le surprennent, et maître André le prend au collet. Que voulez-vous qu'il lui arrive? Vous descendez là-dessus en cornette, et demandez pourquoi on fait du bruit, le plus naturellement du monde. On vous l'explique.

\* Ce manquement à la règle des subjonctifs sied à Clavaroche.

Maître André en fureur vous demande à son tour pourquoi son jeune clerc se glisse dans son jardin. Vous rougissez d'abord quelque peu, puis vous avouez sincèrement tout ce qu'il vous plaira d'avouer : que ce garçon visite vos marchands, qu'il vous apporte en secret des bijoux, en un mot la vérité pure. Qu'y a-t-il là de si effrayant?

JACQUELINE.

On ne me croira pas. La belle apparence que je donne des rendez-vous pour payer des mémoires !

CLAVAROCHE.

On croit toujours ce qui est vrai. La vérité a un accent impossible à méconnaître, et les cœurs bien nés ne s'y trompent jamais. N'est-ce donc pas, en effet, à vos commissions que vous employez ce jeune homme?

JACQUELINE.

Oui.

CLAVAROCHE.

Eh bien donc! puisque vous le faites, vous le direz, et on le verra bien. Qu'il ait les preuves dans sa poche, un écrin, comme hier, la première chose venue, cela suffira. [Songez donc que, si nous n'employons ce moyen, nous en avons pour une année entière. Maître André s'embusque aujourd'hui, il se rembusquera demain, et ainsi de suite jusqu'à ce qu'il nous surprenne. Moins il trouvera, plus il cherchera; mais qu'il trouve une fois pour toutes, et nous en voilà délivrés.

## ACTE III, SCÈNE I.

JACQUELINE.

C'est impossible! il n'y faut pas songer.

CLAVAROCHE.

Un rendez-vous dans un jardin n'est pas d'ailleurs un si gros péché. A la rigueur, si vous craignez l'air, vous n'avez qu'à ne pas descendre. On ne trouvera que le jeune homme, et il s'en tirera toujours. Il serait plaisant qu'une femme ne puisse* prouver qu'elle est innocente quand elle l'est.] Allons! vos tablettes, et prenez-moi le crayon que voici.

JACQUELINE.

Vous n'y pensez pas, Clavaroche; c'est un guet-apens que vous faites là.

CLAVAROCHE, lui présentant un crayon et du papier.

Écrivez donc, je vous en prie : « A minuit, ce soir, au jardin. »

JACQUELINE.

C'est envoyer cet enfant dans un piège, c'est le livrer à l'ennemi.

CLAVAROCHE.

Ne signez pas, c'est inutile.

Il prend le papier.

Franchement, ma chère, la nuit sera fraîche, et vous ferez mieux de rester chez vous. Laissez ce jeune homme se promener seul, et profiter du temps qu'il fait. Je pense, comme vous, qu'on aurait peine à croire

* Voir la note, p. 289.

que c'est pour vos marchands qu'il vient. Vous ferez mieux, si on vous interroge, de dire que vous ignorez tout, et que vous n'êtes pour rien dans l'affaire.

JACQUELINE.

Ce mot d'écrit sera un témoin.

CLAVAROCHE.

Fi donc! nous autres gens de cœur, pensez-vous que nous allions montrer à un mari de l'écriture de sa femme? Que pourrions-nous y gagner? en serions-nous donc moins coupables de ce qu'un crime serait partagé? D'ailleurs vous voyez bien que votre main tremblait un peu sans doute, et que ces caractères sont presque déguisés. Allons! je vais donner cette lettre au jardinier, Fortunio l'aura tout de suite. Venez; les vautours ont leur proie, et l'oiseau de Vénus, la pâle tourterelle, peut dormir en paix sur son nid.

[Ils sortent.]

## SCÈNE II

(Une charmille.)

[FORTUNIO, seul, assis sur l'herbe.

Rendre un jeune homme amoureux de soi, uniquement pour détourner sur lui les soupçons tombés sur un autre; lui laisser croire qu'on l'aime, le lui dire au besoin; troubler peut-être bien des nuits tranquilles; remplir de doute et d'espérance un cœur jeune et prêt à souffrir ; jeter une pierre dans un lac qui n'avait jamais eu encore une seule ride à sa surface ; exposer un homme aux soupçons, à tous les dangers de l'amour heureux, et cependant ne lui rien accorder ; rester immobile et inanimée dans une œuvre de vie et de mort ; tromper, mentir, — mentir du fond du cœur ; faire de son corps un appât ; jouer avec tout ce qu'il y a de sacré sous le ciel, comme un voleur avec des dés pipés : voilà ce qui fait sourire une femme ! voilà ce qu'elle fait d'un petit air distrait.

Il se lève.

C'est ton premier pas, Fortunio, dans l'apprentissage du monde. Pense, réfléchis, compare, examine, ne te presse pas de juger. Cette femme-là a un amant qu'elle aime ; on la soupçonne, on la tourmente, on la menace ; elle est effrayée, elle va perdre l'homme qui remplit sa vie, qui est pour elle plus que le monde entier. Son mari se lève en sursaut, averti par un espion ; il la réveille, il veut la traîner à la barre d'un tribunal. Sa famille va la renier, une ville entière va la maudire ; elle est perdue et déshonorée, et cependant elle aime et ne peut cesser d'aimer. A tout prix il faut qu'elle sauve l'unique objet de ses inquiétudes, de ses angoisses et de ses douleurs ; il faut qu'elle aime pour continuer de vivre, et qu'elle trompe pour aimer. Elle se penche à sa fenêtre, elle voit un jeune homme au bas ; qui est-ce ? elle ne le connaît point, elle n'a jamais rencontré son visage ; est-il bon ou méchant, discret ou perfide, sensible ou insouciant? elle n'en sait rien; elle a besoin de lui, elle l'appelle, elle lui fait signe, elle ajoute une fleur à sa parure, elle parle, elle a mis sur une carte le bonheur de sa vie, et elle joue à rouge ou noir. Si elle s'était aussi bien adressée à Guillaume qu'à moi, que serait-il arrivé de cela? Guillaume est un garçon honnête, mais qui ne s'est jamais aperçu que son cœur lui servît à autre chose qu'à respirer. Guillaume aurait été ravi d'aller dîner chez son patron, d'être à côté de Jacqueline à table, tout comme j'en ai été ravi moi-même; mais il n'en aurait pas vu davantage; il ne serait devenu amoureux que de la cave de maître André; il ne se serait point jeté à genoux, il n'aurait point écouté aux portes; c'eût été pour lui tout profit. Quel mal y eût-il eu alors qu'on se servît de lui à son insu pour détourner les soupçons d'un mari? Aucun. Il eût paisiblement rempli l'office qu'on lui eût demandé; il eût vécu heureux, tranquille, dix ans sans s'en apercevoir. Jacqueline aussi eût été heureuse, tranquille, dix ans sans lui en dire un mot. Elle lui aurait fait des coquetteries, et il y aurait répondu; mais rien n'eût tiré à conséquence. Tout se serait passé à merveille, et personne ne pourrait se plaindre le jour où la vérité viendrait.

*Il se rassoit.*

Pourquoi s'est-elle adressée à moi? Savait-elle donc que je l'aimais? Pourquoi à moi plutôt qu'à Guillaume? Est-ce hasard? est-ce calcul? Peut-être au fond se doutait-elle que je n'étais pas indifférent. M'avait-elle vu à cette fenêtre? S'était-elle jamais retournée le soir, quand je l'observais dans le jardin? Mais si elle savait que je l'aimais, pourquoi alors? Parce que cet amour rendait son projet plus facile, et que j'allais, dès le premier mot, me prendre au piège qu'elle me tendait. Mon amour n'était qu'une chance favorable; elle n'y a vu qu'une occasion.

Est-ce bien sûr? N'y a-t-il rien autre chose? Quoi! elle voit que je vais souffrir, et elle ne pense qu'à en profiter! Quoi! elle me trouve sur ses traces, l'amour dans le cœur, le désir dans les yeux, jeune et ardent, prêt à mourir pour elle, et lorsque, me voyant à ses pieds, elle me sourit et me dit qu'elle m'aime, c'est un calcul, et rien de plus! Rien, rien de vrai dans ce sourire, dans cette main qui m'effleure la main, dans ce son de voix qui m'enivre? O Dieu juste! s'il en est ainsi, à quel monstre ai-je donc affaire, et dans quel abîme suis-je tombé?

Il se lève.

Non, tant d'horreur n'est pas possible! Non, une femme ne saurait être une statue malfaisante, à la fois vivante et glacée! Non, quand je le verrais de mes yeux, quand je l'entendrais de sa bouche, je ne croirais pas à un pareil métier. Non, quand elle me souriait, elle ne m'aimait pas pour cela, mais elle souriait de voir que je l'aimais. Quand elle me tendait la main, elle ne me donnait pas son cœur, mais elle laissait le mien se donner. Quand elle me disait : « Je vous aime, » elle voulait dire : « Aimez-moi. » Non, Jacqueline n'est pas méchante; il n'y a là ni calcul, ni froideur. Elle ment, elle trompe, elle est femme; elle est coquette, railleuse, joyeuse, audacieuse, mais non infâme, non insensible. Ah! insensé, tu l'aimes! tu l'aimes! tu pries, tu pleures, et elle se rit de toi!

Entre Madelon.

MADELON.

Ah! Dieu merci! je vous trouve enfin; madame vous demande; elle est dans sa chambre. Venez vite, elle vous attend.

FORTUNIO.

Sais-tu ce qu'elle a à me dire? Je ne saurais y aller maintenant.

MADELON.

Vous avez donc affaire aux arbres? Elle est bien inquiète, allez! toute la maison est en colère.

LE JARDINIER, entrant.

Vous voilà donc, monsieur? on vous cherche partout; voilà un mot d'écrit pour vous, que notre maîtresse m'a donné tantôt.

FORTUNIO, lisant.

« A minuit, ce soir, au jardin. »

Haut.

C'est de la part de Jacqueline?

LE JARDINIER.

Oui, monsieur; y a-t-il réponse?

GUILLAUME, entrant.

Que fais-tu donc, Fortunio? on te demande dans l'étude.

FORTUNIO.

J'y vais, j'y vais.

Bas à Madelon.

Qu'est-ce que tu disais tout à l'heure? Quelle inquiétude a ta maîtresse?

MADELON, bas.

C'est un secret. Maître André s'est fâché.

FORTUNIO, de même.

Il s'est fâché? Pour quelle raison?

MADELON, de même.

Il s'est mis en tête que madame recevait quelqu'un en secret. Vous n'en direz rien, n'est-ce pas? Il veut se cacher cette nuit dans l'étude; c'est moi qui ai découvert cela, et si je vous le dis, dame! c'est que je pense que vous n'y êtes pas indifférent.

FORTUNIO.

Pourquoi se cacher dans l'étude?

MADELON.

Pour tout surprendre et faire son procès.

FORTUNIO.

En vérité! est-ce possible?

LE JARDINIER.

Y a-t-il réponse, monsieur?

FORTUNIO.

J'y vais moi-même; allons, partons.

[Ils sortent.]

## SCÈNE III

[Une chambre.]

JACQUELINE, seule.

Non, cela ne se fera pas. Qui sait ce qu'un homme comme maître André, une fois poussé à la violence, peut inventer pour se venger? Je n'enverrai pas ce jeune homme à un péril aussi affreux. Ce Clavaroche est sans pitié. Tout est pour lui champ de bataille, et il n'a d'entrailles pour rien. A quoi bon exposer Fortunio, lorsqu'il n'y a rien de si simple que de n'exposer ni soi ni personne? Je veux croire que tout soupçon s'évanouirait par ce moyen; mais le moyen lui-même est un mal, et je ne veux pas l'employer. Non, cela me coûte et me déplaît; je ne veux pas que ce garçon soit maltraité; puisqu'il dit qu'il m'aime, eh bien! soit; je ne rends pas le mal pour le bien.

Entre Fortunio.

On a dû vous remettre un billet de ma part; l'avez-vous lu?

FORTUNIO.

On me l'a remis, et je l'ai lu; vous pouvez disposer de moi.

JACQUELINE.

C'est inutile, j'ai changé d'avis; déchirez-le, et n'en parlons jamais.

## ACTE III, SCÈNE III.

FORTUNIO.

Puis-je vous servir en quelque autre chose?

JACQUELINE, à part.

C'est singulier, il n'insiste pas.

Haut.

Mais non; je n'ai pas besoin de vous. Je vous avais demandé votre chanson.

FORTUNIO.

La voilà. Sont-ce tous vos ordres?

JACQUELINE.

Oui, — je crois que oui. Qu'avez-vous donc? Vous êtes pâle, ce me semble.

FORTUNIO.

Si ma présence vous est inutile, permettez-moi de me retirer.

JACQUELINE.

Je l'aime beaucoup, cette chanson; elle a un petit air naïf qui va avec votre coiffure, et elle est bien faite par vous.

FORTUNIO.

Vous avez beaucoup d'indulgence.

JACQUELINE.

Oui, voyez-vous! j'avais eu d'abord l'idée de vous faire venir; mais j'ai réfléchi, c'est une folie; je vous ai trop vite écouté. — Mettez-vous donc au piano, et chantez-moi votre romance.

FORTUNIO.

Excusez-moi, je ne saurais maintenant.

JACQUELINE.

Et pourquoi donc? Êtes-vous souffrant, ou si c'est un méchant caprice? J'ai presque envie de vouloir que vous chantiez bon gré, mal gré. Est-ce que je n'ai pas quelque droit de seigneur sur cette feuille de papier-là?

Elle place la chanson sur le piano.

FORTUNIO.

Ce n'est pas mauvaise volonté; je ne puis rester plus longtemps, et maître André a besoin de moi.

JACQUELINE.

Il me plaît assez que vous soyez grondé, asseyez-vous là et chantez.

FORTUNIO.

Si vous l'exigez, j'obéis.

Il s'assoit.

JACQUELINE.

Eh bien! à quoi pensez-vous donc? Est-ce que vous attendez qu'on vienne?

FORTUNIO.

Je souffre; ne me retenez pas.

JACQUELINE.

Chantez d'abord, nous verrons ensuite si vous souffrez et si je vous retiens. Chantez, vous dis-je, je le veux. Vous ne chantez pas? Eh bien! que fait-il donc? Allons, voyons! si vous chantez, je vous donnerai le bout de ma mitaine.

## ACTE III, SCÈNE III.

FORTUNIO.

Tenez! Jacqueline, écoutez-moi : vous auriez mieux fait de me le dire, et j'aurais consenti à tout.

JACQUELINE.

Qu'est-ce que vous dites? de quoi parlez-vous?

FORTUNIO.

Oui, vous auriez mieux fait de me le dire; oui, devant Dieu, j'aurais tout fait pour vous.

JACQUELINE.

Tout fait pour moi? qu'entendez-vous par là?

FORTUNIO.

Ah! Jacqueline, Jacqueline! il faut que vous l'aimiez beaucoup; il doit vous en coûter de mentir et de railler ainsi sans pitié.

JACQUELINE.

Moi, je vous raille? Qui vous l'a dit?

FORTUNIO.

Je vous en supplie, ne mentez pas davantage; en voilà assez; je sais tout.

JACQUELINE.

Mais enfin, qu'est-ce que vous savez?

FORTUNIO.

J'étais hier dans votre chambre lorsque Clavaroche était là.

JACQUELINE.

Est-ce possible? Vous étiez dans l'alcôve?

#### FORTUNIO.

Oui, j'y étais; au nom du ciel! ne dites pas un mot là-dessus.

Un silence.

#### JACQUELINE.

Puisque vous savez tout, monsieur, il ne me reste maintenant qu'à vous prier de garder le silence. Je sens assez mes torts envers vous pour ne pas même vouloir tenter de les affaiblir à vos yeux. Ce que la nécessité commande, et ce à quoi elle peut entraîner, un autre que vous le comprendrait peut-être, et pourrait, sinon pardonner, du moins excuser ma conduite; mais vous êtes malheureusement une partie trop intéressée pour en juger avec indulgence. Je suis résignée et j'attends.

#### FORTUNIO.

N'ayez aucune espèce de crainte. Si je fais rien qui puisse vous nuire, je me coupe cette main-là.

#### JACQUELINE.

Il me suffit de votre parole, et je n'ai pas droit d'en douter. [Je dois même dire que, si vous l'oubliiez, j'aurais encore moins de droit de m'en plaindre. Mon imprudence doit porter sa peine. C'est sans vous connaître, monsieur, que je me suis adressée à vous. Si cette circonstance rend ma faute moindre, elle rendait mon danger plus grand. Puisque je m'y suis exposée, traitez-moi donc comme vous l'entendrez.] Quelques paroles échangées hier voudraient peut-être une explication. Ne pouvant tout justifier, j'aime mieux me taire sur tout. Laissez-moi croire que votre orgueil est la seule personne offensée. Si cela est, que ces deux jours s'oublient; plus tard, nous en reparlerons.

FORTUNIO.

Jamais; c'est le souhait de mon cœur.

JACQUELINE.

Comme vous voudrez; je dois obéir. Si cependant je ne dois plus vous voir, j'aurais un mot à ajouter. De vous à moi, je suis sans crainte, puisque vous me promettez le silence; mais il existe une autre personne dont la présence dans cette maison peut avoir des suites fâcheuses.

FORTUNIO.

Je n'ai rien à dire à ce sujet.

JACQUELINE.

Je vous demande de m'écouter. Un éclat entre vous et lui, vous le sentez, est fait pour me perdre. Je ferai tout pour le prévenir. Quoi que vous puissiez exiger, je m'y soumettrai sans murmure. Ne me quittez pas sans y réfléchir; dictez vous-même les conditions. Faut-il que la personne dont je parle s'éloigne d'ici pendant quelque temps? Faut-il qu'elle s'excuse près de vous? Ce que vous jugerez convenable sera reçu par moi comme une grâce, et par elle comme un devoir. Le souvenir de quelques plaisanteries m'oblige à vous interroger sur ce point. Que décidez-vous? répondez.

FORTUNIO.

Je n'exige rien. Vous l'aimez; soyez en paix tant qu'il vous aimera.

JACQUELINE.

Je vous remercie de ces deux promesses. [Si vous veniez à vous en repentir, je vous répète que toute condition sera reçue, imposée par vous. Comptez sur ma reconnaissance. Puis-je dès à présent réparer autrement mes torts? Est-il en ma disposition quelque moyen de vous obliger? Quand vous ne devriez pas me croire, je vous avoue que je ferais tout au monde pour vous laisser de moi un souvenir moins désavantageux.] Que puis-je faire? je suis à vos ordres.

FORTUNIO.

Rien. Adieu, madame. Soyez sans crainte; vous n'aurez jamais à vous plaindre de moi.

Il va pour sortir et prend sa romance.

JACQUELINE.

Ah! Fortunio, laissez-moi cela.

FORTUNIO.

Et qu'en ferez-vous, cruelle que vous êtes? Vous me parlez depuis un quart d'heure, et rien du cœur ne vous sort des lèvres. Il s'agit bien de vos excuses, de sacrifices et de réparations! il s'agit bien de votre Clavaroche et de sa sotte vanité! il s'agit bien de mon orgueil! Vous croyez donc l'avoir blessé? Vous croyez donc que ce qui m'afflige, c'est d'avoir été pris pour dupe et plaisanté à ce dîner! Je ne m'en souviens seulement pas. Quand je vous dis que je vous aime, vous croyez donc que je n'en sens rien? Quand je vous parle de deux ans de souffrances, vous croyez donc que je fais comme vous? Eh quoi! vous me brisez le cœur, vous prétendez vous en repentir, et c'est ainsi que vous me quittez! La nécessité, dites-vous, vous a fait commettre une faute, et vous en avez du regret; vous rougissez, vous détournez la tête; ce que je souffre vous fait pitié; vous me voyez, vous comprenez votre œuvre; et la blessure que vous m'avez faite, voilà comme vous la guérissez! Ah! elle est au cœur, Jacqueline, et vous n'aviez qu'à tendre la main. Je vous le jure, si vous l'aviez voulu, quelque honteux qu'il soit de le dire, quand vous en souririez vous-même, j'étais capable de consentir à tout. O Dieu! la force m'abandonne; je ne peux pas sortir d'ici.

Il s'appuie sur un meuble..

JACQUELINE.

Pauvre enfant! je suis bien coupable. Tenez, respirez ce flacon.

FORTUNIO.

Ah! gardez-les, gardez-les pour lui, ces soins dont je ne suis pas digne; ce n'est pas pour moi qu'ils sont faits. Je n'ai pas l'esprit inventif, je ne suis ni heureux ni habile; je ne saurais à l'occasion forger un profond stratagème. Insensé! j'ai cru être aimé! oui, parce que vous m'aviez souri, parce que votre main tremblait dans la mienne, parce que vos yeux semblaient chercher mes yeux [et m'inviter comme deux anges à un festin de joie et de vie]; parce que vos lèvres s'étaient ouvertes, et qu'un vain son en était sorti; oui, je l'avoue, j'avais fait un rêve, j'avais cru qu'on aimait ainsi! Quelle misère! Est-ce à une parade que votre sourire m'avait félicité de la beauté de mon cheval? Est-ce le soleil, dardant sur mon casque, qui vous avait ébloui les yeux? Je sortais d'une salle obscure, d'où je suivais depuis deux ans vos promenades dans une allée; j'étais un pauvre dernier clerc qui s'ingérait de pleurer en silence. C'était bien là ce qu'on pouvait aimer!

JACQUELINE.

Pauvre enfant!

FORTUNIO.

Oui, pauvre enfant! dites-le encore, car je ne sais si je rêve ou si je veille, et, malgré tout, si vous ne m'aimez pas. Depuis hier [je suis assis à terre, je me frappe le cœur et le front;] je me rappelle ce que mes yeux ont vu, ce que mes oreilles ont entendu, et je me demande si c'est possible. A l'heure qu'il est, vous me le dites, je le sens, j'en souffre, j'en meurs, et je n'y crois ni ne le comprends. Que vous avais-je fait, Jacqueline? Comment se peut-il que, sans aucun motif, sans avoir pour moi ni amour ni haine, sans me connaître, sans m'avoir jamais vu; comment se peut-il que vous que tout le monde aime, que j'ai vue faire la charité et arroser ces fleurs que voilà, qui êtes bonne, qui croyez en Dieu, à qui jamais... Ah! je vous accuse, vous que j'aime plus que ma vie! ô ciel! vous ai-je fait un reproche? Jacqueline, pardonnez-moi.

JACQUELINE.

Calmez-vous, venez, calmez-vous.

FORTUNIO.

Et à quoi suis-je bon, grand Dieu! sinon à vous donner ma vie? sinon au plus chétif usage que vous voudrez faire de moi? sinon à vous suivre, à vous préserver, à écarter de vos pieds une épine? J'ose me plaindre, et vous m'aviez choisi! ma place était à votre table, j'allais compter dans votre existence. Vous alliez dire à la nature entière, à ces jardins, à ces prairies, de me sourire comme vous; votre belle et radieuse image commençait à marcher devant moi, et je la suivais; j'allais vivre... Est-ce que je vous perds, Jacqueline? est-ce que j'ai fait quelque chose pour que vous me chassiez? pourquoi donc ne voulez-vous pas faire encore semblant de m'aimer?

Il tombe sans connaissance.

JACQUELINE, courant à lui.

Seigneur, mon Dieu! qu'est-ce que j'ai fait? Fortunio, revenez à vous.

FORTUNIO.

Qui êtes-vous? laissez-moi partir.

JACQUELINE.

Appuyez-vous, venez à la fenêtre; de grâce, appuyez-vous sur moi; posez ce bras sur mon épaule, je vous en supplie, Fortunio.

FORTUNIO.

Ce n'est rien; me voilà remis.

JACQUELINE.

[Comme il est pâle, et comme son cœur bat! Voulez-vous vous mouiller les tempes? prenez ce coussin, prenez ce mouchoir;] vous suis-je tellement odieuse que vous me refusiez cela?

FORTUNIO.

Je me sens mieux, je vous remercie.

[JACQUELINE.

Comme ces mains-là sont glacées! Où allez-vous? vous ne pouvez sortir. Attendez du moins un instant. Puisque je vous fais tant souffrir, laissez-moi du moins vous soigner.

FORTUNIO.

C'est inutile, il faut que je descende. Pardonnez-moi ce que j'ai pu vous dire; je n'étais pas maître de mes paroles.

JACQUELINE.

Que voulez-vous que je vous pardonne? Hélas! c'est vous qui ne pardonnez pas. Mais qui vous presse? pourquoi me quitter? vos regards cherchent quelque chose. Ne me reconnaissez-vous pas? Restez en repos, je vous en conjure. Pour l'amour de moi, Fortunio, vous ne pouvez sortir encore.

FORTUNIO.

Non ! adieu ; je ne puis rester.]

JACQUELINE.

Ah ! je vous ai fait bien du mal !

FOLTUNIO.

On me demandait quand je suis monté ; adieu, madame, comptez sur moi.

JACQUELINE.

Vous reverrai-je ?

FORTUNIO.

Si vous voulez.

JACQUELINE.

Monterez-vous ce soir au salon ?

FORTUNIO.

Si cela vous plaît.

JACQUELINE.

Vous partez donc ? — encore un instant !

FORTUNIO.

Adieu, adieu ! je ne puis rester.
Il sort.

JACQUELINE appelle.

Fortunio ! écoutez-moi !

FORTUNIO, rentrant.

Que me voulez-vous, Jacqueline ?

JACQUELINE.

Écoutez-moi, il faut que je vous parle. Je ne veux pas vous demander pardon ; je ne veux revenir sur rien ; je ne veux pas me justifier. Vous êtes bon, brave et sincère ; j'ai été fausse et déloyale : je ne peux pas vous quitter ainsi.

FORTUNIO.

Je vous pardonne de tout mon cœur.

JACQUELINE.

Non, vous souffrez, le mal est fait. Où allez-vous ? que voulez-vous faire ? comment se peut-il, sachant tout, que vous soyez revenu ici ?

FORTUNIO.

Vous m'aviez fait demander.

JACQUELINE.

Mais vous veniez pour me dire que je vous verrais à ce rendez-vous. Est-ce que vous y seriez venu ?

FORTUNIO.

Oui, si c'était pour vous rendre service, et je vous avoue que je le croyais.

JACQUELINE.

Pourquoi pour me rendre service ?

FORTUNIO.

Madelon m'a dit quelques mots...

JACQUELINE.

Vous le saviez, malheureux, et vous veniez à ce jardin !

FORTUNIO.

Le premier mot que je vous aie dit de ma vie, c'est que je mourrais de bon cœur pour vous, et le second, c'est que je ne mentais jamais.

## ACTE III, SCÈNE III.

JACQUELINE.

Vous le saviez et vous veniez! Songez-vous à ce que vous dites? Il s'agissait d'un guet-apens.

FORTUNIO.

Je savais tout.

JACQUELINE.

Il s'agissait d'être surpris, d'être tué peut-être, traîné en prison; que sais-je? c'est horrible à dire.

FORTUNIO.

Je savais tout.

JACQUELINE.

Vous saviez tout? vous saviez tout? [Vous étiez caché là, hier, dans cette alcôve, derrière ce rideau.] Vous écoutiez, n'est-il pas vrai? vous saviez encore tout, n'est-ce pas?

FORTUNIO.

Oui.

JACQUELINE.

Vous saviez que je mens, que je trompe, que je vous raille, et que je vous tue? vous saviez que j'aime Clavaroche et qu'il me fait faire tout ce qu'il veut? que je joue une comédie? que là, hier, je vous ai pris pour dupe? que je suis lâche et méprisable? que je vous expose à la mort par plaisir? Vous saviez tout, vous en étiez sûr? Eh bien! eh bien!... qu'est-ce que vous savez maintenant?

FORTUNIO.

Mais, Jacqueline, je crois... je sais...

JACQUELINE.

Sais-tu que je t'aime, enfant que tu es? qu'il faut que tu me pardonnes ou que je meure; et que je te le demande à genoux?

## SCÈNE IV

[La salle à manger.]

MAITRE ANDRÉ, CLAVAROCHE, FORTUNIO
ET JACQUELINE [, à table].

MAITRE ANDRÉ.

Grâce au ciel, nous voilà tous joyeux, tous réunis et tous amis. Si je doute jamais de ma femme, puisse mon vin m'empoisonner!

[JACQUELINE.

Donnez-moi donc à boire, monsieur Fortunio.]

CLAVAROCHE, bas.

Je vous répète que votre clerc m'ennuie; faites-moi la grâce de le renvoyer.

JACQUELINE, bas.

Je fais ce que vous m'avez dit.

MAITRE ANDRÉ.

Quand je pense qu'hier j'ai passé la nuit dans l'étude à me morfondre sur un maudit soupçon, je ne sais de quel nom m'appeler.

[JACQUELINE.

Monsieur Fortunio, donnez-moi ce coussin.

### CLAVAROCHE, bas.

Me croyez-vous un autre maître André?] Si votre clerc ne sort de la maison, j'en sortirai tantôt moi-même.

### JACQUELINE.

Je fais ce que vous m'avez dit.

### MAITRE ANDRÉ.

Mais je l'ai conté à tout le monde; il faut que justice se fasse ici-bas. Toute la ville saura qui je suis; et désormais, pour pénitence, je ne douterai de quoi que ce soit. [13]

### [JACQUELINE.

Monsieur Fortunio, je bois à vos amours.

### CLAVAROCHE, bas.

En voilà assez, Jacqueline, et je comprends ce que cela signifie. Ce n'est pas là ce que je vous ai dit.

### MAITRE ANDRÉ.

Oui! aux amours de Fortunio!]

*Il chante.*

Amis, buvons, buvons sans cesse.

### FORTUNIO.

Cette chanson-là est bien vieille; chantez donc, monsieur Clavaroche!

FIN DU CHANDELIER.

# ADDITIONS ET VARIANTES

### EXÉCUTÉES PAR L'AUTEUR

### POUR LA REPRÉSENTATION

---

#### 1. — PAGE 234.

*Adieu, adieu.* Eh bien ! tu le vois : il n'y a rien de tel que de s'expliquer : on finit toujours par s'entendre.

#### 2. — PAGE 237.

*Bah ! ce sont les grands parents* et le lieutenant de police *qui disent que tout se sait*, etc.

#### 3. — PAGE 242.

*Un amoureux n'est pas un amant.*

JACQUELINE.

Sans doute, mais...

CLAVAROCHE.

*Tenez*, etc.

#### 4. — PAGE 246.

*Elles ne tâtent que* de l'épaulette, etc.

ADDITIONS ET VARIANTES.   315

5. — PAGE 248.

*Qui? celui là* qui taille sa plume?

6. — PAGE 259.

## ACTE DEUXIÈME

Une salle à manger. — Une table servie.

### SCÈNE PREMIÈRE

GUILLAUME, LANDRY.

GUILLAUME.

*Il me semble que Fortunio n'est pas resté longtemps à l'étude.*

(Suit toute la scène II du II<sup>e</sup> acte.)

... *C'est bien le moins que les clercs se reposent.*

Ils sortent.

CLAVAROCHE, UN DOMESTIQUE.

CLAVAROCHE, entrant.

Personne encore?

LE DOMESTIQUE.

Non, monsieur.

CLAVAROCHE.

C'est bon, j'attendrai.

Le domestique sort.

*En conscience, ces belles dames, si on les aimait tout de bon,* etc.

(Suit la scène I<sup>re</sup>.)

### 7. — PAGE 264.

*J'ai apporté dans ma poche un petit Amour en sucre.*

### 8. — PAGE 265.

*Voulez-vous dîner avec nous?*

CLAVAROCHE.

Assurément, mon couvert est mis.

<small>Ils se mettent à table.</small>

MAITRE ANDRÉ.

*Nous avons aujourd'hui au logis, etc.*

### 9. — PAGE 271.

*Chantez donc, monsieur Fortunio.*

MAITRE ANDRÉ.

Est-ce qu'il chante? — Comment, bien vieille ! c'est moi qui l'ai composée pour le jour de mes noces.

FORTUNIO.

*Si madame veut l'ordonner,* etc.

### 10. — PAGE 274.

JACQUELINE, <small>bas à Fortunio.</small>

Attendez-moi ici. — Je reviens dans un instant.

### 11. — PAGE 283.

CLAVAROCHE.

*Tu crois?*

FORTUNIO, caché.

Juste ciel!

JACQUELINE.

*J'ai cru entendre un soupir.*

CLAVAROCHE.

Bon! c'est votre mari qui vient.

Les Mêmes, MAITRE ANDRÉ.

MAITRE ANDRÉ, un peu aviné.

Capitaine! capitaine! où êtes-vous donc? Eh bien! vous me laissez prendre mon café tout seul? — Et cette fine partie de piquet?

CLAVAROCHE, à part.

C'est amusant!

MAITRE ANDRÉ.

Hier il m'a fait capot.

CLAVAROCHE.

Vous voulez jouer maintenant?

MAITRE ANDRÉ.

Et ma revanche?

CLAVAROCHE.

Venez donc, maître André.

On sort.

FORTUNIO, tombant accablé sur un fauteuil.

*Sang du Christ! il est son amant!*

FIN DE L'ACTE DEUXIÈME.

12. — PAGE 285.

## ACTE TROISIÈME

La chambre à coucher de Jacqueline.

MADELON.

*Madame, un danger vous menace,* etc.

13. — PAGE 313.

*Je ne douterai de quoi que ce soit.* — Allons nous mettre à table. Fortunio, tu nous chanteras ta romance, et nous boirons à tes amours. Moi je vous chanterai : « Amis, buvons, buvons sans cesse, » etc.

FIN DES ADDITIONS ET VARIANTES.

Cette comédie, publiée dans la *Revue des Deux Mondes*, en 1835, a été représentée, pour la première fois, le 10 août 1848, au Théâtre-Historique. Une jeune actrice de grande espérance, mademoiselle Maillet, remplissait le rôle de Jacqueline. — Elle mourut peu de temps après. — La distribution des autres rôles était si défectueuse et l'exécution si insuffisante, que le public put à peine comprendre la pièce; mais le 29 juin 1850, elle reparut sur l'affiche du Théâtre-Français, et cette fois elle fut jouée avec une rare perfection; c'est pourquoi l'on peut considérer les artistes de la Comédie-Française comme ayant créé les rôles. Au mois d'octobre 1850, on jouait encore le *Chandelier* avec un grand succès, lorsqu'un ordre exprès de M. Léon Faucher, ministre de l'intérieur, en fit suspendre les représentations. Depuis lors, la commission d'examen a plusieurs fois refusé l'autorisation de reprendre le *Chandelier;* mais cette interdiction ne peut pas durer toujours.

# IL NE FAUT JURER DE RIEN

COMÉDIE EN TROIS ACTES

PUBLIÉE EN 1836, REPRÉSENTÉE EN 1848.

| PERSONNAGES. | ACTEURS QUI ONT CRÉÉ LES RÔLES. |
|---|---|
| VAN BUCK, négociant. | MM. PROVOST. |
| VALENTIN VAN BUCK, son neveu. | BRINDEAU. |
| UN ABBÉ. | GOT. |
| UN MAITRE DE DANSE. | MATHIEN. |
| UN AUBERGISTE. | |
| UN GARÇON. | |
| LA BARONNE DE MANTES. | M<sup>lles</sup> MANTE. |
| CÉCILE, sa fille. | A. LUTHER. |

*La scène est à Paris dans la première partie de l'acte I<sup>er</sup>, et ensuite au château de la baronne.*

Dessin de Bida.  Gravé par Ballin.

## IL NE FAUT JURER DE RIEN.

### CÉCILE.

De quoi aurais-je peur ? Est-ce de vous ou de la nuit ?

CHARPENTIER ÉDITEUR.

# IL NE FAUT JURER DE RIEN

## ACTE PREMIER

### SCÈNE PREMIÈRE

La chambre de Valentin.

VALENTIN, assis. — Entre VAN BUCK.

VAN BUCK.

Monsieur mon neveu, je vous souhaite le bonjour.

VALENTIN.

Monsieur mon oncle, votre serviteur.

VAN BUCK.

Restez assis; j'ai à vous parler.

VALENTIN.

Asseyez-vous; j'ai donc à vous entendre. Veuillez vous mettre dans la bergère, et poser là votre chapeau.

VAN BUCK, s'asseyant.

Monsieur mon neveu, la plus longue patience et la plus robuste obstination doivent, l'une ou l'autre, finir tôt ou tard. Ce qu'on tolère devient intolérable, incorrigible ce qu'on ne corrige pas; et qui vingt fois a jeté la perche à un fou qui veut se noyer, peut être forcé un jour ou l'autre de l'abandonner ou de périr avec lui.

VALENTIN.

Oh! oh! voilà qui est débuter, et vous avez là des métaphores qui se sont levées de grand matin.

VAN BUCK.

Monsieur, veuillez garder le silence, et ne pas vous permettre de me plaisanter. C'est vainement que les plus sages conseils, depuis trois ans, tentent de mordre sur vous. Une insouciance ou une fureur aveugle, des résolutions sans effet, mille prétextes inventés à plaisir, une maudite condescendance, tout ce que j'ai pu ou puis faire encore (mais, par ma barbe! je ne ferai plus rien!)... Où me menez-vous à votre suite? Vous êtes aussi entêté...

VALENTIN.

Mon oncle Van Buck, vous êtes en colère.

VAN BUCK.

Non, monsieur; n'interrompez pas. Vous êtes aussi obstiné que je me suis, pour mon malheur, montré crédule et patient. Est-il croyable, je vous le demande, qu'un jeune homme de vingt-cinq ans passe son temps comme vous le faites? De quoi servent mes remontrances, et quand prendrez-vous un état? Vous êtes pauvre, puisqu'au bout du compte vous n'avez de fortune que la mienne; mais, finalement, je ne suis pas moribond, et je digère encore vertement. Que comptez-vous faire d'ici à ma mort?

### VALENTIN.

Mon oncle Van Buck, vous êtes en colère, et vous allez vous oublier.

### VAN BUCK.

Non, monsieur; je sais ce que je fais. Si je suis le seul de la famille qui se soit mis dans le commerce, c'est grâce à moi, ne l'oubliez pas, que les débris d'une fortune détruite ont pu encore se relever. Il vous sied bien de sourire quand je parle! Si je n'avais pas vendu du guingan à Anvers, vous seriez maintenant à l'hôpital avec votre robe de chambre à fleurs. Mais, Dieu merci, vos chiennes de bouillottes...

### VALENTIN.

Mon oncle Van Buck, voilà le trivial; vous changez de ton, vous vous oubliez; vous avez mieux commencé que cela.

### VAN BUCK.

Sacrebleu! tu te moques de moi! Je ne suis bon apparemment qu'à payer tes lettres de change? J'en ai reçu une ce matin : soixante louis! te railles-tu des gens? Il te sied bien de faire le fashionable (que le diable soit des mots anglais!), quand tu ne peux pas payer ton tailleur! C'est autre chose de descendre d'un beau cheval pour retrouver au fond d'un hôtel une bonne famille opulente, ou de sauter à bas d'un carrosse de louage pour grimper deux ou trois étages. Avec tes gilets de satin, tu demandes, en rentrant du bal, ta chandelle à ton portier, et il regimbe quand il n'a pas eu ses étrennes. Dieu sait si tu les lui donnes tous les ans! Lancé dans un monde plus riche que toi, tu puises chez tes amis le dédain de toi-même; [tu portes ta barbe en pointe et tes cheveux sur les épaules, comme si tu n'avais pas seulement de quoi acheter un ruban pour te faire une queue.] Tu écrivailles dans les gazettes; [tu es capable de te faire saint-simonien quand tu n'auras plus ni sou ni maille, et cela viendra, je t'en réponds.] Va, va! un écrivain public est plus estimable que toi. Je finirai par te couper les vivres, et tu mourras dans un grenier.

VALENTIN.

Mon bon oncle Van Buck, je vous respecte et je vous aime. Faites-moi la grâce de m'écouter. Vous avez payé ce matin une lettre de change à mon intention. Quand vous êtes venu, j'étais à la fenêtre et je vous ai vu arriver; vous méditiez un sermon juste aussi long qu'il y a d'ici chez vous. Épargnez, de grâce, vos paroles. Ce que vous pensez, je le sais; ce que vous dites, vous ne le pensez pas toujours; ce que vous faites, je vous en remercie. Que j'aie des dettes et que je ne sois bon à rien, cela se peut; qu'y voulez-vous faire? Vous avez soixante mille livres de rente...

VAN BUCK.

Cinquante.

VALENTIN.

Soixante, mon oncle; vous n'avez pas d'enfants, et vous êtes plein de bonté pour moi. Si j'en profite, où est le mal? Avec soixante bonnes mille livres de rente...

VAN BUCK.

Cinquante, cinquante; pas un denier de plus.

VALENTIN.

Soixante; vous me l'avez dit vous-même.

VAN BUCK.

Jamais. Où as-tu pris cela?

VALENTIN.

Mettons cinquante. Vous êtes jeune, gaillard encore, et bon vivant. Croyez-vous que cela me fâche, et que j'aie soif de votre bien? Vous ne me faites pas tant d'injure; et vous savez que les mauvaises têtes n'ont pas toujours les plus mauvais cœurs. Vous me querellez de ma robe de chambre : vous en avez porté bien d'autres. [Ma barbe en pointe ne veut pas dire que je sois un saint-simonien : je respecte trop l'héritage.] Vous vous plaignez de mes gilets : voulez-vous qu'on sorte en chemise? Vous me dites que je suis pauvre et que mes amis ne le sont pas : tant mieux pour eux, ce n'est pas ma faute. Vous imaginez qu'ils me gâtent et que leur exemple me rend dédaigneux : je ne le suis que de ce qui m'ennuie, et puisque vous payez mes dettes, vous voyez bien que je n'emprunte pas. Vous me reprochez d'aller en fiacre : c'est que je n'ai pas de voiture. Je prends, dites-vous, en rentrant, ma chandelle chez mon portier : c'est pour ne pas monter sans lumière ; à quoi bon se casser le cou? Vous voudriez me voir un état : faites-moi nommer premier ministre, et vous verrez comme je ferai mon chemin. Mais quand je serai surnuméraire dans l'entre-sol d'un avoué, je vous demande ce que j'y apprendrai, sinon que tout est vanité. Vous dites que je joue à la bouillotte : c'est que j'y gagne quand j'ai brelan ; mais soyez sûr que je n'y perds pas plus tôt que je me repens de ma sottise. Ce serait, dites-vous, autre chose si je descendais d'un beau cheval pour entrer dans un bon hôtel : je le crois bien! vous en parlez à votre aise. Vous ajoutez que vous êtes fier, quoique vous ayez vendu du guingan ; et plût à Dieu que j'en vendisse! ce serait la preuve que je pourrais en acheter. [Pour ma noblesse, elle m'est aussi chère qu'elle peut vous l'être à vous-même ; mais c'est pourquoi je ne m'attelle pas, ni plus que moi les chevaux de pur sang.] Tenez! mon oncle, ou je me trompe, ou vous n'avez pas déjeuné. Vous êtes resté le cœur à jeun sur cette maudite lettre de change : avalons-la de compagnie, je vais demander le chocolat.

*Il sonne. On sert à déjeuner.*

VAN BUCK.

Quel déjeuner! Le diable m'emporte! tu vis comme un prince.

VALENTIN.

Eh! que voulez-vous? quand on meurt de faim, il faut bien tâcher de se distraire.

Ils s'attablent.

VAN BUCK.

Je suis sûr que, parce que je me mets là, tu te figures que je te pardonne.

VALENTIN.

Moi? Pas du tout. Ce qui me chagrine, lorsque vous êtes irrité, c'est qu'il vous échappe malgré vous des expressions d'arrière-boutique. Oui, sans le savoir, vous vous écartez de cette fleur de politesse qui vous distingue particulièrement; mais quand ce n'est pas devant témoins, vous comprenez que je ne vais pas le dire.

VAN BUCK.

C'est bon, c'est bon; il ne m'échappe rien. Mais brisons là, et parlons d'autre chose. Tu devrais bien te marier.

VALENTIN.

Seigneur, mon Dieu! qu'est-ce que vous dites?

VAN BUCK.

Donne-moi à boire. Je dis que tu prends de l'âge et que tu devrais te marier.

VALENTIN.

Mais, mon oncle, qu'est-ce que je vous ai fait?

VAN BUCK.

Tu m'as fait des lettres de change. Mais quand tu

ne m'aurais rien fait, qu'a donc le mariage de si effroyable ? Voyons, parlons sérieusement. Tu serais, parbleu ! bien à plaindre quand on te mettrait ce soir dans les bras une jolie fille bien élevée, avec cinquante mille écus sur la table pour t'égayer demain matin au réveil. Voyez un peu le grand malheur, et comme il y a de quoi faire l'ombrageux ! Tu as des dettes, je te les payerai ; une fois marié, tu te rangeras. Mademoiselle de Mantes a tout ce qu'il faut...

VALENTIN.

Mademoiselle de Mantes ! Vous plaisantez ?

VAN BUCK.

Puisque son nom m'est échappé, je ne plaisante pas. C'est d'elle qu'il s'agit, et si tu veux...

VALENTIN.

Et si elle veut. C'est comme dit la chanson :

<blockquote>
Je sais bien qu'il ne tiendrait qu'à moi<br>
De l'épouser, si elle voulait.
</blockquote>

VAN BUCK.

Non ; c'est de toi que cela dépend. Tu es agréé, tu lui plais.

VALENTIN.

Je ne l'ai jamais vue de ma vie.

VAN BUCK.

Cela ne fait rien ; je te dis que tu lui plais.

VALENTIN.

En vérité ?

## ACTE I, SCÈNE I.

VAN BUCK.

Je t'en donne ma parole.

VALENTIN.

Eh bien donc! elle me déplaît.

VAN BUCK.

Pourquoi?

VALENTIN.

Par la même raison que je lui plais.

VAN BUCK.

Cela n'a pas le sens commun, de dire que les gens nous déplaisent quand nous ne les connaissons pas.

VALENTIN.

Comme de dire qu'ils nous plaisent. Je vous en prie, ne parlons plus de cela.

VAN BUCK.

Mais, mon ami, en y réfléchissant (donne-moi à boire), il faut faire une fin.

VALENTIN.

Assurément, il faut mourir une fois dans sa vie.

VAN BUCK.

J'entends qu'il faut prendre un parti, et se caser. Que deviendras-tu? Je t'en avertis, un jour ou l'autre, je te laisserai là malgré moi. Je n'entends pas que tu me ruines, et si tu veux être mon héritier, encore faut-il que tu puisses m'attendre. Ton mariage me coûterait, c'est vrai, mais une fois pour toutes, et moins, en somme, que tes folies. Enfin, j'aime mieux me débarrasser de toi; pense à cela : veux-tu une jolie femme, tes dettes payées, et vivre en repos ?

VALENTIN.

Puisque vous y tenez, mon oncle, et que vous parlez sérieusement, sérieusement je vais vous répondre : prenez du pâté, et écoutez-moi.

VAN BUCK.

Voyons, quel est ton sentiment ?

VALENTIN.

Sans vouloir remonter bien haut, ni vous lasser par trop de préambules, [je commencerai par l'antiquité.] Est-il besoin de vous rappeler la manière dont fut traité un homme qui ne l'avait mérité en rien; qui toute sa vie fut d'humeur douce, jusqu'à reprendre, même après sa faute, celle qui l'avait si outrageusement trompé ? Frère d'ailleurs d'un puissant monarque, et couronné bien mal à propos...

VAN BUCK.

De qui diantre me parles-tu ?

VALENTIN.

De Ménélas, mon oncle.

VAN BUCK.

Que le diable t'emporte et moi avec ! Je suis bien sot de t'écouter.

VALENTIN.

Pourquoi ? il me semble tout simple...

## ACTE I, SCÈNE I.

VAN BUCK.

Maudit gamin! cervelle fêlée! il n'y a pas moyen de te faire dire un mot qui ait le sens commun.

*Il se lève.*

Allons! finissons! en voilà assez. Aujourd'hui, la jeunesse ne respecte rien.

VALENTIN.

Mon oncle Van Buck, vous allez vous mettre en colère.

VAN BUCK.

Non, monsieur; mais, en vérité, c'est une chose inconcevable. Imagine-t-on qu'un homme de mon âge serve de jouet à un bambin? Me prends-tu pour ton camarade, et faudra-t-il te répéter?...

VALENTIN.

Comment! mon oncle, est-il possible que vous n'ayez jamais lu Homère?

VAN BUCK, *se rasseyant.*

Eh bien! quand je l'aurais lu?

VALENTIN.

Vous me parlez de mariage; il est tout simple que je vous cite le plus grand mari de l'antiquité.

VAN BUCK.

Je me soucie bien de tes proverbes. Veux-tu répondre sérieusement?

VALENTIN.

Soit; trinquons à cœur ouvert; je ne serai compris de vous que si vous voulez bien ne pas m'interrompre.

Je ne vous ai pas cité Ménélas pour faire parade de ma science, mais pour ne pas nommer beaucoup d'honnêtes gens. Faut-il m'expliquer sans réserve?

VAN BUCK.

Oui, sur-le-champ, ou je m'en vais.

VALENTIN.

J'avais seize ans, et je sortais du collège, quand une belle dame de notre connaissance me distingua pour la première fois. A cet âge-là, peut-on savoir ce qui est innocent ou criminel? J'étais un soir chez ma maîtresse, au coin du feu, son mari en tiers. Le mari se lève et dit qu'il va sortir. A ce mot, un regard rapide échangé entre ma belle et moi me fait bondir le cœur de joie : nous allions être seuls! Je me retourne, et vois le pauvre homme mettant ses gants. Ils étaient en daim de couleur verdâtre, trop larges, et décousus au pouce. Tandis qu'il y enfonçait ses mains, debout au milieu de la chambre, un imperceptible sourire passa sur le coin des lèvres de la femme, et dessina comme une ombre légère les deux fossettes de ses joues. L'œil d'un amant voit seul de tels sourires, car on les sent plus qu'on ne les voit. Celui-ci m'alla jusqu'à l'âme, et je l'avalai comme un sorbet. Mais, par une bizarrerie étrange, le souvenir de ce moment de délices se lia invinciblement dans ma tête à celui de deux grosses mains rouges se débattant dans des gants verdâtres; et je ne sais ce que ces mains, dans leur opération confiante, avaient de triste et de piteux, mais je n'y ai jamais pensé depuis sans que le féminin sourire vînt me chatouiller le coin des lèvres, et j'ai juré que jamais femme au monde ne me ganterait de ces gants-là.

VAN BUCK.

C'est-à-dire qu'en franc libertin, tu doutes de la vertu des femmes, et que tu as peur que les autres te rendent le mal que tu leur as fait.

VALENTIN.

Vous l'avez dit : j'ai peur du diable, et je ne veux pas être ganté.

VAN BUCK.

Bah! c'est une idée de jeune homme.

VALENTIN.

Comme il vous plaira; c'est la mienne; dans une trentaine d'années, si j'y suis, ce sera une idée de vieillard, car je ne me marierai jamais.

VAN BUCK.

Prétends-tu que toutes les femmes soient fausses, et que tous les maris soient trompés?

VALENTIN.

Je ne prétends rien, et je n'en sais rien. Je prétends, quand je vais dans la rue, ne pas me jeter sous les roues des voitures; quand je dîne, ne pas manger de merlan; quand j'ai soif, ne pas boire dans un verre cassé, et quand je vois une femme, ne pas l'épouser; et encore je ne suis pas sûr de n'être ni écrasé, ni étranglé, ni brèche-dent, ni...

VAN BUCK.

Fi donc! mademoiselle de Mantes est sage et bien élevée; c'est une bonne petite fille.

VALENTIN.

A Dieu ne plaise que j'en dise du mal! elle est sans doute la meilleure du monde. Elle est bien élevée, dites-vous? Quelle éducation a-t-elle reçue? La conduit-on au bal, au spectacle, aux courses de chevaux? Sort-elle seule en fiacre, le matin, à midi, pour revenir à six heures? A-t-elle une femme de chambre adroite, un escalier dérobé? [A-t-elle vu *la Tour de Nesle*, et lit-elle les romans de M. de Balzac?] La mène-t-on, après un bon dîner, les soirs d'été, quand le vent est au sud, voir lutter aux Champs-Élysées dix ou douze gaillards nus, aux épaules carrées? A-t-elle pour maître un beau valseur grave et frisé, au jarret prussien, qui lui serre les doigts quand elle a bu du punch? Reçoit-elle des visites en tête à tête, l'après-midi, sur un sofa élastique, sous le demi-jour d'un rideau rose? A-t-elle à sa porte un verrou doré, qu'on pousse du petit doigt en tournant la tête, et sur lequel retombe mollement une tapisserie sourde et muette? Met-elle son gant dans son verre lorsqu'on commence à passer le champagne? [Fait-elle semblant d'aller au bal de l'Opéra, pour s'éclipser un quart d'heure, courir chez Musard et revenir bâiller?] Lui a-t-on appris, quand Rubini chante, à ne montrer que le blanc de ses yeux, comme une colombe amoureuse? [Passe-t-elle l'été à la campagne chez une amie pleine d'expérience, qui en répond à sa famille, et qui, le soir, la laisse au piano pour se promener sous les charmilles, en chuchotant avec un hussard?] Va-t-elle aux eaux? A-t-elle des migraines?

VAN BUCK.

Jour de Dieu! qu'est-ce que tu dis là?

VALENTIN.

C'est que, si elle ne sait rien de tout cela, on ne lui a pas appris grand'chose; car, dès qu'elle sera femme, elle le saura, et alors qui peut rien prévoir?

VAN BUCK.

Tu as de singulières idées sur l'éducation des femmes. Voudrais-tu qu'on les suivît?

VALENTIN.

Non; mais je voudrais qu'une jeune fille fût une herbe dans un bois, et non une plante dans une caisse. Allons! mon oncle, venez aux Tuileries, et ne parlons plus de tout cela.

VAN BUCK.

Tu refuses mademoiselle de Mantes?

VALENTIN.

Pas plus qu'une autre, mais ni plus ni moins.

VAN BUCK.

Tu me feras damner; tu es incorrigible. J'avais les plus belles espérances; cette fille-là sera très riche un jour. Tu me ruineras, et tu iras au diable; voilà tout ce qui arrivera. — Qu'est-ce que c'est ? Qu'est-ce que tu veux ?

VALENTIN.

Vous donner votre canne et votre chapeau, pour prendre l'air, si cela vous convient.

VAN BUCK.

Je me soucie bien de prendre l'air ! Je te déshérite si tu refuses de te marier.

VALENTIN.

Vous me déshéritez, mon oncle ?

VAN BUCK.

Oui, par le ciel ! j'en fais serment ! Je serai aussi obstiné que toi, et nous verrons qui des deux cédera.

VALENTIN.

Vous me déshéritez par écrit, ou seulement de vive voix ?

VAN BUCK.

Par écrit, insolent que tu es !

VALENTIN.

Et à qui laisserez-vous votre bien ? Vous fonderez donc un prix de vertu, ou un concours de grammaire latine ?

VAN BUCK.

Plutôt que de me laisser ruiner par toi, je me ruinerai tout seul et à mon plaisir.

VALENTIN.

Il n'y a plus de loterie ni de jeu ; vous ne pourrez jamais tout boire.

## ACTE I, SCÈNE I.

VAN BUCK.

Je quitterai Paris ; je retournerai à Anvers ; je me marierai moi-même, s'il le faut, et je te ferai six cousins germains.

VALENTIN.

Et moi je m'en irai à Alger ; je me ferai trompette de dragons, j'épouserai une Éthiopienne, et je vous ferai vingt-quatre petits neveux, noirs comme de l'encre et bêtes comme des pots.

VAN BUCK.

Jour de ma vie ! si je prends ma canne...

VALENTIN.

Tout beau, mon oncle ; prenez garde, en frappant, de casser votre bâton de vieillesse.

VAN BUCK, l'embrassant.

Ah, malheureux ! tu abuses de moi.

VALENTIN.

Écoutez-moi : le mariage me répugne ; mais pour vous, mon bon oncle, je me déciderai à tout. Quelque bizarre que puisse vous sembler ce que je vais vous proposer, promettez-moi d'y souscrire sans réserve, et, de mon côté, j'engage ma parole.

VAN BUCK.

De quoi s'agit-il ? Dépêche-toi.

VALENTIN.

Promettez d'abord, je parlerai ensuite.

VAN BUCK.

Je ne le puis pas sans rien savoir.

VALENTIN.

Il le faut, mon oncle ; c'est indispensable.

VAN BUCK.

Eh bien ! soit, je te le promets.

VALENTIN.

Si vous voulez que j'épouse mademoiselle de Mantes, il n'y a pour cela qu'un moyen : c'est de me donner la certitude qu'elle ne me mettra jamais aux mains la paire de gants dont nous parlions.

VAN BUCK.

Et que veux-tu que j'en sache ?

VALENTIN.

Il y a pour cela des probabilités qu'on peut calculer aisément. Convenez-vous que, si j'avais l'assurance qu'on peut la séduire en huit jours, j'aurais grand tort de l'épouser ?

VAN BUCK.

Certainement. Quelle apparence ?...

VALENTIN.

Je ne vous demande pas un plus long délai. La baronne ne m'a jamais vu, non plus que sa fille ; vous allez faire atteler, et vous irez leur faire visite. Vous leur direz qu'à votre grand regret, votre neveu reste garçon : j'arriverai au château une heure après vous, et vous aurez soin de ne pas me reconnaître ; voilà tout ce que je vous demande ; le reste ne regarde que moi.

#### VAN BUCK.

Mais tu m'effrayes. Qu'est-ce que tu veux faire ? A quel titre te présenter ?

#### VALENTIN.

C'est mon affaire ; ne me reconnaissez pas, voilà tout ce dont je vous charge. [Je passerai huit jours au château ; j'ai besoin d'air, et cela me fera du bien. Vous y resterez si vous voulez.]

#### VAN BUCK.

Deviens-tu fou ? et que prétends-tu faire ? Séduire une jeune fille en huit jours ? Faire le galant sous un nom supposé ? La belle trouvaille ! Il n'y a pas de contes de fées où ces niaiseries ne soient rebattues. Me prends-tu pour un oncle du Gymnase ?

#### VALENTIN.[1]

[Il est deux heures, allez-vous-en chez vous.]

Ils sortent.

## SCENE II

Au château.

### LA BARONNE, CÉCILE, un Abbé,

un Maitre de danse. La baronne, assise, cause avec l'abbé en faisant de la tapisserie. Cécile prend sa leçon de danse.

#### LA BARONNE.

C'est une chose assez singulière que je ne trouve pas mon peloton bleu.

L'ABBÉ.

Vous le teniez il y a un quart d'heure; il aura roulé quelque part.

LE MAITRE DE DANSE.

Si mademoiselle veut faire encore la poule, nous nous reposerons après cela.

CÉCILE.

Je veux apprendre la valse à deux temps.

LE MAITRE DE DANSE.

Madame la baronne s'y oppose. Ayez la bonté de tourner la tête, et de me faire des oppositions.

L'ABBÉ.

Que pensez-vous, madame, du dernier sermon? ne l'avez-vous pas entendu?

LA BARONNE.

C'est vert et rose, sur fond noir, pareil au petit meuble d'en haut.

L'ABBÉ.

Plaît-il?

LA BARONNE.

Ah! pardon, je n'y étais pas.

L'ABBÉ.

J'ai cru vous y apercevoir.

LA BARONNE.

Où donc?

L'ABBÉ.

A Saint-Roch, dimanche dernier.

##### LA BARONNE.

Mais oui, très bien. Tout le monde pleurait ; le baron ne faisait que se moucher. Je m'en suis allée à la moitié, parce que ma voisine avait des odeurs, et que je suis en ce moment-ci entre les bras des homœopathes.

##### LE MAITRE DE DANSE.

Mademoiselle, j'ai beau vous le dire, vous ne faites pas d'oppositions. Détournez donc légèrement la tête, et arrondissez-moi les bras.

##### CÉCILE.

Mais, monsieur, quand on ne veut pas tomber, il faut bien regarder devant soi.

##### LE MAITRE DE DANSE.

Fi donc ! C'est une chose horrible. Tenez, voyez ; y a-t-il rien de plus simple ? Regardez-moi ; est-ce que je tombe ? Vous allez à droite, vous regardez à gauche ; vous allez à gauche, vous regardez à droite ; il n'y a rien de plus naturel,

##### LA BARONNE.

C'est une chose inconcevable que je ne trouve pas mon peloton bleu.

##### CÉCILE.

Maman, pourquoi ne voulez-vous donc pas que j'apprenne la valse à deux temps ?

##### LA BARONNE.

Parce que c'est indécent. — Avez-vous lu *Jocelyn ?*

L'ABBÉ.

Oui, madame, il y a de beaux vers ; mais le fond, je vous l'avouerai...

LA BARONNE.

Le fond est noir ; tout le petit meuble l'est ; vous verrez cela sur du palissandre.

CÉCILE.

Mais, maman, miss Clary valse bien, et mesdemoiselles de Raimbaut aussi.

LA BARONNE.

Miss Clary est Anglaise, mademoiselle. Je suis sûre, l'abbé, que vous êtes assis dessus.

L'ABBÉ.

Moi, madame ! sur miss Clary !

LA BARONNE.

Eh ! c'est mon peloton, le voilà. Non, c'est du rouge ; où est-il passé ?

L'ABBÉ.

Je trouve la scène de l'évêque fort belle ; il y a certainement du génie, beaucoup de talent, et de la facilité.

CÉCILE.

Mais, maman, de ce qu'on est Anglaise, pourquoi est-ce décent de valser ?

LA BARONNE.

Il y a aussi un roman que j'ai lu, qu'on m'a envoyé de chez Mongie. Je ne sais plus le nom, ni de qui c'était. L'avez-vous lu ? C'est assez bien écrit.

## ACTE I, SCÈNE II.

L'ABBÉ.

Oui, madame. Il semble qu'on ouvre la grille. Attendez-vous quelque visite ?

LA BARONNE.

Ah ! c'est vrai ; Cécile, écoutez.

LE MAITRE DE DANSE.

Madame la baronne veut vous parler, mademoiselle.

L'ABBÉ.

Je ne vois pas entrer de voiture ; ce sont des chevaux qui vont sortir.

CÉCILE, s'approchant.

Vous m'avez appelée, maman ?

LA BARONNE.

Non. Ah ! oui. Il va venir quelqu'un ; baissez-vous donc que je vous parle à l'oreille. — C'est un parti. Êtes vous-coiffée ?

CÉCILE.

Un parti ?

LA BARONNE.

Oui, très convenable. — Vingt-cinq à trente ans, ou plus jeune ; — non, je n'en sais rien ; très bien ; allez danser.

CÉCILE.

Mais, maman, je voulais vous dire...

LA BARONNE.

C'est incroyable où est allé ce peloton. Je n'en ai qu'un de bleu, et il faut qu'il s'envole.

Entre Van Buck.

VAN BUCK.

Madame la baronne, je vous souhaite le bonjour. Mon neveu n'a pu venir avec moi; il m'a chargé de vous présenter ses regrets, et d'excuser son manque de parole.

LA BARONNE.

Ah bah! vraiment, il ne vient pas? Voilà ma fille qui prend sa leçon; permettez-vous qu'elle continue? Je l'ai fait descendre, parce que c'est trop petit chez elle.

VAN BUCK.

J'espère bien ne déranger personne. Si mon écervelé de neveu...

LA BARONNE.

Vous ne voulez pas boire quelque chose? Asseyez-vous donc. Comment allez-vous?

VAN BUCK.

Mon neveu, madame, est bien fâché...

LA BARONNE.

Écoutez donc que je vous dise. L'abbé, vous nous restez, pas vrai? Eh bien! Cécile, qu'est-ce qui t'arrive?

LE MAITRE DE DANSE.

Mademoiselle est lasse, madame.

LA BARONNE.

Chansons! si elle était au bal, et qu'il fût quatre heures du matin, elle ne serait pas lasse, c'est clair comme le jour. — Dites-moi donc, vous,

Bas à Van Buck.

est-ce que c'est manqué?

VAN BUCK.

J'en ai peur; et s'il faut tout dire...

LA BARONNE.

Ah bah! il refuse? Eh bien! c'est joli.

VAN BUCK.

Mon Dieu, madame, n'allez pas croire qu'il y ait là de ma faute en rien. Je vous jure bien par l'âme de mon père...

LA BARONNE.

Enfin il refuse, pas vrai? C'est manqué?

VAN BUCK.

Mais, madame, si je pouvais sans mentir...

On entend un grand tumulte au dehors.

LA BARONNE.

Qu'est-ce que c'est? regardez donc, l'abbé.

L'ABBÉ.

Madame, c'est une voiture versée devant la porte du château. On apporte ici un jeune homme qui semble privé de sentiment.

LA BARONNE.

Ah! mon Dieu! un mort qui m'arrive! Qu'on arrange vite la chambre verte. Venez, Van Buck, donnez-moi le bras.[2]

Ils sortent.

FIN DE L'ACTE PREMIER.

# ACTE DEUXIÈME

## SCÈNE PREMIÈRE

[Une allée sous une charmille.]

Entrent VAN BUCK et VALENTIN, qui a le bras en écharpe.

### VAN BUCK.

Est-il possible, malheureux garçon, que tu te sois réellement démis le bras.

### VALENTIN.

Il n'y a rien de plus possible; c'est même probable, [et, qui pis est, assez douloureusement réel.

### VAN BUCK.

Je ne sais lequel, dans cette affaire, est le plus à blâmer de nous deux. Vit-on jamais pareille extravagance !]³

### VALENTIN.

Il fallait bien trouver un prétexte pour m'introduire convenablement. Quelle raison voulez-vous qu'on ait de se présenter ainsi incognito à une famille respectable? J'avais donné un louis à mon postillon en lui demandant sa parole de me verser devant le château.

C'est un honnête homme, il n'y a rien à lui dire, et son argent est parfaitement gagné : il a mis sa roue dans le fossé avec une constance héroïque. [Je me suis démis le bras, c'est ma faute, mais] j'ai versé, et je ne me plains pas. Au contraire, j'en suis bien aise ; cela donne aux choses un air de vérité qui intéresse en ma faveur.

VAN BUCK.

Que vas-tu faire ? et quel est ton dessein ?

VALENTIN.

Je ne viens pas du tout ici pour épouser mademoiselle de Mantes, mais uniquement pour vous prouver que j'aurais tort de l'épouser. Mon plan est fait, ma batterie pointée, et jusqu'ici tout va à merveille. Vous avez tenu votre promesse comme Régulus ou Hernani. Vous ne m'avez pas appelé mon neveu, c'est le principal et le plus difficile ; me voilà reçu, [hébergé, couché dans une belle chambre verte, de la fleur d'orange sur ma table, et des rideaux blancs à mon lit.] C'est une justice à rendre à votre baronne, elle m'a aussi bien recueilli que mon postillon m'a versé. Maintenant il s'agit de savoir si tout le reste ira à l'avenant. Je compte d'abord faire ma déclaration, secondement écrire un billet...

VAN BUCK.

C'est inutile ; je ne souffrirai pas que cette mauvaise plaisanterie s'achève.

### VALENTIN.

Vous dédire ! Comme vous voudrez ; je me dédis aussi sur-le-champ.

### VAN BUCK.

Mais, mon neveu...

### VALENTIN.

Dites un mot, je reprends la poste et retourne à Paris ; plus de parole, plus de mariage ; vous me déshériterez si vous voulez.

### VAN BUCK.

C'est un guêpier incompréhensible, et il est inouï que je sois fourré là. Mais enfin voyons, explique-toi !

### VALENTIN.

Songez, mon oncle, à notre traité. Vous m'avez dit et accordé que, s'il était prouvé que ma future devait me ganter de certains gants, je serais un fou d'en faire ma femme. [Par conséquent, l'épreuve étant admise, vous trouverez bon, juste et convenable qu'elle soit aussi complète que possible. Ce que je dirai sera bien dit ; ce que j'essayerai, bien essayé, et ce que je pourrai faire, bien fait : vous ne me chercherez pas chicane, et j'ai carte blanche en tout cas.]

### VAN BUCK.

Mais, monsieur, il y a pourtant de certaines bornes, de certaines choses... — Je vous prie de remarquer que, si vous allez vous prévaloir... — Miséricorde ! comme tu y vas !

VALENTIN.

Si notre future est telle que vous la croyez et que vous me l'avez représentée, il n'y a pas le moindre danger, et elle ne peut que s'en trouver plus digne. Figurez-vous que je suis le premier venu ; je suis amoureux de mademoiselle de Mantes, vertueuse épouse de Valentin Van Buck; songez comme la jeunesse du jour est entreprenante et hardie ! que ne fait-on pas, d'ailleurs, quand on aime? Quelles escalades, quelles lettres de quatre pages, quels torrents de larmes, quels cornets de dragées ! Devant quoi recule un amant? De quoi peut-on lui demander compte? Quel mal fait-il, et de quoi s'offenser? il aime. O mon oncle Van Buck ! rappelez-vous le temps où vous aimiez.

VAN BUCK.

De tout temps j'ai été décent, et j'espère que vous le serez, sinon je dis tout à la baronne.

VALENTIN.

Je ne compte rien faire qui puisse choquer personne. Je compte d'abord faire ma déclaration ; secondement, écrire plusieurs billets ; troisièmement, gagner la fille de chambre ; quatrièmement, rôder dans les petits coins; cinquièmement, prendre l'empreinte des serrures avec de la cire à cacheter ; sixièmement, faire une échelle de cordes, et couper les vitres avec ma bague ; septièmement, me mettre à genoux par terre en récitant la *Nouvelle Héloïse;* et huitièmement, si je ne réussis pas, m'aller noyer dans la pièce d'eau;

mais je vous jure d'être décent, et de ne pas dire un seul gros mot, ni rien qui blesse les convenances.

#### VAN BUCK.

Tu es un roué et un impudent; je ne souffrirai rien de pareil.

#### VALENTIN.

Mais pensez donc que tout ce que je vous dis là, dans quatre ans d'ici un autre le fera, si j'épouse mademoiselle de Mantes; et comment voulez-vous que je sache de quelle résistance elle est capable, si je ne l'ai d'abord essayé moi-même? Un autre tentera bien plus encore, et aura devant lui un bien autre délai; en ne demandant que huit jours, j'ai fait un acte de grande humilité.

#### VAN BUCK.

C'est un piège que tu m'as tendu; jamais je n'ai prévu cela.

#### VALENTIN.

Et que pensiez-vous donc prévoir quand vous avez accepté la gageure?

#### VAN BUCK.

Mais, mon ami, je pensais, je croyais, — je croyais que tu allais faire ta cour,... mais poliment,... à cette jeune personne, comme, par exemple, de lui... de lui dire... Ou si par hasard,... et encore je n'en sais rien... Mais que diable! tu es effrayant.

#### VALENTIN.

Tenez! voilà la blanche Cécile qui nous arrive à

petits pas. [4] [Entendez-vous craquer le bois sec? La mère tapisse avec son abbé. Vite, fourrez-vous dans la charmille.] Vous serez témoin de la première escarmouche, et vous m'en direz votre avis.

VAN BUCK.

Tu l'épouseras si elle te reçoit mal?

Il se cache [dans la charmille].

VALENTIN.

Laissez-moi faire, et ne bougez pas. Je suis ravi de vous avoir pour spectateur, et l'ennemi détourne l'allée. Puisque vous m'avez appelé fou, je veux vous montrer qu'en fait d'extravagances, les plus fortes sont les meilleures. Vous allez voir, avec un peu d'adresse, ce que rapportent les blessures honorables reçues pour plaire à la beauté. [Considérez cette démarche pensive, et faites-moi la grâce de me dire si ce bras estropié ne me sied pas. Eh! que voulez-vous! c'est qu'on est pâle; il n'y a au monde que cela :

Un jeune malade, à pas lents...]

Surtout pas de bruit; voici l'instant critique; respectez la foi des serments. [Je vais m'asseoir au pied d'un arbre, comme un pasteur des temps passés.]

Entre Cécile, un livre à la main.

VALENTIN.

[Déjà levée, mademoiselle, et seule à cette heure dans le bois?]

#### CÉCILE.

C'est vous, monsieur? je ne vous reconnaissais pas. Comment se porte votre foulure?

#### VALENTIN, à part.

Foulure! voilà un vilain mot.
###### Haut.
C'est trop de grâce que vous me faites, et il y a de certaines blessures qu'on ne sent jamais qu'à demi.

#### [CÉCILE.

Vous a-t-on servi à déjeuner?

#### VALENTIN.

Vous êtes trop bonne; de toutes les vertus de votre sexe, l'hospitalité est la moins commune, et on ne la trouve nulle part aussi douce, aussi précieuse que chez vous; et si l'intérêt qu'on m'y témoigne...]

#### CÉCILE.

Je vais dire qu'on vous monte un bouillon.
###### Elle sort.

#### VAN BUCK, rentrant.

Tu l'épouseras! tu l'épouseras! Avoue qu'elle a été parfaite. Quelle naïveté! quelle pudeur divine! On ne peut pas faire un meilleur choix.

#### VALENTIN.

Un moment, mon oncle, un moment; vous allez bien vite en besogne.

#### VAN BUCK.

Pourquoi pas? Il n'en faut pas plus; tu vois clairement à qui tu as affaire, et ce sera toujours de même.

Que tu seras heureux avec cette femme-là! Allons tout dire à la baronne; je me charge de l'apaiser.

VALENTIN.

Bouillon! Comment une jeune fille peut-elle prononcer ce mot-là? Elle me déplaît; elle est laide et sotte. Adieu, mon oncle, je retourne à Paris.

VAN BUCK.

Plaisantez-vous? où est votre parole? Est-ce ainsi qu'on se joue de moi? [Que signifient ces yeux baissés et cette contenance défaite?] Est-ce à dire que vous me prenez pour un libertin de votre espèce, et que vous vous servez de ma folle complaisance comme d'un manteau pour vos méchants desseins? N'est-ce donc vraiment qu'une séduction que vous venez tenter ici sous le masque de cette épreuve? Jour de Dieu! si je le croyais!...

VALENTIN.

Elle me déplaît, ce n'est pas ma faute, et je n'en ai pas répondu.

VAN BUCK.

En quoi peut-elle vous déplaire? elle est jolie, ou je ne m'y connais pas. Elle a les yeux longs et bien fendus, des cheveux superbes, une taille passable. Elle est parfaitement bien élevée; elle sait l'anglais et l'italien; elle aura trente mille livres de rente, et en attendant une très belle dot. Quel reproche pouvez-vous lui faire, et pour quelle raison n'en voulez-vous pas?

VALENTIN.

Il n'y a jamais de raison à donner pourquoi les gens plaisent ou déplaisent. Il est certain qu'elle me déplaît, elle, sa foulure et son bouillon.

VAN BUCK.

C'est votre amour-propre qui souffre. Si je n'avais pas été là, vous seriez venu me faire cent contes sur votre premier entretien, et vous targuer de belles espérances. Vous vous étiez imaginé faire sa conquête en un clin d'œil, et c'est là où le bât vous blesse. [Elle vous plaisait hier au soir, quand vous ne l'aviez encore qu'entrevue, et qu'elle s'empressait avec sa mère à vous soigner de votre sot accident. Maintenant] vous la trouvez laide, parce qu'elle fait à peine attention à vous. Je vous connais mieux que vous ne pensez, et je ne céderai pas si vite. Je vous défends de vous en aller.

VALENTIN.

Comme vous voudrez. Je ne veux pas d'elle; je vous répète que je la trouve laide; elle a un air niais qui est révoltant. Ses yeux sont grands, c'est vrai, mais ils ne veulent rien dire; [ses cheveux sont beaux, mais elle a le front plat;] quant à la taille, c'est peut-être ce qu'elle a de mieux, quoique vous ne la trouviez que passable. Je la félicite de savoir l'italien, elle y a peut-être plus d'esprit qu'en français; pour ce qui est de sa dot, qu'elle la garde, je n'en veux pas plus que de son bouillon.

## ACTE II, SCÈNE I.

VAN BUCK.

A-t-on idée d'une pareille tête, et peut-on s'attendre à rien de semblable? Va, va! ce que je disais hier n'est que la pure vérité. Tu n'es capable que de rêver de balivernes, et je ne veux plus m'occuper de toi. Épouse une blanchisseuse si tu veux. Puisque tu refuses ta fortune, lorsque tu l'as entre les mains, que le hasard décide du reste; cherche-le au fond de tes cornets. Dieu m'est témoin que ma patience a été telle depuis trois ans, que nul autre peut-être à ma place...

VALENTIN.

Est-ce que je me trompe? Regardez donc, mon oncle, il me semble qu'elle revient par ici. Oui, je l'aperçois entre les arbres; elle va repasser dans le taillis.

VAN BUCK.

Où donc? quoi? qu'est-ce que tu dis?

VALENTIN.

Ne voyez-vous pas une robe blanche derrière ces touffes de lilas? Je ne me trompe pas, c'est bien elle. Vite, mon oncle, rentrez [dans la charmille], qu'on ne nous surprenne pas ensemble.

VAN BUCK.

A quoi bon, puisqu'elle te déplaît?

VALENTIN.

Il n'importe, je veux l'aborder, pour que vous ne puissiez pas dire que je l'ai jugée trop légèrement.

##### VAN BUCK.

Tu l'épouseras si elle persévère ?
*Il se cache de nouveau.*

##### VALENTIN.

Chut ! pas de bruit ; la voici qui arrive.

##### CÉCILE, entrant.

Monsieur, ma mère m'a chargée de vous demander si vous comptiez partir aujourd'hui.

##### VALENTIN.

Oui, mademoiselle, c'est mon intention, et j'ai demandé des chevaux.

##### CÉCILE.

C'est qu'on fait un whist au salon, et que ma mère vous serait bien obligée si vous vouliez faire le quatrième.

##### VALENTIN.

J'en suis fâché, mais je ne sais pas jouer.

##### CÉCILE.

Et si vous vouliez rester à dîner, nous avons un faisan truffé.

##### VALENTIN.

Je vous remercie ; je n'en mange pas.

##### CÉCILE.

Après dîner, il nous vient du monde, et nous danserons la mazourke.

##### VALENTIN.

Excusez-moi, je ne danse jamais.

## ACTE II, SCÈNE I.

CÉCILE.

C'est bien dommage. Adieu, monsieur.

*Elle sort.*

VAN BUCK, rentrant.

Ah çà! voyons, l'épouseras-tu? Qu'est-ce que tout cela signifie? Tu dis que tu as demandé des chevaux : est-ce que c'est vrai? ou si tu te moques de moi?

VALENTIN.

Vous aviez raison, elle est agréable; je la trouve mieux que la première fois; elle a un petit signe au coin de la bouche que je n'avais pas remarqué.

VAN BUCK.

Où vas-tu? Qu'est-ce qui t'arrive? Veux-tu me répondre sérieusement?

VALENTIN.

Je ne vais nulle part, je me promène avec vous. Est-ce que vous la trouvez mal faite?

VAN BUCK.

Moi? Dieu m'en garde! je la trouve complète en tout.

VALENTIN.

Il me semble qu'il est bien matin pour jouer au whist; y jouez-vous, mon oncle? Vous devriez rentrer au château.

VAN BUCK.

Certainement, je devrais y rentrer; j'attends que vous daigniez me répondre. Restez-vous ici, oui ou non?

VALENTIN.

Si je reste, c'est pour notre gageure; je n'en voudrais pas avoir le démenti; mais ne comptez sur rien jusqu'à tantôt; [mon bras malade me met au supplice.

VAN BUCK.

Rentrons; tu te reposeras.

VALENTIN.

Oui,] j'ai envie de prendre ce bouillon qui est là-haut; il faut que j'écrive; je vous reverrai à dîner.

VAN BUCK.

Écrire! j'espère que ce n'est pas à elle que tu écriras.

VALENTIN.

Si je lui écris, c'est pour notre gageure. Vous savez que c'est convenu.

VAN BUCK.

Je m'y oppose formellement, à moins que tu ne me montres ta lettre.

VALENTIN.

Tant que vous voudrez. Je vous dis et je vous répète qu'elle me plaît médiocrement.

VAN BUCK.

Quelle nécessité de lui écrire? Pourquoi ne lui as-tu pas fait tout à l'heure ta déclaration de vive voix, comme tu te l'étais promis?

VALENTIN.

Pourquoi?

#### VAN BUCK.

Sans doute; qu'est-ce qui t'en empêchait? Tu avais le plus beau courage du monde.

#### VALENTIN.

[C'est que mon bras me faisait souffrir.] Tenez! la voilà qui repasse une troisième fois; la voyez-vous là-bas dans l'allée?

#### VAN BUCK.

Elle tourne autour de la plate-bande, et la charmille est circulaire. Il n'y a rien là que de très convenable.

#### VALENTIN.

Ah! coquette fille! c'est autour du feu qu'elle tourne, comme un papillon ébloui. Je veux jeter cette pièce à pile ou face pour savoir si je l'aimerai.

#### VAN BUCK.

Tâche donc qu'elle t'aime auparavant; le reste est le moins difficile.

#### VALENTIN.

Soit. Regardons-la bien tous les deux. Elle va passer entre ces deux touffes d'arbres. Si elle tourne la tête de notre côté, je l'aime; sinon, je m'en vais à Paris.

#### VAN BUCK.

Gageons qu'elle ne se retourne pas.

#### VALENTIN.

Oh, que si! Ne la perdons pas de vue.

#### VAN BUCK.

Tu as raison. — Non, pas encore; elle paraît lire attentivement.

VALENTIN.

Je suis sûr qu'elle va se retourner.

VAN BUCK.

Non, elle avance; la touffe d'arbres approche. Je suis convaincu qu'elle n'en fera rien.

VALENTIN.

Elle doit pourtant nous voir, rien ne nous cache; je vous dis qu'elle se retournera.

VAN BUCK.

Elle a passé, tu as perdu.

VALENTIN.

Je vais lui écrire, ou que le ciel m'écrase ! Il faut que je sache à quoi m'en tenir. C'est incroyable qu'une petite fille traite les gens aussi légèrement. Pure hypocrisie ! pur manège ! Je vais lui dépêcher un billet en règle ; je lui dirai que je meurs d'amour pour elle, que je me suis cassé le bras pour la voir, que si elle me repousse je me brûle la cervelle, et que si elle veut de moi je l'enlève demain matin. [Venez, rentrons, je veux écrire devant vous.]

VAN BUCK.

Tout beau, mon neveu ! quelle mouche vous pique? Vous nous ferez quelque mauvais tour ici.

VALENTIN.

Croyez-vous donc que deux mots en l'air puissent signifier quelque chose? Que lui ai-je dit que d'indifférent, et que m'a-t-elle dit elle-même? Il est tout simple qu'elle ne se retourne pas. Elle ne sait rien, et je n'ai rien su lui dire. Je ne suis qu'un sot, si vous voulez; il est possible que je me pique d'orgueil et que mon amour-propre soit en jeu. Belle ou laide, peu m'importe; je veux voir clair dans son âme. Il y a là-dessous quelque ruse, quelque parti pris que nous ignorons; laissez-moi faire, tout s'éclaircira.

VAN BUCK.

Le diable m'emporte ! tu parles en amoureux. Est-ce que tu le serais par hasard?

VALENTIN.

Non; je vous ai dit qu'elle me déplaît. Faut-il vous rebattre cent fois la même chose? Dépêchons-nous, [rentrons au château.]

VAN BUCK.

Je vous ai dit que je ne veux pas de lettre, et surtout de celle dont vous parlez.

VALENTIN.

Venez toujours, nous nous déciderons.

Ils sortent.

## SCÈNE II

[Le salon.]

LA BARONNE ET L'ABBÉ, devant une table de jeu préparée.

LA BARONNE.

Vous direz ce que vous voudrez, c'est désolant de jouer avec un mort. Je déteste la campagne à cause de cela.

## L'ABBÉ.

Mais où est donc M. Van Buck? [est-ce qu'il n'est pas encore descendu?]

## LA BARONNE.

Je l'ai vu tout à l'heure dans le parc avec ce monsieur de la chaise, qui, par parenthèse, n'est guère poli de ne pas vouloir nous rester à dîner.

## L'ABBÉ.

S'il a des affaires pressées...

## LA BARONNE.

Bah! des affaires, tout le monde en a. La belle excuse! Si on ne pensait jamais qu'aux affaires, on ne serait jamais à rien. Tenez! l'abbé, jouons au piquet; je me sens d'une humeur massacrante.

## L'ABBÉ, mêlant les cartes.

Il est certain que les jeunes gens du jour ne se piquent pas d'être polis.

## LA BARONNE.

Polis! je crois bien. Est-ce qu'ils s'en doutent? et qu'est-ce que c'est que d'être poli? Mon cocher est poli. De mon temps, l'abbé, on était galant.

## L'ABBÉ.

C'était le bon, madame la baronne, et plût au ciel que j'y fusse né!

## LA BARONNE.

J'aurais voulu voir que mon frère, qui était à Monsieur, tombât de carrosse à la porte d'un château, et qu'on l'y eût gardé à coucher. Il aurait plutôt perdu sa fortune que de refuser de faire un quatrième.⁶ Tenez! ne parlons plus de ces choses-là. C'est à vous de prendre; vous n'en laissez pas?

L'ABBÉ.

Je n'ai pas un as; voilà M. Van Buck.
*Entre Van Buck.*

LA BARONNE.

Continuons; c'est à vous de parler.

VAN BUCK, bas à la baronne.

Madame, j'ai deux mots à vous dire qui sont de la dernière importance.

LA BARONNE.

Eh bien! après le marqué.

L'ABBÉ.

Cinq cartes, valant quarante-cinq.

LA BARONNE.

Cela ne vaut pas.
*A Van Buck.*
Qu'est-ce donc?

VAN BUCK.

Je vous supplie de m'accorder un moment; je ne puis parler devant un tiers, et ce que j'ai à vous dire ne souffre aucun retard.

LA BARONNE, se levant.

Vous me faites peur; de quoi s'agit-il?

VAN BUCK.

Madame, c'est une grave affaire, et vous allez peut-être vous fâcher contre moi. La nécessité me force de manquer à une promesse que mon imprudence m'a fait accorder. Le jeune homme à qui vous avez donné l'hospitalité [cette nuit] est mon neveu.

LA BARONNE.

Ah bah! quelle idée!

VAN BUCK.

Il désirait approcher de vous sans être connu; je n'ai pas cru mal faire en me prêtant à une fantaisie qui, en pareil cas, n'est pas nouvelle.

LA BARONNE.

Ah, mon Dieu! j'en ai vu bien d'autres!

VAN BUCK.

Mais je dois vous avertir qu'à l'heure qu'il est, il vient d'écrire à mademoiselle de Mantes, et dans les termes les moins retenus. Ni mes menaces, ni mes prières n'ont pu le dissuader de sa folie; et un de vos gens, je le dis à regret, s'est chargé de remettre le billet à son adresse. Il s'agit d'une déclaration d'amour, et, je dois ajouter, des plus extravagantes.

LA BARONNE.

Vraiment? eh bien! ce n'est pas si mal. Il a de la tête, votre petit bonhomme.

VAN BUCK.

Jour de Dieu! je vous en réponds! ce n'est pas d'hier que j'en sais quelque chose. Enfin, madame, c'est à vous d'aviser aux moyens de détourner les suites de cette affaire. Vous êtes chez vous; et, quant à moi, je vous avoüerai que je suffoque et que les jambes vont me manquer. Ouf!

<small>Il tombe dans une chaise.</small>

LA BARONNE.

Ah ciel! qu'est-ce que vous avez donc? Vous êtes pâle comme un linge! Vite! racontez-moi tout ce qui s'est passé, et faites-moi confidence entière.

VAN BUCK.

Je vous ai tout dit; je n'ai rien à ajouter.

LA BARONNE.

Ah bah! ce n'est que ça? Soyez donc sans crainte : si votre neveu a écrit à Cécile, la petite me montrera le billet.

VAN BUCK.

En êtes-vous sûre, baronne? Cela est dangereux.

LA BARONNE.

Belle question! Où en serions-nous si une fille ne montrait pas à sa mère une lettre qu'on lui écrit?

VAN BUCK.

Hum! je n'en mettrais pas ma main au feu.

LA BARONNE.

Qu'est-ce à dire, monsieur Van Buck? Savez-vous à qui vous parlez? Dans quel monde avez-vous vécu pour élever un pareil doute? Je ne sais pas trop comme on fait aujourd'hui, ni de quel train va votre bourgeoisie; mais, vertu de ma vie! en voilà assez; j'aperçois justement ma fille, et vous verrez qu'elle m'apporte sa lettre. Venez, l'abbé, continuons.

*Elle se remet au jeu. — Entre Cécile, qui va à la fenêtre, prend son ouvrage et s'assoit à l'écart.*

### L'ABBÉ.

Quarante-cinq ne valent pas ?

### LA BARONNE.

Non, vous n'avez rien ; quatorze d'as, six et quinze, c'est quatre-vingt-quinze. A vous de jouer.

### L'ABBÉ.

Trèfle. Je crois que je suis capot.

### VAN BUCK, bas à la baronne.

Je ne vois pas que mademoiselle Cécile vous fasse encore de confidence.

### LA BARONNE, bas à Van Buck.

Vous ne savez ce que vous dites ; c'est l'abbé qui la gêne ; je suis sûre d'elle comme de moi. Je fais repic seulement. Cent, et dix-sept de reste. A vous à faire.

### UN DOMESTIQUE, entrant.

Monsieur l'abbé, on vous demande ; c'est le sacristain et le bedeau du village.

### L'ABBÉ.

Qu'est-ce qu'ils me veulent ? je suis occupé.

### LA BARONNE.

Donnez vos cartes à Van Buck ; il jouera ce coup-ci pour vous.

*L'abbé sort. Van Buck prend sa place.*

## ACTE II, SCÈNE II.

LA BARONNE.

C'est vous qui faites, et j'ai coupé. Vous êtes marqué, selon toute apparence. Qu'est-ce que vous avez donc dans les doigts?

VAN BUCK, bas.

Je vous confesse que je ne suis pas tranquille : votre fille ne dit mot, et je ne vois pas mon neveu.

LA BARONNE.

Je vous dis que j'en réponds; c'est vous qui la gênez; je la vois d'ici qui me fait des signes.

VAN BUCK.

Vous croyez? moi, je ne vois rien.

LA BARONNE.

Cécile, venez donc un peu ici; vous vous tenez à une lieue.

*Cécile approche son fauteuil.*

Est-ce que vous n'avez rien à me dire, ma chère?

CÉCILE.

Moi? Non, maman.

LA BARONNE.

Ah bah! Je n'ai que quatre cartes, Van Buck; le point est à vous. J'ai trois valets.

VAN BUCK.

Voulez-vous que je vous laisse seules?

LA BARONNE.

Non; restez donc, ça ne fait rien. Cécile, tu peux parler devant monsieur.

CÉCILE.

Moi, maman ? Je n'ai rien de secret à dire.

LA BARONNE.

Vous n'avez pas à me parler ?

CÉCILE.

Non, maman.

LA BARONNE.

C'est inconcevable ; qu'est-ce que vous venez donc me conter, Van Buck ?

VAN BUCK.

Madame, j'ai dit la vérité.

LA BARONNE.

Ça ne se peut pas : Cécile n'a rien à me dire ; il est clair qu'elle n'a rien reçu.

VAN BUCK, se levant.

Eh morbleu ! je l'ai vu de mes yeux.

LA BARONNE, se levant aussi.

Ma fille, qu'est-ce que cela signifie ? levez-vous droite, et regardez-moi. Qu'est-ce que vous avez dans vos poches ?

CÉCILE, pleurant.

Mais, maman, ce n'est pas ma faute ; c'est ce monsieur qui m'a écrit.

LA BARONNE.

Voyons cela.

Cécile donne la lettre.

## ACTE II, SCÈNE II.

Je suis curieuse de lire de son style, à ce monsieur, comme vous l'appelez.

*Elle lit.*

« Mademoiselle, je meurs d'amour pour vous. Je vous ai vue l'hiver passé, et, vous sachant à la campagne, j'ai résolu de vous revoir ou de mourir. J'ai donné un louis à mon postillon... »

Ne voudrait-il pas qu'on le lui rendît? Nous avons bien affaire de le savoir!

« à mon postillon, pour me verser devant votre porte. Je vous ai rencontrée deux fois ce matin, et je n'ai rien pu vous dire, tant votre présence m'a troublé! Cependant la crainte de vous perdre, et l'obligation de quitter le château... »

J'aime beaucoup ça! Qui est-ce qui le priait de partir? C'est lui qui me refuse de rester à dîner.

« me déterminent à vous demander de m'accorder un rendez-vous. Je sais que je n'ai aucun titre à votre confiance... »

La belle remarque, et faite à propos!

« mais l'amour peut tout excuser; ce soir, à neuf heures, pendant le bal, je serai caché dans le bois; tout le monde ici me croira parti, car je sortirai du château en voiture avant dîner, mais seulement pour faire quatre pas et descendre. »

Quatre pas! quatre pas! l'avenue est longue; ne dirait-on pas qu'il n'y a qu'à enjamber?

« et descendre. Si dans la soirée vous pouvez vous échapper, je vous attends ; sinon je me brûle la cervelle. »

Bien.

« ... la cervelle. Je ne crois pas que votre mère... »

Ah ! que votre mère ? voyons un peu cela.

« fasse grande attention à vous. Elle a une tête de gir... »

Monsieur Van Buck, qu'est-ce que cela signifie ?

VAN BUCK.

Je n'ai pas entendu, madame.

LA BARONNE.

Lisez vous-même, et faites-moi le plaisir de dire à votre neveu qu'il sorte de ma maison tout à l'heure, et qu'il n'y mette jamais les pieds.

VAN BUCK.

Il y a *girouette*, c'est positif ; je ne m'en étais pas aperçu. Il m'avait cependant lu sa lettre avant que de la cacheter.

LA BARONNE.

Il vous avait lu cette lettre et vous l'avez laissé la donner à mes gens ! Allez ! vous êtes un vieux sot, et je ne vous reverrai de ma vie.

[Elle sort. On entend le bruit d'une voiture.]

[VAN BUCK.

Qu'est-ce que c'est ? mon neveu qui part sans moi ?

ACTE II, SCÈNE II.

Eh! comment veut-il que je m'en aille? j'ai renvoyé mes chevaux. Il faut que je coure après lui.

Il sort en courant.

CÉCILE, seule.

C'est singulier; pourquoi m'écrit-il, quand tout le monde veut bien qu'il m'épouse?]

FIN DE L'ACTE DEUXIÈME.

# ACTE TROISIÈME

## SCÈNE PREMIÈRE[8]

[Un chemin.]

Entrent VAN BUCK ET VALENTIN, qui frappe à une auberge.

[VALENTIN.

Holà! hé! y a-t-il quelqu'un ici capable de me faire une commission?

UN GARÇON, sortant.

Oui, monsieur, si ce n'est pas trop loin; car vous voyez qu'il pleut à verse.

VAN BUCK.

Je m'y oppose de toute mon autorité, et au nom des lois du royaume.

VALENTIN.

Connaissez-vous le château de Mantes, ici près?

LE GARÇON.

Que oui, monsieur; nous y allons tous les jours. C'est à main gauche; on le voit d'ici.

VAN BUCK.

Mon ami, je vous défends d'y aller, si vous avez quelque notion du bien et du mal.

ACTE III, SCÈNE I.

VALENTIN.

Il y a deux louis à gagner pour vous. Voilà une lettre pour mademoiselle de Mantes, que vous remettrez à sa femme de chambre, et non à d'autres, et en secret. Dépêchez-vous et revenez.

LE GARÇON.

O monsieur! n'ayez pas peur.

VAN BUCK.

Voilà quatre louis si vous refusez.

LE GARÇON.

O monseigneur! il n'y a pas de danger.

VALENTIN.

En voilà dix; et si vous n'y allez pas, je vous casse ma canne sur le dos!

LE GARÇON.

O mon prince! soyez tranquille; je serai bientôt revenu.

Il sort.

VALENTIN.

Maintenant, mon oncle, mettons-nous à l'abri; et si vous m'en croyez, buvons un verre de bière. Cette course à pied doit vous avoir fatigué.]

Ils s'assoient sur un banc.

VAN BUCK.

Sois-en certain, je ne te quitterai pas! j'en jure par l'âme de feu mon frère et par la lumière du soleil. Tant que mes pieds pourront me porter, tant que ma tête sera sur mes épaules, je m'opposerai à cette action infâme et à ses horribles conséquences.

VALENTIN.

Soyez-en sûr, je n'en démordrai pas; j'en jure par ma juste colère et par la nuit qui me protégera. Tant que j'aurai du papier et de l'encre, et qu'il me restera un louis dans ma poche, je poursuivrai et achèverai mon dessein, quelque chose qui puisse en arriver.

[VAN BUCK.

N'as-tu donc plus ni foi ni vergogne, et se peut-il que tu sois mon sang? Quoi! ni le respect pour l'innocence, ni le sentiment du convenable, ni la certitude de me donner la fièvre, rien n'est capable de te toucher!

VALENTIN.

N'avez-vous donc ni orgueil ni honte, et se peut-il que vous soyez mon oncle? Quoi! ni l'insulte que l'on nous fait, ni la manière dont on nous chasse, ni les injures qu'on vous a dites à votre barbe, rien n'est capable de vous donner du cœur!]

VAN BUCK.

Encore si tu étais amoureux! si je pouvais croire que tant d'extravagances partent d'un motif qui eût quelque chose d'humain! Mais non, tu n'es qu'un Lovelace, tu ne respires que trahisons, et la plus exécrable vengeance est ta seule soif et ton seul amour.

VALENTIN.

Encore si je vous voyais pester! si je pouvais me dire

qu'au fond de l'âme vous envoyez cette baronne et son monde à tous les diables ! Mais non, vous ne craignez que la pluie, vous ne pensez qu'au mauvais temps qu'il fait, et le soin de vos bas chinés est votre seule peur et votre seul tourment.

[VAN BUCK.

Ah ! qu'on a bien raison de dire qu'une première faute mène à un précipice ! Qui m'eût pu prédire ce matin, lorsque le barbier m'a rasé et que j'ai mis mon habit neuf, que je serais ce soir dans une grange, crotté et trempé jusqu'aux os ! Quoi ! c'est moi ! Dieu juste ! à mon âge, il faut que je quitte ma chaise de poste où nous étions si bien installés, il faut que je coure à la suite d'un fou à travers champs en rase campagne ! Il faut que je me traîne à ses talons, comme un confident de tragédie, et le résultat de tant de sueurs sera le déshonneur de mon nom !

VALENTIN.

C'est au contraire par la retraite que nous pourrions nous déshonorer, et non par une glorieuse campagne dont nous ne sortirons que vainqueurs.] Rougissez, mon oncle Van Buck, mais que ce soit d'une noble indignation. Vous me traitez de Lovelace : oui, par le ciel ! ce nom me convient. Comme à lui, on me ferme une porte surmontée de fières armoiries ; comme lui, une famille odieuse croit m'abattre par un affront ; comme lui, comme l'épervier, j'erre et je tournoie aux environs ; mais comme lui je saisirai ma proie, et, comme

Clarisse, la sublime bégueule, ma bien-aimée m'appartiendra.

[VAN BUCK.

Ah ciel! que ne suis-je à Anvers, assis devant mon comptoir, sur mon fauteuil de cuir, et dépliant mon taffetas! Que mon frère n'est-il mort garçon, au lieu de se marier à quarante ans passés! Ou plutôt que ne suis-je mort moi-même le premier jour que la baronne de Mantes m'a invité à déjeuner!

VALENTIN.

Ne regrettez que le moment où, par une fatale faiblesse, vous avez révélé à cette femme le secret de notre traité. C'est vous qui avez causé le mal; cessez de m'injurier, moi qui le réparerai. Doutez-vous que cette petite fille, qui cache si bien les billets doux dans les poches de son tablier, ne fût venue au rendez-vous donné? Oui, à coup sûr elle y serait venue; donc elle viendra encore mieux cette fois. Par mon patron! je me fais une fête de la voir descendre, en peignoir, en cornette et en petits souliers, de cette grande caserne de briques rouillées! Je ne l'aime pas; mais je l'aimerais, que la vengeance serait la plus forte, et tuerait l'amour dans mon cœur. Je jure qu'elle sera ma maîtresse, mais qu'elle ne sera jamais ma femme; il n'y a maintenant ni épreuve, ni promesse, ni alternative; je veux qu'on se souvienne à jamais dans cette famille du jour où l'on m'en a chassé.

L'AUBERGISTE, sortant de sa maison.

Messieurs, le soleil commence à baisser : est-ce que vous ne me ferez pas l'honneur de dîner chez moi ?

VALENTIN.

Si fait : apportez-nous la carte, et faites-nous allumer du feu. Dès que votre garçon sera revenu, vous lui direz qu'il me donne réponse. Allons ! mon oncle, un peu de fermeté ; venez et commandez le dîner.

VAN BUCK.

Ils auront du vin détestable, je connais le pays ; c'est un vinaigre affreux.

L'AUBERGISTE.

Pardonnez-moi ; nous avons du champagne, du chambertin, et tout ce que vous pouvez désirer.

VAN BUCK.

En vérité ! dans un trou pareil ? c'est impossible ; vous nous en imposez.

L'AUBERGISTE.

C'est ici que descendent les messageries, et vous verrez si nous manquons de rien.

VAN BUCK.

Allons ! tâchons donc de dîner ; je sens que ma mort est prochaine, et que dans peu je ne dînerai plus.]

[Ils sortent.]

## SCÈNE II

[Au château. Un salon.]

Entrent LA BARONNE et L'ABBÉ.

[LA BARONNE.

Dieu soit loué, ma fille est enfermée! Je crois que j'en ferai une maladie.

L'ABBÉ.

Madame, s'il m'est permis de vous donner un conseil, je vous dirai que j'ai grandement peur. Je crois avoir vu en traversant la cour un homme en blouse et d'assez mauvaise mine, qui avait une lettre à la main.

LA BARONNE.

Le verrou est mis; il n'y a rien à craindre. Aidez-moi un peu à ce bal; je n'ai pas la force de m'en occuper.]

L'ABBÉ.

Dans une circonstance aussi grave, ne pourriez-vous retarder vos projets?

LA BARONNE.

Êtes-vous fou? Vous verrez que j'aurai fait venir tout le faubourg Saint-Germain de Paris, pour le remercier et le mettre à la porte! Réfléchissez donc à ce que vous dites.

L'ABBÉ.

Je croyais qu'en telle occasion on aurait pu, sans blesser personne...

LA BARONNE.

Et au milieu de ça, je n'ai pas de bougies! Voyez donc un peu si Dupré est là.

L'ABBÉ.

Je pense qu'il s'occupe des sirops.

LA BARONNE.

Vous avez raison : ces maudits sirops, voilà encore de quoi mourir. Il y a huit jours que j'ai écrit moi-même, et ils ne sont arrivés qu'il y a une heure. Je vous demande si on va boire ça !

L'ABBÉ.

Cet homme en blouse, madame la baronne, est quelque émissaire, n'en doutez pas. Il m'a semblé, autant que je me le rappelle, qu'une de vos femmes causait avec lui. Ce jeune homme d'hier est mauvaise tête, et il faut songer que la manière assez verte dont vous vous en êtes délivrée...

LA BARONNE.

Bah! des Van Buck? des marchands de toile? qu'est-ce que vous voulez donc que ça fasse? Quand ils crieraient, est-ce qu'ils ont voix? Il faut que je déměuble le petit salon ; jamais je n'aurai de quoi asseoir mon monde.

L'ABBÉ.

Est-ce dans sa chambre, madame, que votre fille est enfermée?

LA BARONNE.

Dix et dix font vingt; les Raimbaut sont quatre; vingt, trente. Qu'est-ce que vous dites, l'abbé?

L'ABBÉ.

Je demande, madame la baronne, si c'est dans sa belle chambre jaune que mademoiselle Cécile est enfermée ?

LA BARONNE.

Non ; c'est là, dans la bibliothèque ; c'est encore mieux, je l'ai sous la main. Je ne sais ce qu'elle fait, ni si on l'habille, et voilà la migraine qui me prend.

L'ABBÉ.

Désirez-vous que je l'entretienne ?

LA BARONNE.

Je vous dis que le verrou est mis ; ce qui est fait est fait ; nous n'y pouvons rien.

L'ABBÉ.

Je pense que c'était sa femme de chambre qui causait avec ce lourdaud. Veuillez me croire, je vous en supplie ; il s'agit là de quelque anguille sous roche qu'il importe de ne pas négliger.

LA BARONNE.

Décidément il faut que j'aille à l'office ; c'est la dernière fois que je reçois ici.

Elle sort.

L'ABBÉ, seul.

Il me semble que j'entends du bruit dans la pièce attenante à ce salon. Ne serait-ce point la jeune fille ? Hélas ! ceci est inconsidéré ! ]

CÉCILE, en dehors.

Monsieur l'abbé, voulez-vous m'ouvrir ?

## ACTE III, SCÈNE II.

L'ABBÉ.

Mademoiselle, je ne le puis sans autorisation préalable.

CÉCILE, de même.

La clef est là, sous le coussin de la causeuse ; vous n'avez qu'à la prendre, et vous m'ouvrirez,

L'ABBÉ, prenant la clef.

Vous avez raison, mademoiselle, la clef s'y trouve effectivement ; mais je ne puis m'en servir d'aucune façon, bien contrairement à mon vouloir.

CÉCILE, de même.

Ah, mon Dieu ! je me trouve mal !

L'ABBÉ.

Grand Dieu ! rappelez vos esprits. Je vais querir madame la baronne. Est-il possible qu'un accident funeste vous ait frappée si subitement ? Au nom du ciel ! mademoiselle, répondez-moi, que ressentez-vous ?

CÉCILE, de même.

Je me trouve mal ! je me trouve mal !

L'ABBÉ.

Je ne puis laisser expirer ainsi une si charmante personne. Ma foi ! je prends sur moi d'ouvrir ; on en dira ce qu'on voudra.

Il ouvre la porte.

CÉCILE.

Ma foi, l'abbé, je prends sur moi de m'en aller ; on en dira ce qu'on voudra.

Elle sort en courant.

## SCÈNE III

[Un petit bois.]

Entrent VAN BUCK et VALENTIN.

[VALENTIN.

La lune se lève et l'orage passe. Voyez ces perles sur les feuilles : comme ce vent tiède les fait rouler ! A peine si le sable garde l'empreinte de nos pas ; le gravier sec a déjà bu la pluie.

VAN BUCK.

Pour une auberge de hasard, nous n'avons pas trop mal dîné. J'avais besoin de ce fagot flambant ; mes vieilles jambes sont ragaillardies. Eh bien ! garçon, arrivons-nous ?

VALENTIN.

Voici le terme de notre promenade ; mais, si vous m'en croyez, à présent vous pousserez jusqu'à cette ferme dont les fenêtres brillent là-bas. Vous vous mettrez au coin du feu, et vous nous commanderez un grand bol de vin chaud avec du sucre et de la cannelle.

VAN BUCK.

Ne te feras-tu pas trop attendre ? Combien de temps vas-tu rester ici ? Songe du moins à toutes tes promesses, et à être prêt en même temps que les chevaux.]

## VALENTIN.

Je vous jure de n'entreprendre ni plus ni moins que ce dont nous sommes convenus. Voyez, mon oncle, comme je vous cède, et comme en tout je fais vos volontés. Au fait, dîner porte conseil, et je sens bien que la colère est quelquefois mauvaise amie. Capitulation de part et d'autre. Vous me permettez un quart d'heure d'amourette, et je renonce à toute espèce de vengeance. La petite retournera chez elle, nous à Paris, et tout sera dit. Quant à la détestée baronne, je lui pardonne en l'oubliant.

## VAN BUCK.

C'est à merveille! et n'aie pas de crainte que tu manques de femmes pour cela. Il n'est pas dit qu'une vieille folle fera tort à d'honnêtes gens qui ont amassé un bien considérable, et qui ne sont point mal tournés. Vrai Dieu! il fait beau clair de lune; cela me rappelle mon jeune temps.

## VALENTIN.

Ce billet doux que je viens de recevoir n'est pas si niais, savez-vous? Cette petite fille a de l'esprit, et même quelque chose de mieux; oui, il y a du cœur dans ces trois lignes; je ne sais quoi de tendre et de hardi, de virginal et de brave en même temps; [le rendez-vous qu'elle m'assigne est, du reste, comme son billet. Regardez ce bosquet, ce ciel, ce coin de verdure dans un lieu si sauvage.] Ah! que le cœur est un grand maître! on n'invente rien de ce qu'il trouve, et c'est lui seul qui choisit tout.

### VAN BUCK.

Je me souviens qu'étant à la Haye, j'eus une équipée de ce genre. C'était, ma foi, un beau brin de fille : elle avait cinq pieds et quelques pouces, et une vraie moisson d'appas. Quelles Vénus que ces Flamandes! On ne sait ce que c'est qu'une femme à présent; dans toutes vos beautés parisiennes, il y a moitié chair et moitié coton.

### VALENTIN.

Il me semble que j'aperçois des lueurs qui errent là-bas dans la forêt. Qu'est-ce que cela voudrait dire? nous traquerait-on à l'heure qu'il est?

### VAN BUCK.

C'est sans doute le bal qu'on prépare; il y a fête ce soir au château.

### VALENTIN.

Séparons-nous pour plus de sûreté; dans une demi-heure, à la ferme.

### VAN BUCK.

C'est dit. Bonne chance, garçon; tu me conteras ton affaire, et nous en ferons quelque chanson; c'était notre ancienne manière, pas de fredaine qui ne fît un couplet.

*Il chante.*

> Eh! vraiment, oui, mademoiselle,
> Eh! vraiment, oui, nous serons trois.

*Valentin sort. On voit des hommes qui portent des torches rôder à travers la forêt. Entrent la baronne et l'abbé.*

LA BARONNE.

C'est clair comme le jour, elle est folle. C'est un vertige qui lui a pris.

L'ABBÉ.

Elle me crie : « Je me trouve mal ; » vous concevez ma position.

VAN BUCK, chantant.

>Il est donc bien vrai,
>Charmante Colette,
>Il est donc bien vrai
>Que, pour votre fête,
>Colin vous a fait...
>Présent d'un bouquet.

LA BARONNE.

Et justement, dans ce moment-là, je vois arriver une voiture. Je n'ai eu que le temps d'appeler Dupré. Dupré n'y était pas. On entre, on descend. C'était la marquise de Valangoujar et le baron de Villebouzin.

L'ABBÉ.

Quand j'ai entendu ce premier cri, j'ai hésité ; mais que voulez-vous faire ? Je la voyais là, sans connaissance, étendue à terre ; elle criait à tue-tête, et j'avais la clef dans ma main.

VAN BUCK, chantant.

>Quand il vous l'offrit,
>Charmante brunette,
>Quand il vous l'offrit,
>Petite Colette,
>On dit qu'il vous prit...
>Un frisson subit.

LA BARONNE.

Conçoit-on ça? Je vous le demande. Ma fille qui se sauve à travers champs, et trente voitures qui entrent ensemble! Je ne survivrai jamais à un pareil moment.

L'ABBÉ.

Encore si j'avais eu le temps, je l'aurais peut-être retenue par son châle,... ou du moins,... enfin, par mes prières, par mes justes observations.

VAN BUCK, chantant.

> Dites à présent,
> Charmante bergère,
> Dites à présent
> Que vous n'aimez guère
> Qu'un amant constant...
> Vous fasse un présent.

LA BARONNE.

C'est vous, Van Buck? Ah! mon cher ami, nous sommes perdus; qu'est-ce que ça veut dire? Ma fille est folle, elle court les champs! [Avez-vous idée d'une chose pareille? J'ai quarante personnes chez moi; me voilà à pied par le temps qu'il fait.] Vous ne l'avez pas vue dans le bois? Elle s'est sauvée, c'est comme un rêve; [elle était coiffée et poudrée d'un côté, c'est sa fille de chambre qui me l'a dit. Elle est partie en souliers de satin blanc;] elle a renversé l'abbé qui était là, et lui a passé sur le corps. J'en vais mourir! [Mes gens ne trouvent rien; et il n'y a pas à dire, il faut

## ACTE III, SCÈNE III. 389

que je rentre. Ce n'est pas votre neveu, par hasard, qui nous jouerait un tour pareil?] Je vous ai brusqué, n'en parlons plus. Tenez! aidez-moi et faisons la paix. Vous êtes mon vieil ami, pas vrai? Je suis mère, Van Buck. Ah! cruelle fortune! cruel hasard! que t'ai-je donc fait?

Elle se met à pleurer.

VAN BUCK.

Est-il possible, madame la baronne? vous seule à pied! vous, cherchant votre fille! Grand Dieu! vous pleurez! Ah! malheureux que je suis!

L'ABBÉ.

Sauriez-vous quelque chose, monsieur? De grâce, prêtez-nous vos lumières.

VAN BUCK.

Venez, baronne, prenez mon bras, et Dieu veuille que nous les trouvions! Je vous dirai tout; soyez sans crainte. Mon neveu est homme d'honneur, et tout peut encore se réparer.

LA BARONNE.

Ah bah! c'était un rendez-vous? Voyez-vous la petite masque! A qui se fier désormais?

Ils sortent.

## SCÈNE IV

[Une clairière dans le bois.]

Entrent CÉCILE ET VALENTIN.

VALENTIN.

Qui est là? Cécile, est-ce vous?

CÉCILE.

C'est moi. Que veulent dire ces torches et ces clartés dans la forêt?

VALENTIN.

Je ne sais; qu'importe? Ce n'est pas pour nous.

CÉCILE.

Venez là, où la lune éclaire; [là, où vous voyez ce rocher.]

VALENTIN.

Non, venez là, où il fait sombre; [là, sous l'ombre de ces bouleaux.] Il est possible qu'on vous cherche, et il faut échapper aux yeux.

CÉCILE.

Je ne verrais pas votre visage; venez, Valentin, obéissez.

VALENTIN.

Où tu voudras, charmante fille; où tu iras, je te suivrai. [Ne m'ôte pas cette main tremblante, laisse mes lèvres la rassurer.]

## CÉCILE.

Je n'ai pas pu venir plus vite. Y a-t-il longtemps que vous m'attendez?

## VALENTIN.

Depuis que la lune est dans le ciel; regarde cette lettre trempée de larmes; c'est le billet que tu m'as écrit.

## CÉCILE.

Menteur! C'est le vent et la pluie qui ont pleuré sur ce papier.

## VALENTIN.

Non, ma Cécile, c'est la joie et l'amour, c'est le bonheur et le désir. Qui t'inquiète? Pourquoi ces regards? que cherches-tu autour de toi?

## CÉCILE.

C'est singulier! je ne me reconnais pas. Où est votre oncle? Je croyais le voir ici.

## VALENTIN.

Mon oncle est gris [de chambertin]; ta mère est loin, et tout est tranquille. [Ce lieu est celui que tu as choisi, et que ta lettre m'indiquait.]

## CÉCILE.

Votre oncle est gris? — Pourquoi, ce matin, se cachait-il dans la charmille?[9]

## VALENTIN.

Ce matin? où donc? que veux-tu dire? [Je me promenais seul dans le jardin.]

CÉCILE.

Ce matin, quand je vous ai parlé, votre oncle était derrière un arbre.[10] Est-ce que vous ne le saviez pas? Je l'ai vu en détournant l'allée.

VALENTIN.

Il faut que tu te sois trompée; je ne me suis aperçu de rien.

CÉCILE.

Oh! je l'ai bien vu; [il écartait des branches;] c'était peut-être pour nous épier.

VALENTIN.

Quelle folie! tu as fait un rêve. N'en parlons plus. Donne-moi un baiser.

CÉCILE.

Oui, mon ami, et de tout mon cœur; asseyez-vous là près de moi. — Pourquoi donc, dans votre lettre d'hier, avez-vous dit du mal de ma mère?

VALENTIN.

Pardonne-moi : c'est un moment de délire, et je n'étais pas maître de moi.

CÉCILE.

Elle m'a demandé cette lettre, et je n'osais la lui montrer; je savais ce qui allait arriver. Mais qui est-ce donc qui l'avait avertie? Elle n'a pourtant rien pu deviner; la lettre était là, dans ma poche.

VALENTIN.

Pauvre enfant! on t'a maltraitée; c'est ta femme

## ACTE III, SCÈNE IV.

de chambre qui t'aura trahie. [A qui se fier en pareil cas?]

CÉCILE.

Oh non! ma femme de chambre est sûre; il n'y avait que faire de lui donner de l'argent. Mais en manquant de respect pour ma mère, vous deviez penser que vous en manquiez pour moi.

VALENTIN.

N'en parlons plus, puisque tu me pardonnes. Ne gâtons pas un si précieux moment. O ma Cécile! que tu es belle, et quel bonheur repose en toi! Par quels serments, par quels trésors puis-je payer tes douces caresses? [Ah! la vie n'y suffirait pas. Viens sur mon cœur; que le tien le sente battre, et que ce beau ciel les emporte à Dieu!]

CÉCILE.

Oui, Valentin, mon cœur est sincère. [Sentez mes cheveux comme ils sont doux; j'ai de l'iris de ce côté-là, mais je n'ai pas pris le temps d'en mettre de l'autre.] — Pourquoi donc, pour venir chez nous, avez-vous caché votre nom?

VALENTIN.

Je ne puis le dire : c'est un caprice, une gageure que j'avais faite.

CÉCILE.

Une gageure! Avec qui donc?

VALENTIN.

Je n'en sais plus rien. Qu'importent ces folies?

CÉCILE.

Avec votre oncle peut-être ; n'est-ce pas ?

VALENTIN.

Oui. Je t'aimais, et je voulais te connaître, et que personne ne fût entre nous.

CÉCILE.

Vous avez raison. A votre place j'aurais voulu faire comme vous.

VALENTIN.

Pourquoi es-tu si curieuse, et à quoi bon toutes ces questions ? Ne m'aimes-tu pas, ma belle Cécile ? Réponds-moi oui, et que tout soit oublié.

CÉCILE.

Oui, cher, oui, Cécile vous aime, et elle voudrait être plus digne d'être aimée ; mais c'est assez qu'elle le soit pour vous. Mettez vos deux mains dans les miennes. — Pourquoi donc m'avez-vous refusée tantôt quand je vous ai prié à dîner ?

VALENTIN.

Je voulais partir : j'avais affaire ce soir.

CÉCILE.

Pas grande affaire, ni bien loin, il me semble ; car vous êtes descendu au bout de l'avenue.

VALENTIN.

Tu m'as vu ? comment le sais-tu ?

CÉCILE.

Oh ! je guettais. Pourquoi m'avez-vous dit que vous

ne dansiez pas la mazourke? je vous l'ai vu danser l'autre hiver.

VALENTIN.

Où donc? je ne m'en souviens pas.

CÉCILE.

Chez madame de Gesvres, au bal déguisé. Comment ne vous en souvenez-vous pas? Vous me disiez dans votre lettre d'hier que vous m'aviez vue cet hiver; c'était là.

VALENTIN.

Tu as raison; je m'en souviens. Regarde comme cette nuit est pure! [Comme ce vent soulève sur tes épaules cette gaze avare qui les entoure! Prête l'oreille : c'est la voix de la nuit, c'est le chant de l'oiseau qui invite au bonheur. Derrière cette roche élevée, nul regard ne peut nous découvrir.] Tout dort, excepté ce qui s'aime. Laisse ma main écarter ce voile, et mes deux bras le remplacer.

CÉCILE.

Oui, mon ami. Puissé-je vous sembler belle! Mais ne m'ôtez pas votre main; je sens que mon cœur est dans la mienne, et qu'il va au vôtre par là. — Pourquoi donc vouliez-vous partir et faire semblant d'aller à Paris?

VALENTIN.

Il le fallait; c'était pour mon oncle. Osais-je, d'ailleurs, prévoir que tu viendrais à ce rendez-vous? Oh!

que je tremblais en écrivant cette lettre, et que j'ai souffert en l'attendant !

CÉCILE.

Pourquoi ne serais-je pas venue, puisque je sais que vous m'épouserez ?

*Valentin se lève et fait quelques pas.*

Qu'avez-vous donc ? qui vous chagrine ? Venez vous rasseoir près de moi.

VALENTIN.

Ce n'est rien : j'ai cru, — j'ai cru entendre, — j'ai cru voir quelqu'un de ce côté.

CÉCILE.

Nous sommes seuls : soyez sans crainte. Venez donc. Faut-il me lever ? ai-je dit quelque chose qui vous ait blessé ? votre visage n'est plus le même. Est-ce parce que j'ai gardé mon châle, quoique vous vouliez que je l'ôtasse ? [C'est qu'il fait froid ; je suis en toilette de bal. Regardez donc mes souliers de satin. Qu'est-ce que cette pauvre Henriette va penser ?] Mais qu'avez-vous ? vous ne répondez pas ; vous êtes triste. Qu'ai-je donc pu vous dire ? C'est par ma faute, je le vois.

VALENTIN.

Non, je vous le jure, vous vous trompez ; c'est une pensée involontaire qui vient de me traverser l'esprit.

CÉCILE.

Vous me disiez « tu » tout à l'heure, et même, je crois, un peu légèrement. Quelle est donc cette mauvaise pensée qui vous a frappé tout à coup ? Vous ai-je

déplu ? Je serais bien à plaindre ! Il me semble pourtant que je n'ai rien dit de mal. Mais si vous aimez mieux marcher, je ne veux pas rester assise.
*Elle se lève.*

Donnez-moi le bras, et promenons-nous. Savez-vous une chose ? Ce matin, je vous avais fait monter dans votre chambre un bon bouillon que Henriette avait fait. Quand je vous ai rencontré, je vous l'ai dit; j'ai cru que vous ne vouliez pas le prendre et que cela vous déplaisait. J'ai repassé trois fois dans l'allée, m'avez-vous vue ? Alors vous êtes monté ; je suis allée me mettre devant le parterre, et je vous ai vu par votre croisée ; vous teniez la tasse à deux mains, et vous avez bu tout d'un trait. Est-ce vrai ? l'avez-vous trouvé bon ?

VALENTIN.

Oui, chère enfant, le meilleur du monde, [bon comme ton cœur et comme toi.]

CÉCILE.

Ah ! quand nous serons mari et femme, je vous soignerai mieux que cela. Mais, dites-moi, qu'est-ce que cela veut dire, de s'aller jeter dans un fossé ? risquer de se tuer, et pour quoi faire ? Vous saviez bien être reçu chez nous. Que vous ayez voulu arriver tout seul, je le comprends ; mais à quoi bon le reste ? Est-ce que vous aimez les romans ?

VALENTIN.

Quelquefois. Allons donc nous rasseoir.
*Ils se rasseoient.*

CÉCILE.

Je vous avoue qu'ils ne me plaisent guère ; ceux que j'ai lus ne signifient rien. Il me semble que ce ne sont que des mensonges, et que tout s'y invente à plaisir. On n'y parle que de séductions, de ruses, d'intrigues, de mille choses impossibles. Il n'y a que les sites qui m'en plaisent ; j'en aime les paysages et non les tableaux. Tenez, par exemple, ce soir, quand j'ai reçu votre lettre et que j'ai vu qu'il s'agissait d'un rendez-vous dans le bois, c'est vrai que j'ai cédé à une envie d'y venir qui tient bien un peu du roman ; mais c'est que j'y ai trouvé aussi un peu de réel à mon avantage. Si ma mère le sait, et elle le saura, vous comprenez qu'il faut qu'on nous marie. Que votre oncle soit brouillé ou non avec elle, il faudra bien se raccommoder. J'étais honteuse d'être enfermée, et, au fait, pourquoi l'ai-je été ? L'abbé est venu, j'ai fait la morte ; il m'a ouvert, et je me suis sauvée : voilà ma ruse ; je vous la donne pour ce qu'elle vaut.

VALENTIN, à part.

Suis-je un renard pris à son piège, ou un fou qui revient à la raison ?

CÉCILE.

Eh bien ! vous ne me répondez pas. Est-ce que cette tristesse va durer toujours ?

VALENTIN.

Vous me paraissez savante pour votre âge, et en

## ACTE III, SCÈNE IV.

même temps aussi étourdie que moi, qui le suis comme le premier coup de matines.

CÉCILE.

Pour étourdie, j'en dois convenir ici; mais, mon ami, c'est que je vous aime. Vous le dirai-je? je savais que vous m'aimiez, et ce n'est pas d'hier que je m'en doutais. Je ne vous ai vu que trois fois à ce bal; mais j'ai du cœur et je m'en souviens. Vous avez valsé avec mademoiselle de Gesvres, et, en passant contre la porte, son épingle à l'italienne a rencontré le panneau, et ses cheveux se sont déroulés sur elle. Vous en souvenez-vous maintenant? Ingrat! Le premier mot de votre lettre disait que vous vous en souveniez. Aussi comme le cœur m'a battu! Tenez! croyez-moi, c'est là ce qui prouve qu'on aime, et c'est pour cela que je suis ici.

VALENTIN, à part.

Ou j'ai sous le bras le plus rusé démon que l'enfer ait jamais vomi, ou la voix qui me parle est celle d'un ange, et elle m'ouvre le chemin des cieux.

CÉCILE.

Pour savante, c'est une autre affaire;" [mais je veux répondre, puisque vous ne dites rien. Voyons! savez-vous ce que c'est que cela?

VALENTIN.

Quoi? cette étoile à droite de cet arbre?

CÉCILE.

Non, celle-là qui se montre à peine et qui brille comme une larme.

VALENTIN.

Vous avez lu madame de Staël?

CÉCILE.

Oui, ce mot de larme me plaît, je ne sais pourquoi, comme les étoiles. Un beau ciel pur me donne envie de pleurer.

VALENTIN.

Et à moi envie de t'aimer, de te le dire et de vivre pour toi. Cécile, sais-tu à qui tu parles, et quel est l'homme qui ose t'embrasser?

CÉCILE.

Dites-moi donc le nom de mon étoile. Vous n'en êtes pas quitte à si bon marché.

VALENTIN.

Eh bien! c'est Vénus, l'astre de l'amour, la plus belle perle de l'océan des nuits.

CÉCILE.

Non pas; c'en est une plus chaste et bien plus digne de respect; vous apprendrez à l'aimer un jour, quand vous vivrez dans les métairies et que vous aurez des pauvres à vous : admirez-la, et gardez-vous de sourire; c'est Cérès, déesse du pain.]

VALENTIN.

Tendre enfant! je devine ton cœur; tu fais la charité, n'est-ce pas?

CÉCILE.

C'est ma mère qui me l'a appris; il n'y a pas de meilleure femme au monde.

VALENTIN.

Vraiment? je ne l'aurais pas cru.

CÉCILE.

Ah! mon ami, ni vous ni bien d'autres, vous ne vous doutez de ce qu'elle vaut. Qui a vu ma mère un quart d'heure croit la juger sur quelques mots au hasard. Elle passe le jour à jouer aux cartes et le soir à faire du tapis; elle ne quitterait pas son piquet pour un prince; mais que Dupré vienne, et qu'il lui parle bas, vous la verrez se lever de table, si c'est un mendiant qui attend. [Que de fois nous sommes allées ensemble, en robe de soie, comme je suis là, courir les sentiers de la vallée, portant la soupe et le bouilli, des souliers, du linge, à de pauvres gens!] Que de fois j'ai vu, à l'église, les yeux des malheureux s'humecter de pleurs lorsque ma mère les regardait! Allez! elle a droit d'être fière, et je l'ai été d'elle quelquefois!

[VALENTIN.

Tu regardes toujours ta larme céleste; et moi aussi, mais dans tes yeux bleus.

CÉCILE.

Que le ciel est grand! que ce monde est heureux! que la nature est calme et bienfaisante!

VALENTIN.

Veux-tu aussi que je te fasse de la science et que je te parle astronomie? Dis-moi, dans cette poussière de mondes, y en a-t-il un qui ne sache sa route, qui n'ait reçu sa mission avec la vie, et qui ne doive mourir en l'accomplissant? Pourquoi ce ciel immense n'est-il pas immobile ? Dis-moi, s'il y a jamais eu un moment où tout fut créé, en vertu de quelle force ont-ils commencé à se mouvoir, ces mondes qui ne s'arrêteront jamais ?

### CÉCILE.

Par l'éternelle pensée.

### VALENTIN.

Par l'éternel amour. La main qui les suspend dans l'espace n'a écrit qu'un mot en lettres de feu. Ils vivent parce qu'ils se cherchent, et les soleils tomberaient en poussière si l'un d'entre eux cessait d'aimer.

### CÉCILE.

Ah! toute la vie est là!

### VALENTIN.

Oui, toute la vie, — depuis l'Océan qui se soulève sous les pâles baisers de Diane jusqu'au scarabée qui s'endort jaloux dans sa fleur chérie. Demande aux forêts et aux pierres ce qu'elles diraient si elles pouvaient parler. Elles ont l'amour dans le cœur et ne peuvent l'exprimer. Je t'aime ! voilà ce que je sais, ma chère ; voilà ce que cette fleur te dira, elle qui choisit dans le sein de la terre les sucs qui doivent la nourrir; elle qui écarte et repousse les éléments impurs qui pourraient ternir sa fraîcheur! Elle sait qu'i faut qu'elle soit belle au jour, et qu'elle meure dans sa robe de noce devant le soleil qui l'a créée. J'en sais moins qu'elle en astronomie; donne-moi ta main, tu en sais plus en amour.

#### CÉCILE.

J'espère, du moins, que ma robe de noce ne sera pas mortellement belle.] Il me semble qu'on rôde autour de nous.

#### VALENTIN.

Non, tout se tait. N'as-tu pas peur? Es-tu venue ici sans trembler?

#### CÉCILE.

Pourquoi? De quoi aurais-je peur? Est-ce de vous, ou de la nuit?

#### VALENTIN.

Pourquoi pas de moi? qui te rassure? Je suis jeune, tu es belle, et nous sommes seuls.

#### CÉCILE.

Eh bien! quel mal y a-t-il à cela?

#### VALENTIN.

C'est vrai, il n'y a aucun mal; écoutez-moi, et laissez-moi me mettre à genoux.

#### CÉCILE.

Qu'avez-vous donc? vous frissonnez.

#### VALENTIN.

Je frissonne de crainte et de joie, car je vais t'ouvrir le fond de mon cœur. Je suis un fou de la plus méchante espèce, quoique, dans ce que je vais t'avouer, il n'y ait qu'à hausser les épaules. [Je n'ai fait que jouer, boire et fumer depuis que j'ai mes dents de sagesse.] Tu m'as dit que les romans te choquent ; j'en ai beaucoup lu, et des plus mauvais. Il y en a un qu'on nomme Clarisse Harlowe ; je te le donnerai à lire quand tu seras ma femme. Le héros aime une belle fille comme toi, ma chère, et il veut l'épouser ; mais auparavant il veut l'éprouver. Il l'enlève et l'emmène à Londres ; après quoi, comme elle résiste, Bedfort arrive,... c'est-à-dire Tomlinson, un capitaine,... je veux dire Morden,... non, je me trompe... Enfin, pour abréger,... Lovelace est un sot, et moi aussi, d'avoir voulu suivre son exemple... Dieu soit loué ! tu ne m'as pas compris ;... je t'aime, je t'épouse : il n'y a de vrai au monde que de déraisonner d'amour.

*Entrent Van Buck, la baronne, l'abbé et plusieurs domestiques qui les éclairent.*

### LA BARONNE.

Je ne crois pas un mot de ce que vous dites. Il est trop jeune pour une noirceur pareille.

### VAN BUCK.

Hélas ! madame, c'est la vérité.

### LA BARONNE.

Séduire ma fille ! tromper un enfant ! déshonorer une famille entière ! Chanson ! Je vous dis que c'est une sornette ; on ne fait plus de ces choses-là. Tenez ! les voilà qui s'embrassent. Bonsoir, mon gendre ; où diable vous fourrez-vous ?

### L'ABBÉ.

Il est fâcheux que nos recherches soient couronnées d'un si tardif succès ; toute la compagnie va être partie.

VAN BUCK[12].

Ah çà! mon neveu, j'espère bien qu'avec votre sotte gageure...

VALENTIN.

Mon oncle, il ne faut jurer de rien, et encore moins défier personne.

FIN DE IL NE FAUT JURER DE RIEN.

# ADDITIONS ET VARIANTES

### EXÉCUTÉES PAR L'AUTEUR

### POUR LA REPRÉSENTATION

---

#### 1. — PAGE 341.

*Me prends-tu pour un oncle du Gymnase?*

##### VALENTIN.

Moi, grand Dieu! le ciel m'en préserve! Je vous tiens pour un oncle véritable, et, de plus, pour le meilleur des oncles. Croyez-moi, venez aux Champs-Élysées. Après un bon repas et une petite querelle, un tour de promenade au soleil fait grand bien. Venez, je vous conterai mes projets, je vous dirai toute ma pensée. Pendant que vous me gronderez, je plaiderai ma thèse; pendant que je parlerai, vous ferez de la morale, et c'est bien le diable s'il ne passe pas un beau cheval ou une jolie femme qui nous distraira tous les deux. Nous causerons sans nous écouter; c'est le meilleur moyen de s'entendre. Allons! venez.

##### FIN DE L'ACTE PREMIER.

#### 2. — PAGE 347.

*Donnez-moi le bras.* Restez, Cécile, attendez-nous.

CÉCILE, seule.

Un mort, grand Dieu! quel événement horrible! je voudrais voir, et je n'ose regarder. — Ah! ciel! c'est ce jeune homme que j'ai vu l'hiver passé au bal. — C'est le neveu de M. Van Buck. Serait-ce de lui que ma mère vient de me parler? Mais il n'est pas mort du tout. — Le voilà qui parle à maman, et qui vient par ici. — C'est bien étrange. Je ne me trompe pas; je le reconnais bien. Quel motif peut-il donc avoir pour ne pas vouloir qu'on le reconnaisse? Oh! je le saurai.

CÉCILE, LA BARONNE.

LA BARONNE.

Venez, Cécile, il est inutile que vous restiez ici.

CÉCILE.

Est-il blessé, maman?

LA BARONNE.

Qu'est-ce que cela vous fait? Venez, venez, mademoiselle.

Elles sortent.

3. — PAGE 348.

*C'est même probable;* mais pour réel, c'est une autre affaire.

Il dégage son bras.

VAN BUCK.

Comment! encore une mauvaise plaisanterie!

VALENTIN.

*Il fallait ien trouver,* etc.

4. — PAGE 353.

*Voilà la blanche Cécile qui nous arrive à petits pas. Entrez dans ce cabinet,* etc.

### 5. — PAGE 359.

**VALENTIN.**

*Vous devriez faire ce quatrième.*

**VAN BUCK.**

*Certainement, je le devrais,* etc.

### 6. — PAGE 365.

*... Refuser de faire un quatrième!* Des affaires! Est-ce que je n'en ai pas, moi? Et ce bal de ce soir! je n'ai pas la force de m'en occuper. — Ah! voilà ma migraine qui me prend.

**L'ABBÉ.**

*Dans une circonstance aussi grave, ne pourriez-vous retarder vos projets?*

(Suit la scène II de l'acte III entre la baronne et l'abbé, jusqu'à ces mots : « *Je vous demande si on va boire ça!* » Tenez! ne parlons plus de ces choses là. C'est à vous de prendre, etc.)

### 7. — PAGE 372.

*Je ne vous reverrai de ma vie.*

A Cécile.

Quant à vous, mademoiselle, entrez ici.

**CÉCILE.**

Mais, maman...

**LA BARONNE.**

Allons! mademoiselle, ne raisonnez pas.

Elle la fait entrer dans la chambre voisine.

LA BARONNE, VAN BUCK, L'ABBÉ.

L'ABBÉ.

Madame la baronne, je viens vous dire...

LA BARONNE, mettant la clef sous un coussin du canapé.

*Dieu soit loué! ma fille est enfermée!*

L'ABBÉ.

Enfermée, madame? que se passe-t-il?

A Van Buck.

Qu'avez-vous, monsieur?

VAN BUCK.

Ce que j'ai, monsieur? J'ai que j'en ai assez.

LA BARONNE.

Et moi aussi.

VAN BUCK.

J'ai que je sors de cette maison, qu'on ne m'y reverra de ma vie, et que je n'ai qu'un regret, c'est d'y avoir jamais mis les pieds.

LA BARONNE.

Et moi de vous y avoir reçu.

Ils sortent.

L'ABBÉ, seul.

Qu'est-ce que cela signifie?

Cécile frappe à la porte.

CÉCILE, dans la chambre voisine.

*Monsieur l'abbé, voulez-vous m'ouvrir?*
(Suit la dernière partie de la scène II de l'acte III.)

FIN DE L'ACTE DEUXIÈME.

8. — PAGE 374.

Un bois. — Une petite maison à droite.

VAN BUCK.

Encore une lettre? c'est trop fort.

VALENTIN.

Oui, une autre, et dix s'il le faut. Puisque cette maudite baronne a éventé mon rendez-vous, il faut bien en donner un autre, et j'attends ici la réponse. *Holà! hé!*

UN GARÇON D'AUBERGE.

Est-ce que ces messieurs nous feront l'honneur de dîner ici?

VALENTIN.

Non; donnez-nous tout bonnement du champagne, si vous en avez.

VAN BUCK.

*Ils auront un vin détestable, un vinaigre affreux.*

LE GARÇON.

*Pardonnez-moi, nous avons ici tout ce que vous pouvez désirer.*

VAN BUCK.

*En vérité! dans un trou pareil! c'est impossible; vous nous en imposez.*

LE GARÇON.

C'est ici le rendez-vous de chasse, monsieur, et nous ne manquons de rien.

VALENTIN.

Allons! mon oncle, un peu de fermeté.

VAN BUCK.

*Sois-en certain, je ne te quitterai pas! j'en jure!* etc.

(Suit la scène I de l'acte III, jusqu'à ces mots : « *Ma bien-aimée m'appartiendra.* »)

VAN BUCK, VALENTIN, UN VALET DE FERME.

LE VALET, accourant.

Monsieur, voici votre réponse.

VALENTIN.

Tu as été preste, l'ami.

LE VALET.

Monsieur, j'ai trouvé justement la femme de chambre à la grille du château ; elle est partie avec mon billet, et presque à l'instant même elle m'a rapporté celui-ci.

VALENTIN.

Tiens, voilà un louis pour ta peine.

Le valet sort.

VAN BUCK.

Il y a, pardieu ! bien de quoi faire le généreux, pour un billet où l'on t'envoie promener.

VALENTIN.

Ce billet-là ?

VAN BUCK.

C'est indubitable. Mademoiselle de Mantes te donne ton congé pour la seconde fois. Ouvre un peu ce papier ; je sais d'avance ce qu'il renferme.

VALENTIN.

Et moi aussi, je crois le savoir.

VAN BUCK.

Écervelé ! tu te plains d'un outrage, et tu t'en attires un second.

VALENTIN.

Un outrage là dedans ! Que vous êtes jeune, mon bon oncle ! Regardez donc comme ce petit billet est gentil, et quoiqu'on l'ait écrit si vite, comme il a encore trouvé le moyen d'être coquet ! — Regardez surtout comme il est plié ! — Voyez-vous ces trois petites pointes avec un cachet de bague au milieu ? c'est ce qu'on appelle un petit chapeau. On n'écrit ainsi ni à un notaire, ni aux grands parents, ni à son curé, pas même à ses bonnes amies. Un outrage ! Croyez-moi, mon oncle, jamais lettre en colère ne fut pliée ainsi.

VAN BUCK.

Ouvre donc ton chapeau, puisque chapeau il y a, et voyons ce qui en est.

VALENTIN.

Il ne renferme qu'un seul mot.

VAN BUCK.

Un seul mot ?

VALENTIN.

Un seul.

VAN BUCK.

Peste ! voilà une petite fille bien laconique. — Et quel est ce mot, s'il vous plaît ?

VALENTIN.

Ce mot est : « Oui. »

VAN BUCK.

Oui ?

VALENTIN.

Voyez vous-même.

VAN BUCK.

Est-il possible ?

VALENTIN.

Dame ! à ce qu'il paraît. Allons ! videz donc votre verre, et ne vous étonnez pas si fort.

VAN BUCK.

C'est inconcevable ! Et c'est un rendez-vous que tu lui demandais ?

VAN BUCK, VALENTIN, UN VALET DE FERME.

LE VALET, accourant.

Monsieur, voici votre réponse.

VALENTIN.

Tu as été preste, l'ami.

LE VALET.

Monsieur, j'ai trouvé justement la femme de chambre à la grille du château; elle est partie avec mon billet, et presque à l'instant même elle m'a rapporté celui-ci.

VALENTIN.

Tiens, voilà un louis pour ta peine.

Le valet sort.

VAN BUCK.

Il y a, pardieu! bien de quoi faire le généreux, pour un billet où l'on t'envoie promener.

VALENTIN.

Ce billet-là?

VAN BUCK.

C'est indubitable. Mademoiselle de Mantes te donne ton congé pour la seconde fois. Ouvre un peu ce papier; je sais d'avance ce qu'il renferme.

VALENTIN.

Et moi aussi, je crois le savoir.

VAN BUCK.

Écervelé! tu te plains d'un outrage, et tu t'en attires un second.

VALENTIN.

Un outrage là dedans! Que vous êtes jeune, mon bon oncle! Regardez donc comme ce petit billet est gentil, et quoiqu'on l'ait écrit si vite, comme il a encore trouvé le moyen d'être coquet! — Regardez surtout comme il est plié! — Voyez-vous ces trois petites pointes avec un cachet de bague au milieu? c'est ce qu'on appelle un petit chapeau. On n'écrit ainsi ni à un notaire, ni aux grands parents, ni à son curé, pas même à ses bonnes amies. Un outrage! Croyez-moi, mon oncle, jamais lettre en colère ne fut pliée ainsi.

VAN BUCK.

Ouvre donc ton chapeau, puisque chapeau il y a, et voyons ce qui en est.

VALENTIN.

Il ne renferme qu'un seul mot.

VAN BUCK.

Un seul mot?

VALENTIN.

Un seul.

VAN BUCK.

Peste! voilà une petite fille bien laconique. — Et quel est ce mot, s'il vous plaît?

VALENTIN.

Ce mot est : « Oui. »

VAN BUCK.

Oui?

VALENTIN.

Voyez vous-même.

VAN BUCK.

Est-il possible?

VALENTIN.

Dame! à ce qu'il paraît. Allons! videz donc votre verre, et ne vous étonnez pas si fort.

VAN BUCK.

C'est inconcevable! Et c'est un rendez-vous que tu lui demandais?

##### VALENTIN.

Vous le savez bien. Buvez donc. Quand vous retournerez ce billet cent fois, vous n'en tirerez pas deux paroles.

##### VAN BUCK.

Une telle demande faite à la bonne venue ! Un seul mot de réponse, et ce seul mot est « oui ! » — En vérité, ce « oui » trouble toutes mes idées ; je n'ai jamais rien vu de pareil à ce « oui ». Ma foi ! je te prenais pour un fou, et tout ce qu'il y a de bienséances au monde se révoltait en moi en voyant ton audace ; mais j'avoue que ce « oui » me bouleverse ; ce « oui » m'assomme, ce « oui » est plus qu'étrange, il est exorbitant, et si je n'étais pas ton oncle, je croirais presque que tu as raison.

La nuit commence.

##### VALENTIN.

Cela ne prouverait pas que vous eussiez tort. Eh ! garçon, une autre bouteille. Dans ce bas monde, chacun fait à sa guise. Qu'est-ce qu'un oui ou un non de plus ou de moins ? Tenez ! mon oncle, réconciliation : au lieu de sévérité, indulgence ; au lieu de colère, amourette ; au lieu de nous quereller, trinquons. — Ce « oui » qui vous offusque tant, *n'est pas si niais, savez-vous ? Cette petite fille a de l'esprit, et même quelque chose de mieux ; il y a du cœur* dans ce seul mot, *je ne sais quoi* de tendre *et de hardi*, etc.

(Suit la scène III jusqu'à ces mots : « *Moitié chair et moitié coton.* » )

##### VALENTIN.

Allons ! mon oncle, à vos anciennes amours !

##### VAN BUCK.

Sais-tu que, pour une auberge de hasard, ce petit vin-là n'est pas mauvais ? J'avais besoin de cette halte. Je me sens tout ragaillardi.

###### VALENTIN.

Écoutez-moi : voici le traité de paix que je vous propose. Permettez-moi d'abord mon rendez-vous.

###### VAN BUCK.

Mais, mon ami, j'espère bien...

###### VALENTIN.

*Je vous jure de n'entreprendre* rien que vous ne fissiez à ma place. N'est-ce pas tout vous dire? *Voyez, mon oncle, comme je vous cède, et comme,* en tout, *je fais vos volontés.* En somme, le verre *porte conseil, et je sens bien que la colère est quelquefois mauvaise amie,* etc.

(Suit le couplet de Valentin finissant par : « Je lui pardonne en l'oubliant. »)

###### VAN BUCK.

Par Dieu! garçon, je le veux bien. Au fait, épouse-t-on des petites filles qui vous envoient des « oui » comme celui-là? Et puisque tu me promets de te conduire en galant homme, va ton train, et vogue la galère! *et n'aie pas de crainte que tu manques de femme* pour ce sot mariage avorté. Je m'en charge, moi, j'en fais mon affaire. *Il ne sera pas dit qu'une vieille folle fasse tort à d'honnêtes gens, qui ont amassé un bien considérable, et qui ne sont pas mal tournés.* Avec soixante bonnes mille livres de rente...

###### VALENTIN.

Cinquante, mon oncle.

###### VAN BUCK.

Soixante, morbleu! avec cela, on n'a jamais manqué ni de femmes, ni de vin \*. *Il fait beau clair de lune, ce soir; cela me rappelle mon jeune temps.*

---

\* On se souvient que dans la scène I de l'acte I, Van Buck, alors à jeun, s'est défendu d'avoir plus de cinquante milles livres de rente. A

ADDITIONS ET VARIANTES. 415

VALENTIN.

*Il me semble que je vois des lueurs*, etc.

(Suit la scène III.)

*Séparons-nous pour plus de sûreté*. Si vous m'en croyez, à présent, vous rentrerez dans cette anberge ; vous vous ferez faire un bon feu, et vous fumerez votre bon tabac flamand, en vous rôtissant les jambes devant un bon fagot flambant. Cela vous ragaillardira encore davantage. *Dans une demi-heure*, je suis à vous.

VAN BUCK.

*C'est dit. Bonne chance*, etc.

(Suit la fin de la scène III.)

9. — PAGE 391.

*Pourquoi donc se cachait-il ce matin dans la* bibliothèque ?

10. — PAGE 392.

*Votre oncle était derrière la* porte.

11. — PAGE 399.

*Pour savante, c'est une autre affaire*. J'ai eu des maîtres de toutes sortes ; mais le peu que j'ai retenu, le meilleur, me vient de ma mère.

VALENTIN.

De ta mère ? Je ne m'en doutais guère.

CÉCILE.

Vous ne la connaissez pas, Valentin. Vous apprendrez à

présent, sous l'influence du vin de Champagne, il se vante d'en avoir soixante mille. Avec deux ou trois mots comiques de cette valeur, la version du théâtre serait devenue supérieure à la première version.

l'aimer un jour, quand vous vivrez comme nous dans les métairies, et quand vous aurez des pauvres à vous. Et gardez-vous de sourire, quand vous parlez d'elle ! vous bénirez et vous suivrez ses pas.

VALENTIN.

*Tendre enfant ! je devine ton cœur*, etc.

12. — PAGE 405.

VALENTIN.

Mon oncle, il ne faut défier personne.

VAN BUCK.

Mon neveu, *il ne faut jurer de rien*.

FIN DES ADDITIONS ET VARIANTES.

Le 22 juin 1848, au milieu des préparatifs de la guerre civile qui devait éclater le lendemain, on représentait pour la première fois : *Il ne faut jurer de rien*, au Théâtre-Français, devant le public qui avait applaudi le *Caprice*. Une jeune et charmante actrice, Mademoiselle Amédine Luther, y débutait dans le rôle de Cécile. Malgré les tristes préoccupations des spectateurs et les déplorables circonstances où l'on se trouvait, la pièce fit un plaisir extrême. Mademoiselle Mante s'y montra comédienne incomparable dans le rôle de la baronne. On a repris plusieurs fois cette comédie, toujours avec un grand succès, et récemment encore pour les débuts de madame Victoria Lafontaine.

FIN DU TOME IV.

# TABLE

## DU TOME QUATRIÈME

| | |
|---|---:|
| LORENZACCIO.................................................. | 1 |
|    Traduction du livre XV des *Chroniques florentines*..... | 214 |
| LE CHANDELIER................................................ | 223 |
|    Additions et Variantes exécutées par l'auteur pour la représentation.................................................. | 314 |
| IL NE FAUT JURER DE RIEN .................................... | 321 |
|    Additions et Variantes exécutées par l'auteur pour la représentation.................................................. | 406 |

www.ingramcontent.com/pod-product-compliance
Lightning Source LLC
Chambersburg PA
CBHW051832230426
43671CB00008B/923